版权声明

Authorized translation from the English language edition, entitled EARLY CHILDHOOD FIELD EXPERIENCE: LEARNING TO TEACH WELL, 2E, ISBN: 9780132657068 by Kathryn Williams Browne, Ann Miles Gordon, published by Pearson Education, Inc., Copyright © 2013 by Pearson Education, Inc.

All rights reserved. No part of this book may be reproduced or transmitted in any form or by any means, electronic or mechanical, including photocopying, recording or by any information storage retrieval system, without permission from Pearson Education, Inc.

CHINESE SIMPLIFIED language edition published by CHINA LIGHT INDUSTRY PRESS, Copyright © 2022.

本书封面贴有Pearson Education（培生教育出版集团）激光防伪标签。
无标签者不得销售。

保留所有权利。非经中国轻工业出版社"万千教育"书面授权，任何人不得以任何方式（包括但不限于电子、机械、手工或其他尚未被发明或应用的技术手段）复印、拍照、扫描、录音、朗读、存储、发表本书中任何部分或本书全部内容，以及其他附带的所有资料（包括但不限于光盘、音频、视频等）。中国轻工业出版社"万千教育"未授权任何机构提供源自本书内容的电子文件阅览、收听或下载服务。如有此类非法行为，查实必究。

Early Childhood Field Experience

Learning to Teach Well (Second Edition)

幼儿园教育实习
——新教师入职的必修课
（原著第二版）

〔美〕凯瑟琳·威廉斯·布朗（Kathryn Williams Browne）
安·迈尔斯·戈登（Ann Miles Gordon） ／著

刘颖 等／译　　虞永平／审校

中国轻工业出版社

图书在版编目（CIP）数据

幼儿园教育实习：新教师入职的必修课：原著第二版／（美）凯瑟琳·威廉斯·布朗（Kathryn Williams Browne）等著；刘颖等译. —北京：中国轻工业出版社，2022.10
ISBN 978-7-5184-4008-5

Ⅰ.①幼… Ⅱ.①凯… ②刘… Ⅲ.①学前教育－教学参考资料 Ⅳ.①G613

中国版本图书馆CIP数据核字（2022）第105396号

总 策 划：石　铁
策划编辑：吴　红　　　　　　责任终审：张乃柬　　　　责任校对：万　众
责任编辑：吴　红　牟　聪　　责任监印：刘志颖

出版发行：中国轻工业出版社（北京东长安街6号，邮编：100740）
印　　刷：三河市鑫金马印装有限公司
经　　销：各地新华书店
版　　次：2022年10月第1版第1次印刷
开　　本：710×1000　1/16　印张：19.75
字　　数：150千字
书　　号：ISBN 978-7-5184-4008-5　　定价：68.00元
读者热线：010-65181109，65262933
发行电话：010-85119832　传真：010-85113293
网　　址：http://www.chlip.com.cn　http://www.wqedu.com
电子信箱：1012305542@qq.com
如发现图书残缺请与我社联系调换
220186Y1X101ZYW

推荐序

《幼儿园教育实习——新教师入职的必修课》是一本有关高校学前教育专业学生实习的指导用书。实习是学生专业成长的必经之路,是所学的专业理论知识在现实的教育实践中验证、运用和拓展的过程。实习也是一个理论与实践激烈碰撞和交融的场域。因此,不少学生在进入实习角色之前,甚至在进入实习角色之后的一段时间内,都处于痛苦的挣扎中。一方面,实践似乎难以"印证学理";另一方面,课堂理论又难以指导实践,更遑论在教育情境中主动建构理论。

本书试图在理论和实践之间搭建桥梁:首先,提供了实习生可能遭遇的真实教育场景和问题情境,联系学生在课堂上所学的理论知识,提供解决问题的策略和建议,敦促实习生基于理论对实践情境进行反思;其次,本书内容的组织与编排基于幼儿园教师(尤其是实习生)需要具备的基本能力,如职业道德、观察与评价儿童、团队教学等,这在一定程度上弥补了当前我国职前教育课程体系之于幼儿园教师专业素养培养的缺憾。在实习之前和实习过程中阅读此书,实习生将能更快地了解实习所面临的挑战,提前做好准备。

本书的主要特点包括以下几个方面。

- 聚焦专业成长。实习是专业成长的途径,全书突出了专业成长的主线,将实习工作的各个环节、各项工作都纳入学生专业成长的大视野中,将实习的最终落脚点放在专业发展上,凸显了提高教学水平与学生专业成长之间的关系。
- 关注实习全过程。实习是一项复杂的工作,需要多方面人员的协调和配合，需要精心准备，踏实推进，全面总结，深入反思。因此，实习是一个系统的过程，每一个环节对学生的专业成长都具有重要意义。

- 注重相互关系。实习不是独自的行为，需要不同机构、不同人员之间的协调和配合。实习过程本身就是学生与幼儿相互作用的过程，学生对环境的创设、对幼儿的观察与指导、实践指导教师和高校指导教师对学生实习行为的观察和指导，都体现了多重复合的关系。
- 注重策略的提供。实习工作的每一个环节、每一项工作，都需要一些适宜和有效的策略。策略的系统化和有效性对实习生的专业成长至关重要。从环境创设、课程规划、沟通与引导、实践与反思等不同角度呈现的一系列策略，能够让实习生真正得到有效的实践支撑。

《幼儿园教育实习——新教师入职的必修课》强化了幼儿园教师专业发展的理念，有丰富的实践案例和指导策略，值得我们学习和借鉴。

南京师范大学学前教育研究所

虞永平

2022 年 5 月

译者序

幼儿园教师从事着艰巨而繁杂的工作。幼儿园教师要具备观察并分析幼儿发展的能力、计划和设计多种活动的能力、挖掘和利用资源的能力、环境创设的能力、组织活动的能力，以及评价的能力。因此，在入职之初，新教师的心情一定是复杂的。他们一方面兴奋于将有机会践行自己的教育理想，另一方面对充满不确定性的教育情境有些胆怯。还有一部分新手教师会受困于理论与实践的"鸿沟"，在一次次不成功的经历中消磨着自己的教学效能感。

如何有效地减少新教师的犹疑、自我否定？如何让新教师更加自信地踏上专业成长的道路？在职前教育阶段，通过全过程、高质量的实习，让新教师为未来的教学做好准备，就是一个至关重要的策略。甚至可以说，如果缺失了幼儿园教育实习这一关键环节，那么新教师就很难为真实而复杂的教育活动做好准备。从这个意义上来说，幼儿园教育实习就是新教师入职前最重要的一门必修课。

实习之于幼儿园教师的重要性毋庸多言。通过专业实习，学生进入教育现场，观察真实的幼儿学习和生活的场景，体会班级管理和保育教育的艺术，尝试将理论运用到实践中，并在反思调整中逐步生成属于自己的教育智慧。通过专业实习，幼儿园实习生会形成专业认同、职业理想，建立终身从事幼儿教育事业的理想信念。实习让他们身处于与幼儿共同生活的美好之中，体验到教学相长的成就感，在积极的师幼关系、亲师关系、同事关系中汲取专业成长的不竭动力。

然而，当前很多高校的学前教育实习远未发挥其在教师专业成长上的重要奠基作用。在实践中，我们看到很多学生对教育实习没有清晰的认知，并不清楚自己在教育实习中要扮演哪些角色、承担哪些责任、完成哪些任务、面临哪些挑战，也并未掌握可应用在复杂的教育情境中、解决真实教育问题的理论知识和专业能力。整个实习的过程仅停留在行为主义的"示范性模仿"模式上。

本书可以从以下方面解决当前学前教育专业实习中的问题。

- 本书深入、全面地呈现了学前教育专业实习的全过程中所需要的专业知识、能力，让实习生更有准备地面对真实的教育情境中可能出现的各种挑战。近年来，我一直承担学前教育专业本科生实习指导的工作，深知在实习过程中，学生可能会面对前所未有、层出不穷的挑战。例如，在班级管理过程中，如何识别、引导幼儿的挑战性行为，几乎是每一届实习生最为关心也最头疼的问题之一。本书从实习生切身的体验中准确地把握了实习生在专业成长之初的关切，并为其排忧解难。

- 本书对我国高校学前教师教育课程内容，尤其是与实践相关的内容，提供了必要的补充。本书强调的实习中所需要掌握的理解和引导儿童行为的能力、观察和评价儿童的能力、创设环境和安排一日生活流程的能力、建设课程的能力、团队合作的能力、与家庭合作的能力、回应教育多样性的能力，既是实习生需要发展的重要专业能力，也是当前部分高校学前教育专业教师教育课程的相对薄弱之处（涉及儿童的观察和评价、团队合作、提供适用于有特殊需要儿童的环境和课程等）。

- 本书强调了实习生的反思对专业成长的助推作用，为实习生展开反思提供了支架，有助于实习从"示范性模仿"转向"反思性实践"。正如美国学者波斯纳所提出的教师专业发展公式——"经验＋反思＝成长"，经验本身并不保证专业发展，反思的参与至关重要。本书的体系构架和内容安排都服务于反思型幼儿园教师的培养，书中的"反思性事件""我的反应""实地经验""道德困境""实践活动""日志作业"

译者序

等内容都能促使学生由此及彼、由他人及自我、由实践及理论再由理论及实践地展开反思。通过阅读这些来自实践场域中的反思契机，并积极展开思考和讨论，师范生将更灵活和熟练地掌握幼儿园教师需具备的专业知识和能力，理解和运用幼儿园教师伦理原则，也将逐步形成反思和研究的习惯、问题意识和批判性思维，以及培养终身学习的意识和能力。

总体来看，这本书是连接理论与实践的桥梁。通过阅读此书，实习生可以在实习之前，充分了解实习全过程的内容、任务和要求，储备必要的专业知识；也可以在实习过程中，有针对性地寻求支持，找到相应问题的有效解决策略。实习指导教师能够更具前瞻性地设计实习课程，统筹在时间、地点、内容、实践指导教师等方面的实习安排，并根据实习进度，提供专业的实习指导，引导和支持学生进行个人和群体反思。就高校学前教育专业教师而言，他们也可以从本书中得到启发，思考如何更好地衔接实践教学与课堂教学，更好地优化和调整课程，培养优秀的反思型幼儿园教师。

在建设高质量教育体系的背景下，建设一支高质量幼儿园教师队伍具有现实意义上的紧迫性。希望本书能够支持学前教育人才培养中教育实习环节的优化，促进我国幼儿园教师队伍质量的提升。

本书的第一章、第二章由刘颖翻译，第三章、第五章、第九章由王亚珺翻译，第四章由李晓敏翻译，第六章、第七章、第八章由聂洋溢翻译。全书由刘颖统稿，由虞永平审校。本书从翻译到出版，得到了中国轻工业出版社"万千教育"编辑部吴红老师的帮助和支持。在此表示感谢！

囿于时间和翻译水平的限制，本书难免有疏漏之处，敬请读者不吝批评指正。

刘颖
2022 年 2 月

原著序

你还记得你孩童时第一次进入教室的场景吗？这是一段激动人心、满怀期待和渴望成功的时光，同时这也是充斥着不安感和不确定感的时光。现在你是一名实习教师了，你又将迎来惊喜和焦虑。你将如何学习胜任这份工作？很多时候，教育幼儿的现实场景会让人无所适从。

《幼儿园教育实习——新教师入职的必修课》为学生的实习提供了有效、可用和生动的介绍。每一章的内容都展现了真实的教学场景，这将帮助你把自己的实践经验与你迄今为止在课堂上所学到的教师教育理论和知识联系在一起。这本书适用于学生的教学、实习或其他实地考察，以便学生在早期教育机构中获得实践经验。不管你是在家庭日托中心实习，还是在婴儿/学步儿中心、幼儿园、学前班或者小学实习，这本书都将帮助你掌握教学的核心内容。欢迎你进入早期学习领域，关照最年幼的公民、他们的家长和其他教师。

此版本的更新

- 增加了与婴儿和学步儿一起工作的内容。
- 增加了相应的策略，以调整教学实践适应有特殊需要和非典型发展的儿童。
- 每一章都增加了"道德困境"的内容，实习生能更好地理解在其与儿童、家长和其他教职工一起工作时，建立和采用专业道德准则和个人行为标准的重要性。

- 每一章的开头都增加了学生"学习成果"的内容，继而引出本章的主要标题。由此向读者清晰地呈现了其在本章要掌握的内容，以及需要知道些什么、学会做什么。同时，这也为读者提供了阅读和复习本章内容的有用线索。
- 第一章增加了早期教育机构的类型和范围等相关内容，能够帮助学生更快地熟悉他们将要实习的机构。
- 第三章增加了对婴儿、学步儿和有特殊需要儿童进行行为引导的策略。
- 第六章全面地更新和增加了课程的内容，充分地考虑了新手教师在尝试设计和实施课程时所面临的特殊挑战。关于婴儿、学步儿和有特殊需要儿童的课程内容能够充实实习生的知识。新增的婴儿/学步儿、学前儿童、学龄儿童的大组和小组活动的内容将帮助实习生设计适合儿童年龄的活动。

此书的特点

一门成功的实习课程可以提供一个现实的视角，让实习生了解在当今的教育环境中成为一名教师所需要的知识，并帮助他们了解自己的能力和态度。本书是一本手册，鼓励实习教师进行反思性思考，同时也提供了关于概念和应用的知识。高校指导教师能以多种方式使用此书，推动学生实习工作的展开。在整本书中，实习生和实践指导教师的贡献使得本书能够保持连贯性和真实性。本书还以具有发展适宜性（developmentally appropriate）和文化适宜性（culturally appropriate）的方式进行编写，以确保学生能够了解针对机构和项目的国家标准。

这本书向实习生介绍了关于教学和专业化的基本原则。以此为基础，他们能够通过实习掌握知识和能力。本书希望从他们教学的第一天开始，就为其提供指导。本书主要关注实习生在教学中所承担的多个领域的职责。每一个章节都强调了实习生的思考——无论是通过章节内容，还是通过多样的活动——都帮助学生从他们的教学经历中获得洞见。每一章的"10项"清单或强调了基本原则，或为学生提供了简明扼要的教学技巧。

教师的自我认知是有效教学的最重要内容；它让教师脚踏实地，为儿童考虑，帮助其建立认识自我、言行和信念的健康态度。在某种意义上，本书的副标题可以改为——"从我开始"。本书的每一章均有以下的内容，促使实习生在刚开始开展班级教学时就进行反思性教学。

- 反思性事件：读者通过回答以下问题来回应真实的实习生课堂事件或章节主题——我感觉如何？我该怎么办？结果会是什么？到目前为止，我在早期教育领域的经历如何帮助我？我可以使用哪些专业标准作为资源？
- 我的反应：这一部分以其他实习生的经历以及他们的感受和回应为具体示例，为学生提供了一种现实和共情的视角，以看待其他新手教师的挣扎和收获。
- 实地经验：有经验的教师对教学进行了描述，提供了关于"我希望我在那时能够了解什么"的视角，说明教学是一个终身学习的过程，同时回应了自我反思的需要。
- 道德困境：每一章都会提出一个实习生在实习情境中可能遭遇的道德问题。由此，实习生逐渐熟悉如何以全美幼教协会（National Association for the Education of Young Children，NAEYC）的《道德行为准则》（*Code of Ethical Conduct*）为指导来解决道德困境问题。
- 实践活动：学生对现场学习进行提问，这能够促进其批判性思维和问题解决能力的发展。学生也可以在实习研讨中讨论自己的回应。
- 日志作业：此活动可以作为学生记录日志、在线讨论，或者与指导教师进行交谈的契机。同时，这也再次回应了"反思与成长同步"的观点。它鼓励学生思考"我能为现在的情况带来什么变化？"，然后将自己的答案写下来。这有利于学生在总结实习经历的同时，将发散思维转向问题解决。

格式和章节重点

每一章都有一个特定的重点，并提供基本信息和策略，以使实习生的教学体验尽可能地高效和有价值。通过前文提及的贯穿各章的重点内容，理论与实践实现了融合。高校指导教师可以通过多种方式与学生互动，从而强化课程内容。照片和图表进一步地阐明了与关键概念相关的理论和实践。

第一章"准备起步"明确了实习生在教学过程中的角色和职责，一开始就提出了"教学的10项基础要素"。"实地工作指南"包括如何培养实习生以让他们为一个良好的开端和将要遭遇的情况做好准备。本章还向实习生介绍了早期教育机构的类型，以便他们能够了解其可能实习的多种机构。

第二章"成为专业教师"聚焦于教师的专业化。这一部分讨论了专业标准、目标设定以及评价与评估。"教师评价与评估的10项原因"能够帮助实习生了解评价是专业成长的重要途径，也能够让他们了解一些教师使用评价工具的具体案例。这一章也向实习生介绍了职业道德规范，并让实习生通过练习了解如何使用NAEYC制定的《道德行为准则》来解决他们可能遇到的真实问题。在本章中，实习生还将探索职业选择并学习如何建立自己的专业档案袋。学生能够展示他们对专业标准、目标设定、教学经验评价、道德行为准则的认识，而这些内容都与教学能力相关。

第三章"理解和引导幼儿的行为"回顾了行为引导中的重要概念，这对解决新手教师的困惑和不安全感很有帮助。本章界定了最基础的行为引导理念，区别了引导、纪律和惩罚的不同，也提供了具有发展适宜性和文化适宜性的引导的概念解释。"10项引导策略"让实习生能够在总体上从教师介入性最少到最多的角度把握各类引导策略。实习生将认识和了解，建立在尊重和支持的师幼关系的基础上、具有发展适宜性和文化适宜性的有效引导策略。

第四章"观察和评价儿童"涉及儿童观察和评价的重要方面，同时关注NAEYC标准和儿童的入学准备。通过举例说明"良好的儿童评价的10项特征"来帮助实习生了解观察儿童的价值，学会用真实的评价工具进行积极的互动、创建具有教育性的环境和课程。本章还考虑到了在观察非典型发展儿童时，教师会遇到的道德难题。通过学习本章内容，实习生将会了解观察、解释、记录和评价的方法，从而积极地影响儿童的发展和学习。

第五章"环境和日程"呈现了如何使用适宜的环境和日程来满足儿童的需要。"构建发展适宜性日程的10项技巧"让实习生能够深入理解行为管理和目标达成。实习生将理解有效环境和日程的构成要素，进而为儿童提供积极的学习经历。

第六章"课程"解释了当学习媒介提供具有发展适宜性的课程时，儿童是如何学习和游戏的。"规划课程时应注意的10项问题"提供了规划具有年龄适宜性、文化回应性、包容性、整合性和生成性等课程的指导意见。如何撰写课程计划、规划和引导小组活动的建议为实习生提供了必要的工具以完成这些重要的任务。实习生学习了多种方式来设计、实施和评价有意义的、基于游戏的、整合的和有扎实基础的课程，这些课程适用于三个年龄阶段的发展典型和发展不典型的所有儿童。

第七章"团队教学"探索了如何与其他成人一起分担教学的责任。本章提供了团队教学中可能存在的挑战，同时也提供了"开展团队教学的10项技巧"，以帮助新手教师学习如何与其他成人共同工作。实习生将学会理解团队教学的关键之处，以及建立积极的工作关系所面临的挑战。

第八章"与家庭合作"探索了家校之间的联系，并且讨论了这些联系的重要性。了解当前家庭的多样性是理解家校关系的基础。"建立积极家校关系的 10 项建议"能够帮助实习生学习如何与幼儿的家庭建立起重要的联系。实习生将学习理解家庭、多种家校关系以及沟通事务。

第九章"多元化的活力"考察了公平、全纳、早期干预、对残疾儿童的照顾以及反歧视的方式。学生要反思多元化的多重表现。"回应多元化的 10 项策略"包括可操作性建议和反思性练习，从而帮助实习生应用所学知识，并且鼓励实习生审视自己对多元化的意义和表达的感受与反应。实习生将理解多元化的多个维度的表现，掌握在托幼机构中与多种文化、语言、能力的儿童及其家庭进行合作和互动的能力。

致谢

优秀的教师终其一生都在学习。对于圣马特奥和旧金山地区的所有高校指导教师和实践指导教师，我们衷心感谢你们慷慨付出的精力和时间，谢谢！从实习教师尤吉到阿扎，以及每一个实习生，你们实习的感受贯穿了整本书，谢谢你们！来自加利福尼亚州圣布鲁诺市斯凯兰学院的学生对儿童早期教育课程的评论、反思、回应和质疑给予了我们启发，而这些启发只可能来自你们这些年轻的头脑。加利福尼亚州社区学院早期教育（California Community College Early Childhood Education，CCCECE）教师协会的同事们的聪明才智非常宝贵，正如加利福尼亚州立大学和社区学院能力整合项目（Competency Integration Project，CIP）指导委员会的同事们一样。你们关于教学、教学资源和智慧的真实情况帮助我们为实习生提供了最佳经验。

培生出版社的工作人员在此书的出版过程中一直给予我们鼓励和推动。朱莉·彼得斯以她对相关领域的理解和反馈推动了我们的前进，她的助手安德烈娅·霍尔提出并回应了一些问题，为我们提供了所需的资源。我们还要感谢项目经理琳达·拜马和谢里尔·兰纳的相关努力。

有时作者对主题内容太过熟悉，以至于不能清楚地看到内容有何缺失或者需要如何调整。我们感谢文稿审阅团队，他们的评论有助于我们提高文稿质量。他们是：西南密苏里州立大学的玛丽·伊丽莎白·安贝里、圣哈辛托学院中心的雷切尔·伯纳尔、圣菲学院的琼·坎贝尔、德安萨社区学院的马丁娜·埃布苏格瓦、蒙哥马利学院的埃莉·萨洛尔、俄亥俄大学奇利科西校区的玛丽·芭芭拉·特鲁贝。因为你们的努力，此书才能更好地与读者见面。

目录

推荐序 ·· I
译者序 ·· III
原著序 ·· VII

第一章　准备起步 ·································· 1
　　为什么要成为一名教师？ ························· 1
　　角色和责任 ····································· 11
　　实地工作指南 ··································· 16
　　儿童早期教育机构：你在哪里教学？ ··············· 23
　　实践活动 ······································· 26
　　日志作业 ······································· 26
　　参考文献 ······································· 26

第二章　成为专业教师 ····························· 29
　　确立专业标准 ··································· 30
　　长期目标和短期目标 ····························· 32
　　教师评价与评估 ································· 39
　　专业伦理 ······································· 45
　　为你的教育职业生涯做好准备 ····················· 50
　　实践活动 ······································· 60
　　日志作业 ······································· 60
　　参考文献 ······································· 60

第三章	**理解和引导幼儿的行为** ································· 63
	行为引导的基本理念 ································· 63
	引导、纪律和惩罚:它们有什么区别? ················ 67
	发展和文化适宜性引导 ······························ 76
	有效的引导策略 ···································· 78
	实践活动 ··· 100
	日志作业 ··· 101
	参考文献 ··· 101

第四章	**观察和评价儿童** ···································· 103
	观察 ··· 103
	评价 ··· 114
	实践活动 ··· 130
	日志作业 ··· 130
	参考文献 ··· 130

第五章	**环境和日程** ·· 133
	早期教育项目的环境 ······························· 133
	适合幼儿的日程 ··································· 150
	实践活动 ··· 160
	日志作业 ··· 160
	参考文献 ··· 161

第六章	**课程** ··· 163
	从头开始 ··· 163
	通过游戏学习 ····································· 167
	早期教育课程 ····································· 172
	规划课程的要点 ··································· 174
	实践活动 ··· 198

日志作业	198
参考文献	198

第七章　团队教学　　201

团队教学：最佳合作	201
团队教学的基本要点	205
团队教学的挑战	211
模棱两可：早期教育团队中的实习教师	224
实践活动	228
日志作业	228
参考文献	229

第八章　与家庭合作　　231

谁是家庭成员	231
家校联系的重要性	238
人与人之间的交流	246
出现困难时	247
实践活动	258
日志作业	258
参考文献	259

第九章　多元化的活力　　261

对多元化的反思	261
多元化的多个方面	265
将多元化付诸行动	275
实践活动	291
日志作业	291
参考文献	291

 第一章

准备起步

> ☑ **学习成果**
>
> 将对教学基础的理解融入实习生的角色和专业行为中。

为什么要成为一名教师?

威诺娜在她的孩子准备进入"开端计划"(Head Start)项目时,就成了该项目中的助理教师。在从教的过程中,她意识到儿童的学习建立在其本土价值观之上,尤其是依托于通过故事讲述将自己与他人联系起来的能力。这敦促她选修课程、提升学历、继续从教。对威诺娜而言,将文化传递给学生并以此来回馈社区具有重大的意义。

奥尔佳今年23岁,在一个由教会主办的儿童保育中心做助理,同时在这个保育中心开设的星期日学校教学。她对自己能够为儿童的家庭提供帮助而感到开心,因此,她经常在教会所在的社区中从事照看幼儿的工作。学习如何在集体环境中照看和教育幼儿,对奥尔佳而言具有挑战性,同时她也将自己在学习中获得的启发应用到星期日学校的教学中。她非常乐意成为教学团队中的一员。

在利安娜和哥哥年纪尚小时,他们的母亲就经营了一所家庭看护中心。他们常常在放学后帮助母亲。现在利安娜已经有了自己的孩子,她自己也开

设了一所家庭看护中心。这个工作让她既有机会在家照看自己的孩子并补贴家庭收入，又能做自己喜欢的事情。利安娜已经在当地的社区大学选修了几门课程，并将继续努力，希望能获得早期教育专业的副学士学位。

萨姆来自教师家庭。他的父亲和祖母都是教师，这好像自然而然地把他引上了教师的道路。他获得了早期教育专业的学位，并且已经在一年级任教6年。他成了当地机构中的指导教师，并且乐意与那些刚开始教学生涯的同事一起工作。对萨姆而言，教学是他作为美国公民为社会做出贡献的一部分。他深切地关心着学生的未来，关心他们将来与不同背景、信仰、种族的人共同工作的能力。他当前工作的学校并不具备这种多样性。他希望在不久的将来，换到另外一所更具多样性的学校工作。

这四位教师都由于不同的原因走上了教师的工作岗位——他们被不同的事件和兴趣激励着。然而，他们又有共同之处——他们都想要成为一名教师。并非所有的成人都有能力从事幼儿教育工作。诸如威诺娜、奥尔佳、利安娜和萨姆这样的好教师，他们知道自己能够给儿童及儿童的学习带来积极的影响。他们能感受到工作的价值，并且意识到自己能为早期教育领域做出贡献。他们的长处可能是有从事特殊儿童教育相关工作的强烈意愿、与家长交流的独特能力或一种改善课程的艺术性天分。内在动机给予这四位教师成为高效能教师的信心。

当你开启自己的早期教育之旅时，你会发现自己面临着无数个问题，例如："嗯……为什么我想要做这个工作？""呀！我在做什么呀？"在考虑成为一名教师时，你就应该花些时间思考自己对教学的倾向。

全美教师教育认证协会（National Council for Accreditation of Teacher Education，NCATE，2011）将"倾向"定义为：

> 那些影响学生、家庭、同事、社区，影响儿童学习、动机、发展以及教育者自身成长的价值观、承诺和职业道德。它受与关心、公

正、诚实、责任和社会正义等价值观相关的信念和态度的影响。

幼儿教师的工作是复杂的,同时通常是高强度和敏感的。在阅读这一导入章节时,建议你思考自己的教学倾向。

教学的基础

很多因素都有助于塑造一名高效能的教师。这些因素汇聚成贯穿于一个人一生的个体成长和专业成长的指南。每个因素又单独定义了教育幼儿的角色和责任的一个方面,并勾勒出成为一名高效能教师的关键职能。在总体上,这些因素构成了培养教师的关键。有10项基础要素能够提高教师开展反思性教学的能力,让教师能够尽可能地学习关于儿童、环境和课程的内容。你能够从之后的章节中深入地了解这些指导性原则。表1.1列举了教学的10项基础要素。

表1.1 教学的10项基础要素

☞ 在阅读这10项基础要素的同时,记录哪些要素你已掌握,哪些要素你要在实习过程中着重关注。

---

1. 对工作充满热情
2. 掌握关于发展和学习的知识
3. 坚持教学的专业和道德标准
4. 参与反思性教学
5. 创设积极的关系
6. 尊重家庭的个体性和多样性
7. 成为有效的沟通者
8. 观察和评价儿童的发展和行为
9. 管理班级和引导儿童的行为
10. 规划并创设适宜的课程和环境

对工作充满热情。你是否还记得自己遇到的好教师?让你能够记住这些教师的原因之一,一定是他们对教学充满了热情,并且能让你感受到他们的热

情。很明显，他们热爱自己的工作，并且不能想象自己从事其他工作。这些教师绝不会说"我每天只是为了赚钱而应付工作""我的工作是多么无趣"。这些教师知道社会对他们工作的需求，也能体会到工作所带来的强烈满足感，他们时刻洋溢着工作热情。

那些对教学充满热情的教师对儿童的成长和发展有强烈的、持续的兴趣。对他们来说，人类成长和发展的知识非常有意思。他们乐于观察儿童在学校的变化，以及生活环境如何影响儿童。他们也面临着挑战——自身的教学可能促进或阻碍儿童学习。

热爱教学的人有一种交流学习乐趣的倾向。教师是一门有意思的职业。教师能看到儿童眼前的世界如何展开。敬畏和惊叹、好奇和想象可见于儿童生活中许许多多可教的瞬间。

掌握关于发展和学习的知识。 幼儿教师背景知识中不可或缺的一部分，是关于儿童发展和早期教育的工作知识。就教师所面对的某个年龄阶段的儿童而言，他们预期的发展是怎样的？教师设定的关于这个群体的目标是什么？如何才能让这些儿童最好地学习？从观察到的情况来看，每个儿童偏好的学习方式是怎样的？教师关于这些问题的知识构成了他们对早期教育的判断和智慧。

每个班级中都有发展水平各异的儿童。当教师理解人类发展的轨迹后，他们会发现儿童的成长和成熟遵循

教学的乐趣可以通过多种方式进行交流。

不平衡的路径；因而，教师要为能力的多样化组合做好准备。通过具有发展适宜性的方式和技术，教师能够帮助儿童通过演练、实践和不断重复来巩固学习成果，从而使他们掌握新的能力（不论是倒果汁、扣毛衣上的扣子，还是进行两位数的加法）。儿童会依照自身的速度和节奏来学习和成长，而教师要对此有坚定的信念。

坚持教学的专业和道德标准。NAEYC 为早期教育专业人员提出了一套专业指南和阐述教师价值观和信念的行为准则。早期教育专业人员培养标准包括促进儿童的发展和学习，建立与家庭和社区的关系，观察、记录和评价儿童，教与学，成为专业人士以及实践经验。行为准则描述了早期教育专业人员之于儿童、家庭、同事和社区的职责。教师培养标准和道德行为准则都将在第二章中有所论述。

为什么需要专业标准或道德行为准则呢？专业标准概述了专业教师的意涵，描绘了教师工作的组成要素。此外，教师每天都面临着各种冲突，这些冲突包括对儿童的惩罚性纪律管理、教师的不当行为以及家长的施压。新手教师需要理解在道德准则的基础上做决策的重要性。一套具体的价值观，不只是某一名教师处于某种情况下的做法，还是所有教师都应该遵循的原则。

在从教最初几年获得的工作经验和启发会让教师逐步形成自己关于教育的哲学理念。教师的教育哲学基于自己的价值观、关于"什么对儿童是最好的"的信念、与儿童群体一起工作的经验以及行为的道德准则。

参与反思性教学。回顾本章开篇提到的四位教师，他们或多或少都在自己的教学期望和寻找工作的个人意义之间建立了联系。他们之所以能够建立这种联系，是因为他们参与了反思性教学。

当参与反思性教学时，你会制定计划或指导策略以考察教学更为广泛的意义，你也会花时间思考你的角色、态度和行为。你会将班级看作学习共同体，并意识到自己是共同体中的一员。这会导向教学的核心——自我理解与其对教育实践的影响的关系。

与幼儿一起工作对教师来说是一种挑战，它会敦促教师审视和改变自己的态度和行为。教师需要花费大量的时间来观察儿童的成长和发展。他们理解变化贯穿人的整个生命周期，而且学习是一个终身的过程，成人也在成长、学习和变化。那些将自己视作学习者的个体才能成为成功的教师。他们的生命更有意义，而且对自己和教学满怀信心。

本书的每一个章节都将鼓励你在实习中开展反思性教学。表1.2是一个开始。这些问题会激发你关注自己的成长、学习和变化。同时，每一章都有"反思性事件"，以帮助你促进认知的发展。教学时间越长，你越容易遭遇关于态度、偏见、信念、知识和对儿童所在世界的认知等问题。

表1.2 成为反思型教师

> 如何对自己的身份有更多的认知，并反思它是如何影响教学的？以这些问题引发思考。

- **怎样处理差异？**
  我关于儿童养育的看法与父母养育我的方式有什么不同？我已经改变了哪些实践？是如何改变的？
  当与儿童养育实践不同的家庭探讨早期教育和保育时，我的感受是怎样的？
- **怎样更好地解决与自己和他人相关的这些问题？**
  我是否尊重那些价值观和信念在某些方面与我不同的人，我是如何表现出尊重的？我还需要做些什么？
  我对朋友、同事、所有儿童及其家长表现出的哪些不同之处感到理解？我对哪些不同之处感到不理解？谁能帮我解决这些问题？
- **怎样处理偏见？**
  我在什么时候、以什么方式来审视自己的偏见？
  我能改变自己的态度和偏见吗？如何改变？
  我是否将自己的偏见传达给与我一起工作的人？在什么时候？是怎么做的？
- **怎样与儿童互动？**
  我是否更偏爱与我的种族、文化和信仰背景更接近的儿童？如果是，那么该如何调整？
  我是否认为儿童是有能力的且能将同伴作为资源，并就此与儿童沟通？怎样沟通？
  我对残疾儿童的感受是怎样的？这种态度从何而来？是否需要改变？
  我是否允许自己向儿童学习？在什么时候、以什么方式进行学习？

资料来源：Browne & Gordon（2009）.

创设积极的关系。要在早期教育机构中有效地工作，教师需要与其他成人以及儿童建立积极的关系。这些关系基于信任和尊重，开始于你和指导教师共同设定你的教学目标，开始于他（她）作为你的教师专业成长和发展的引路人。在整个过程中，保持积极的态度至关重要。

保持积极态度和关系的方式之一是成为一个好的团队成员。承担起实习生学习指导纲要的任务。按时到岗、适宜处事、及时完成工作、以尊重的态度倾听、在需要的时候提问。这些是很简单但非常必要的，能给你带来信心，同时也能帮助你获得同事的尊重。

你可能已经从照看婴儿、指导和照料弟弟（妹妹）或子女的经历中获得了与幼儿一起工作的积极体验。一些实习生此前还有在教育机构中工作的经验。这些经历都将帮助你以实习生的身份在班级中接近学生。在某个时刻，甚至有可能在第一天，学生就会考验你。他们想要知道你的底线是否和其他教师不同，他们也能感觉出你的不安感或紧张感。你对学校哲学理念和程序的了解状况是决定你从一开始能否与儿童建立积极联系的关键因素。

变通、接纳、耐心、鼓励、可靠和不评判他人的态度是在所有场所中形成积极关系的关键。第三、六、七章都将具体呈现这些要素。

尊重家庭的个体性和多样性。NAEYC（2011）制定的《道德行为准则》中列出了三个核心价值观，它们分别是：①认识到在家庭、文化、社区和社会背景下，儿童

实习生需要了解儿童的家庭和文化，以便更好地了解每个儿童。

能得到最好的理解和支持；②尊重每个个体（儿童、家庭成员和同事）的自尊、价值和独特性；③尊重儿童、家庭和同事的多样性。这些价值观形成了我们与儿童及其家庭建立关系的基础。

你可能曾在一个多元化的社区中居住。很多实习生的家庭成员或朋友的种族、社会和经济文化与他们自身不同。一些人可能曾与残疾人一起工作或共同生活。如果你也是这样的，那么你是幸运的，因为理解和尊重个体差异是教师的一个重要特征。

文化觉知和敏感性影响着你与儿童及其家庭的互动。当教师掌握了儿童所处的社会文化背景知识后，机构和课程对儿童及其家庭而言，将更有意义和相关性，更能体现出对他们的尊重。考虑家庭让教师能够积极地回应儿童独特的学习方式、成长、语言能力和交流方式。第七、八章将深入探讨这些问题。

成为有效的沟通者。早期教育专业人员不仅和儿童一起工作，也和成人一起工作。在工作场所中，你可能会遇到其他专业人员（咨询专家、运动学家、儿科医生、特殊教育人员），支持性员工（秘书、门卫、厨师、小车司机、维护工人），合作者（教师、园长、助理教师、志愿者），以及家庭成员（父母、祖父母、保姆）等。良好的沟通能力将帮助你更有效地与他们相处。

在与儿童和成人沟通时，你需要良好的沟通能力。你的目标是在班级和工作场所中形成双向信任和尊重的关系。要做到这一点，你需要明确你想要说什么，并且需要充分理解你听到了什么。这里有一些初始的方法：

- 认真倾听他人说了什么。这意味着倾听要多于表达，这样你才能够理解你所听到的内容的意义和对方的感受。这种能力被称为"主动性倾听"，将在第三章中得到讨论。
- 提许多问题。尽可能地获得关于如何最好地完成工作的说明。随身携带记事本记录问题，以便在适宜的时间提问。不要在大家忙于应对

第一章 准备起步

幼儿的问题时提问。你将在第七章看到如何以此与你的教学团队建立联系。

- 回应你听到的问题、评论和观察结果。要真的有兴趣,而不是表现得有兴趣。当成人和儿童与你说话时,要集中注意力倾听,而不是去想你要怎么回应。第四章将帮助你提高观察能力。
- 使用肢体语言。和儿童在一起时,要在儿童视线范围内做出清晰、简单的陈述。使用面部语言来表现你的兴趣、关注和理解。与你交流的人可能会使用非语言的交流方式(例如面部表情、手势或肢体语言)。
- 与他人交流时关注文化敏感性。记住每个人都有独特的家庭、文化、信仰和社会经济背景,这些因素形成了一整套贯穿其一生的价值观,这些价值观可能与你的价值观截然不同。第九章将讨论多元化的活力。
- 学会通过有效的问题解决能力来应对冲突。这将在第三、七、八章中详细阐述。

观察和评价儿童的发展和行为。在教学时,你的眼光和大脑都要保持足够的广度。好的观察能力是理解儿童的基础工具。当观察儿童如何游戏、表现、与他人互动时,你会逐渐理解他们的需要、能力、个性、关注点和他们当下的处境。当评价通过观察得到的信息时,你可以对儿童未来的成长和学习机会进行规划。

学会观察和有效记录需要花费时间和加强练习。我们评价儿童成长和能力的主要目的在于建立基线[1],以帮助我们设计课程、指导措施、与家长交流和进行机构决策。

你也会在第三章中学到儿童个体、群体及儿童成长和发展的相关内容。

---

[1] 基线(baseline)主要指初始状态,这里强调通过观察和评价来了解儿童现有的发展水平。——译者注

管理班级和引导儿童的行为。班级管理是教学中最具挑战性的一个方面。有效的班级管理基于你对儿童行为、空间使用、人和环境的互动以及构成一日活动安排的时间框架的期待。班级中的流程、规则、程序也影响班级的有效管理。儿童需要知道班级中将要发生的事情是可预测和稳定的。

有效的班级管理能够建立支持创造性和积极行为的良好组织系统，从而促进儿童的学习。当教师的期望能够被清晰地阐释，并得到合理空间安排的支持时，儿童将更多地表现出积极行为。

与班级管理同样重要的是良好的引导哲学理念。最有效的引导儿童的方式是清晰、稳定的，而且规则公平并以人道主义的方式执行。有效的引导策略强调儿童行为的积极方面，而非问题行为。当我们鼓励儿童为自己的行为负责、参与问题解决的过程时，引导策略对儿童而言更有意义。第三章将提供一系列有效引导幼儿的方法。

规划并创设适宜的课程和环境。良好的课程是优质幼儿教育项目的重要标志。当今教师要确保幼儿接受具有发展适宜性和文化适宜性的课程，并且课程要能满足学生的需要，而且内容要对学生有意义。理解早期教育课程的一个关键在于要认识到游戏是形成学习基础的最重要中介（Erikson, 1963; Piaget, 1954）。

当前有很多课程模式，比如瑞吉欧·艾米莉亚课程、高瞻课程、蒙台梭利课程和银行街课程（参见第五章）。很多教师会采用一种折中或混合的方式，融合多种课程模式以形成自己的课程。

要设计课程，你需要首先设定目标和确定优先项。你想要儿童学习什么？他们在什么时候需要学习这些内容？什么是最好的教学方式？你需要充分考虑在课堂上可能培养的多种能力，以及在这个年龄阶段儿童最适合发展的能力。生成性课程（参见第六章）即建立在儿童在班级中的兴趣之上，教师会帮助儿童深入地探索这些问题。这往往会引发一个持续数周甚至数月的项目。课程建构还需要充分了解个别儿童的最优学习方式。多元智能理论

（Gardner，1993）可以帮助教师理解如何创设一个能够适用于广泛的兴趣和能力的课程。

课程反映着机构的目标和哲学理念，环境也是如此。通过有意识地摆放家具、计划成人在何处、以何种方式被调度，以及计划每天每个部分的时间表，教师能展现出机构的优先目的。例如：重视儿童自立的托幼机构会创设支持幼儿独立性行为的环境；反偏见课程（Derman-Sparks & Edwards，2010）重视种族、文化、能力和性别的差异，所以课程、书籍、材料、玩具、设备的选择也能够反映这种信念；全纳环境为促进不同能力儿童和残疾儿童的参与，调整设备从而为所有儿童提供安全并具有挑战性的环境；婴儿和学步儿的课程和机构会选择适合年龄很小的幼儿、与学前儿童不同的日程安排和设施。第五、六章将深入地探讨这些议题。

角色和责任

教师们每天都在做什么？在大多数早期教育机构中，教师是核心。教师是儿童的行为模范，要关注师幼关系的质量。60多年前，凯瑟琳·里德·贝克（Katherine Read Baker，1950）在其经典的基础性著作《幼儿园：人类关系实验室》（*The Nursery School: A Human Relationships Laboratory*）中阐述了教师的角色：

> 她需要理解儿童学到了什么、家长对儿童和家庭的期望，以及儿童自己的期望。对所有的儿童而言，教师要提供能够促进乐于学习的个体的发展和能够有效利用现有学习资源的课程（p.59）。

事实上，教师必须完成并悦纳这些角色：主持人、故事讲述者、交通警察、冲突协调者、医学检查者、心理和学业评价者、温和又坚定的纪律管理

实习生正在体验他们将来作为教师的一种角色。

人员以及档案员——更不要说水管工、治疗者、诗人、音乐家和看门人。

尽管教师确实肩负多重职责，但你首先要与儿童在班级中互动并创设环境。这将是你作为实习生首要关注的问题。确定儿童在集体中和独立学习时的情绪基调、处理儿童的行为问题常常与组织环境、评价儿童的发展和学习一样重要。你也会和其他成人（包括其他教师、助理教师、志愿者和管理者）一起工作，同时需要与儿童的父母及其他家庭成员建立关系。

在教室外，除了与儿童一起工作，教师还有其他任务。他们要留存记录、参加教职工会议、通过会议与家庭保持联系、进行家访、召开家长教育会议、参加学校社区活动、参加工作坊或其他专业发展活动以及召开学生—教师会议。他们还需要计划和评价课程、为机构采买和准备材料。

作为实习生，你将会在实习场地体验独特的角色（如表1.3所示）。同时，你还要让自己尽快熟悉早期教育机构的氛围、群体生活的节奏和文化。经过一段时间，你会成为教学团队中的一员。简单来说，你将成为一名教师！

第一章 准备起步

表1.3 教师与实习生的角色对比

教师	实习生
与儿童互动	熟悉儿童
观察和评价儿童的发展和学习	练习观察儿童
管理教室	观察团队成员如何处理儿童的问题；向儿童发出危险预警；跟随其他教师做出示范
创设和维护环境	做好清理工作；询问能否在常规任务中提供帮助
规划和评价课程	开始参与一些机构中正在进行的活动；询问在什么时候、以何种方式能够尝试独立开展活动
参与会议	明确什么时候能在班级之外与指导教师碰面；明确教职工会议、班级会议等何时召开、如何参与

督导对你和你的实践指导教师而言是一件细致和重要的事情。会议可能是班级之外的工作中最消耗时间的。你可能需要考虑指导教师的时间以确定一对一的见面时间，从而明确自己在工作中需要改善之处。阅读"我的反应"，了解伊春在刚开始实习时感受如何。制订一个关于你们见面时间和时长的计划，同时明确议程（至少要列出问题或评价），这些都是有用的。

我的反应

我是怎么开始的？

我是怎么开始的？在昨天与萨拉见面之前，我努力在日志中统整自己的目标：大声地对自己说话、通过写的方式表达各种各样的想法。持续时间最长的想法是缺乏自信；我之前并没有任何在早期教育机构中工作的经历。尽管有两个学期非常美妙的学习经历，并作为全职妈妈养育了两个很棒的儿子，但我仍然感到紧张！萨拉向我微笑，并说："这就是我怎么开始的。"她让我觉得我们共享了一个秘密，而且让我觉得放松。这就是我的指导教师。

——伊春

你和实践指导教师的角色可以以多种形式展开。你可以把自己看作一个学徒，正在跟随一位有经验的教师学习如何成为高效的幼儿保育和教育专业人士，就像中世纪时年轻人作为商业学徒学习交易。指导教师通常将自己视为导师，而"导师"也有其发展的历史。

最早的关于"导师"的记录来自荷马的经典著作《奥德赛》（*Odyssey*）。在这个故事中，国王奥德修斯将开启一段长达10年的征战，因此他为儿子忒勒玛科斯留下了一个名为"门托尔"（Mentor）的仆人和朋友。当奥德修斯不在时，门托尔的角色就是引导和启发忒勒玛科斯，帮助他将来成为伊塔卡的统治者。这第一个关于"导师"的故事具有强烈的女性主义倾向。在《奥德赛》中，雅典娜（智慧女神）常常将自己伪装成门托尔，多次来到忒勒玛科斯身边指导他（Sherk & Perry，2005，p. 2）。

同时，你可能认为自己最好能加快速度并开展各类教学实践，这样你就能够更好地把握自己的专业发展。这种想法可能会加剧你的紧张感和工作的紧迫感，甚至带来恐慌或引发退缩。这顶帽子——更像是迪士尼《魔法师的学徒》（*Sorcerer's Apprentice*）中的那顶帽子——可能不适合你，也不适合你的指导教师。你的指导教师可能同时面临多个方面的工作，对你的需求不那么敏感，或者可能将你视为额外的帮手而不是学习者。这些期望通常不会被明确地表述出来，但它们的确可以改变教和学的关系，使其难以令人满意。

明确的指导、经常的沟通和积极的回应能够建立让所有参与者受益的信任关系。了解自己的角色以及可能为自己提供帮助的各类人群和机构，都是有所裨益的。表1.4呈现了你作为实习生的角色和那些会与你产生关系的人群的角色。从一开始，实习生就要承担起教室里的一些教学职责。随着实习经验的丰富，实习生的角色也会逐渐拓展。

第一章 准备起步

表1.4 实习生的关键词目

词目	定义
导师	导师提供了重要的指导,让实习生能够成为成功的专业教育者
实习场	实习生课程的目标就是为实习生配备最好的指导教师或将其安排在最适合的项目中。这个过程需要高校指导教师、实践指导教师和实习生的参与
实习教师、实习生、实践学生或实践教师	学习成为教师的实习生通常有很多不同的角色,他们可能被称作"实习教师""实习生""实践学生"或"实践教师"。他们会在机构中花大量的时间,在实践指导教师和高校指导教师的指导下,通过从事专业教师的工作来学习教学。实习生常常会有津贴,并且会得到专业化的培训
合作学校	合作学校和高校紧密合作,为实习生提供最好的学习经历。合作学校和高校共担责任,努力把实习生培养成专业的教育者
主班教师或实践指导教师	在实习生实习期间,主班教师或实践指导教师需要对实习生进行观察、指导和评价
高校指导教师	高校指导教师是高校派出的、在实习生实习期间对其进行观察和指导的教师

作为一名实习生,你将接受一位权威人士的督导。你需要反思,这对你意味着什么、你希望从实践指导教师那里得到什么、你将如何回应并与他(她)一起工作。与这位指导教师建立关系是你的首要任务之一,甚至先于你开始与孩子交朋友或建立教学技能。你需要专注于建立信任和尊重的联系。反思谁是你生活中的好教师以及那些你的"重要他人"的素质。现在想想看,你如何与指导教师一起获得这种体验。你可以和指导教师开诚布公地谈一谈你要学习的内容以及学习的方法。成功的实习生可以通过简单地观察、模仿指导教师或与儿童坐下来一起游戏,开始自己的专业实习实践。你可以从很多方式入手。

实习生从与儿童互动的直接经验中学习。

实地工作指南

你的实习生涯是令人激动的。教科书上的理论变得鲜活起来，儿童发展的概念也变得生动起来。实习生能够在实习中了解儿童个体的成长和发展；很多人会惊讶地发现，他们能够了解儿童如何在群体中活动，以及如何与成人互动。对于一些学生而言，实习可能是他们第一次从事直接面向儿童的工作。

为实习做好准备

规划和实施符合儿童需求和能力的活动通常是实习生角色的一部分。这让你有机会检验课程想法，并了解儿童使用材料时会发生什么。你分配到的实习任务会因高校指导教师确定的课程任务以及实践指导教师设定目标的不同而有差异。大学和州对实习的要求将决定你在班级中实习的时间。当实习结束时，你应该已经掌握了成为一名成功教师所必备的多种技能。

你可以选择自己的实习机构，或由高校指导教师分配实习机构。你的实习可能在学院的儿童发展中心或社区的托幼机构中进行。在理想情况下，你所在的实习机构能够提供由外部审议或认证确认的高质量的早期教育服务。你的高校指导教师会进行实习现场考察，以观察和监控你的实习进度。

与经验丰富、能示范优秀教学技能的教师一起工作，对你获得教学经验至关重要。团队教学情况也能提供支持，与一些专业人员建立关系可以帮助你确立教学身份。

虽然教学实习很愉快，但你也可能在非常紧张的自我反省和焦虑中度过这段时光。负面的实习经历会破坏你的信心。你可能会怀疑自己能否成为一名教师。接受评估是不舒服的，但这是学习过程的一部分。你会在以下方面（但不仅限于此）接受评估：

- 你参与的效率如何
- 你计划活动的多样性和创造力如何
- 你的课堂管理技巧如何
- 你能否顺利地完成日程安排
- 你是否表现得很专业

在第二章中，你将了解实习生的评价和评估过程。如果这一切开始让你感到压力较大，那么你可以想一想，即使是最成熟、最自信的主班教师也是从像你一样的新手教师成长起来的。下面的"反思性事件"会告诉你一个实习生在实习第一天的经历是怎样的。

反思性事件

第一印象

"哇！"是用来描述我第一次进入实习场地的词语。我需要学习很多东西、熟悉并记住所有孩子的名字、与幼儿的父母和其他员工见面。我对孩子们的第一印象是活泼、有趣。甚至在我正式实习之前，当主管教师带我到处参观时，有些孩子已经来找我一起玩，他们甚至还不知道我的名字。我相信我已经和一些孩子建立了联系，当需要安慰时，他们会接近我、拥抱我，我爱这种感觉。这非常棒。

我的主管教师让我感到舒服和放松，因为她提前一周带我参观了实习场地。就在昨天，教师们召开了一次小型会议，讨论了我的实习目标以及如何实现目标。他们提供了很多可供我使用的材料和资源。我也成为他们每周更新电子邮件的一部分。有一面墙上有每位教师的照片和简介，我的照片也已张贴在那里。这个环境和我对实习场地的第一印象让我对未来产生了新的想法。

——阿扎

> **你的思考**
>
> 1. 我感觉如何？
> 2. 我该怎么办？
> 3. 结果可能是什么？

你、你的高校指导教师和实践指导教师会一起设定你的实习目标和期望。在此过程中，你将确定在学期末你将从班级教学实践中获得什么——是创设新的课程计划，还是主导小组活动时间。你们三个人将一起向着共同的目标努力，以确保实习的成功。

在学期开始前进行规划

开始阶段是非常重要的，它为你此后的发展确立了基调。你需要非常审慎地确定第一步。有一些策略能够帮助你实现从大学向实习课堂的转换，让最初的实习经验更令人满意、更加积极。

- 与实践指导教师联系并见面。明确他们期望你何时到岗、班级的位置在哪里、你要执教哪个年龄阶段的儿童、班级的规模和组成如何、一日常规安排如何以及你要在该项目中实习多久。问清楚是否有你需要了解的特殊需要儿童或文化关怀。要了解在实习机构中，你需要知晓的儿童信息。如果有可能，就与实习场地的其他教职工见面。
- 将这视作一次访谈。你会和一些人见面、交流，你要准备一些问题，这也是你给别人留下的第一印象。
- 理解要求。你可能已经从高校指导教师那里获得了一个清单，但是还需要与实践指导教师沟通具体的要求（例如肺结核检查、医生报告、保险单或指纹）。其中一个要求可能是无犯罪记录和无儿童虐待记录。
- 访问教室和教学楼。熟悉教室和教学楼的布局。逛逛校园，找到门卫

第一章 准备起步

室、厨房、卫生间、储藏室的位置。
- 与你的实践指导教师分享你可能拥有的独特能力和才能。然后让教师帮助你，在面对幼儿时，能以一种全新的方式来使用这些能力。
- 完成高校指导教师提供给你的"学生信息表格"。填写你的基本信息（地址、电话、先前的经验、参与的课程），这有利于实践指导教师了解你的背景（参见表1.5）。

表 1.5　学生信息表格

☞ *此表格为你在教学实习机构中的指导教师提供了关于你的重要信息。*

姓名＿＿＿＿＿＿＿＿＿＿＿＿＿＿＿＿＿＿＿＿＿＿＿＿＿＿
地址＿＿＿＿＿＿＿＿＿＿＿＿＿＿＿＿＿＿＿＿＿＿＿＿＿＿
城市、州及邮编＿＿＿＿＿＿＿＿＿＿＿＿＿＿＿＿＿＿＿＿＿
电话＿＿＿＿＿＿＿＿＿＿＿＿＿＿＿电子邮箱＿＿＿＿＿＿＿＿
　　工作地＿＿＿＿＿＿＿＿＿＿＿＿＿＿＿＿＿＿＿＿＿＿＿
　　地址＿＿＿＿＿＿＿＿＿＿＿＿＿＿＿＿＿＿＿＿＿＿＿＿
　　城市、州及邮编＿＿＿＿＿＿＿＿＿＿电话＿＿＿＿＿＿＿
　　指导教师＿＿＿＿＿＿＿＿＿＿＿＿＿教学时长＿＿＿＿＿
你此前是否有与儿童一起工作的经历？　是＿＿＿＿＿＿　否＿＿＿＿＿＿
以什么身份＿＿＿＿＿＿＿＿＿＿＿＿＿＿＿＿＿＿＿＿＿＿
其他的课程（以及你就读的高校）＿＿＿＿＿＿＿＿＿＿＿＿
列举出我们应该了解的关于你的事情（独特的才能、爱好、语言、相关经验、家庭信息等）
＿＿＿＿＿＿＿＿＿＿＿＿＿＿＿＿＿＿＿＿＿＿＿＿＿＿＿
＿＿＿＿＿＿＿＿＿＿＿＿＿＿＿＿＿＿＿＿＿＿＿＿＿＿＿
＿＿＿＿＿＿＿＿＿＿＿＿＿＿＿＿＿＿＿＿＿＿＿＿＿＿＿

如果有紧急情况，请联系：＿＿＿＿＿＿＿＿＿＿＿＿＿＿＿
电话＿＿＿＿＿＿＿＿＿＿＿＿＿＿＿关系＿＿＿＿＿＿＿＿
医疗保险计划＿＿＿＿＿＿＿＿＿＿＿＿＿＿＿＿＿＿＿＿＿
号码＿＿＿＿＿＿＿＿＿＿＿＿＿＿＿＿＿＿＿＿＿＿＿＿＿
医生姓名和地址＿＿＿＿＿＿＿＿＿＿＿＿＿＿＿＿＿＿＿＿
最近的肺结核检测结果＿＿＿＿＿＿＿＿＿＿日期＿＿＿＿＿
（在实习开始一周内把记录交给指导教师）
你有其他需要报告的重要健康状况吗？　有＿＿＿＿＿＿　没有＿＿＿＿＿＿
你当前在服药吗？如果有，是什么？＿＿＿＿＿＿＿＿＿＿＿

资料来源：此表格经过出版社的授权，翻印自 Browne & Gordon（2009）出版的评价记录中的"学生信息表格"。Copyright © 2009 by Pearson Education, Inc. All rights reserved.

启程

只需度过实习的最初几天，你便能熟悉班级的一日流程、记住大多数幼儿的姓名，而且你在机构中的存在也会得到认可。你的表现非常重要（Browne & Dilko，2005）。

- 衣着得当。选择穿着舒适、适合季节，且容易套上工作服或围裙的服装。穿结实的防水鞋，以便户外活动。如果你不确定自己的衣服、耳洞或文身等是否合适，请提前打电话或在开始实习前询问。
- 准时。请按时到达，如果迟到或缺席，请务必通知指导教师。如果存在交通问题，请在实习开始之前告知你的指导教师。
- 了解事物的位置。找到存储重要设备和材料的地方。你可能会拿到一张地图或清单；如果没有，请询问一下："在实习开始之前，我是否应该看看橱柜或壁橱？"
- 坚守职业道德。避免在教室外谈及儿童和家长的姓名。儿童的行为既可能令人愉快，也可能令人心烦，但他们的隐私应得到尊重。在教室外要保守秘密，并定期与指导教师讨论你观察到的内容。

一旦开始进入实习场地，你将直接与儿童、教师，甚至其他成人（如幼儿的父母、门卫等）一起工作。表1.6列出了在实习期间，你与儿童和成人互动时可以采取的策略。

表 1.6　积极互动的策略

与儿童互动	与成人互动
观察，只在必要的时候介入。先观察、倾听、分析儿童，再进行干预。找到一些线索，以分辨幼儿的情绪、兴趣和意图	允许其他教师解决儿童之间的问题。除非对方特意邀请你帮忙，否则专业礼貌要求你不要阻碍他人解决问题
促进以儿童为中心的活动。避免让自己或其他教师成为儿童游戏的中心。强调儿童对同伴的关注和对活动本身的关注	就你的观察提出问题。理解其他教师为何以及如何采用那些方式来应对不同的情境。想一想如果是你，你会如何处理
给儿童预留足够的时间来解决他们的问题。监督儿童的进展，只在必要的时候介入。信任儿童通过工作来解决问题的能力	知会所有的教师。确保将重要的事件、问题以及家长的关心和疑问明确、适宜、及时地传达给指导教师。学会如何用具有支持性的、坚定的态度回应家长的问题或评论
对儿童不得不等待的时间保持关注。准备一些歌谣或手指操，或者准备一个简短的故事。在儿童等待下一个活动时，一起玩一个游戏	与家长和家庭建立专业化的关系。如果家长希望与你成为朋友，那么需要等到你不再教导他们的孩子。为班级中的儿童、教师和其他家庭保守秘密
知道每个人的位置。即使儿童和其他教师不在面前，你也要知道他们所处的位置。对机构当下到底发生什么有总体的把握	与指导教师共同工作。在选择和评价活动是否具有年龄适宜性时寻求帮助。知道为小组和个别儿童制定的课程目标
不要让孩子脱离监管。当你不得不离开一个区域时，要与其他教师取得联系。如果你只是一个人和一组儿童在一起，那么让其中一个孩子叫另一个成人过来	让其他教师知道你感激他们的支持和帮助。告诉他们，通过他们提供的范例，你获得了不同的教学经验。让每个人都知道你的感激
明确列出孩子对维护学习环境所能提供的帮助。通过让孩子清理、整理材料和设备来促进他们的责任感	了解和尊重所有的家长及他们的努力。意识到家长的文化背景，让他们教你一些相关的文化知识
采用积极的语言和语调。当你与一个孩子交谈时，要蹲下来明确地说，不要站在房间或院子里大声喊叫，要和孩子进行目光的接触并传递支持	讲好故事。所有的家长都希望听到关于自己孩子的事情。告诉家长孩子每天的兴趣、朋友和活动，能够让家长更了解自己的孩子
不要使用强力。用正面的引导策略让孩子配合。如果策略不成功，那么就试图寻求其他教师的帮助	阅读手册。阅读入园时给家长发放的指导手册，熟悉其中的方针和规程

资料来源：Gordon & Browne（2013）.

🌀 道德困境

消失的指导教师

情境： 在与高校指导教师多拉进行每周例行会面时，实习生安娜报告，当她在班级实习时，她的实践指导教师米歇尔常常不在班级中，且经常取消和安娜的会面。米歇尔说她没有时间重新安排见面。安娜非常沮丧，并且很担心她一个月后即将面对的教学评估。安娜认为，她努力尝试联系米歇尔，让米歇尔不开心。多拉说她会尝试联系米歇尔。

《道德行为准则》参考：

第 3 节：对同事的道德责任

I-3A.3　支持同事的专业需要和专业发展。

P-3A.2　当对某位同事的专业行为有所担忧时，我们应该以尊重其个人尊严的方式表述担忧……并且尝试以和谐、保密的方式解决问题。

解决方案： 多拉给米歇尔打电话并要求安排一次见面。米歇尔尝试拒绝，但是最终退让了，并确定了见面的时间。在见面时，多拉表达了对米歇尔的担忧，并告诉米歇尔——她是一个受人尊重的班级教师和实践指导教师。多拉想要知道，米歇尔为什么会如此对待安娜。米歇尔承认，她并没有给予安娜足够的时间和关注，因为她正面临着一项难以承受的家庭事务。她鳏居的父亲最近搬来和她一起居住，她们一家正忙于适应这种新的变化。米歇尔非常后悔，这影响到了自己的专业义务。多拉表示出了同情，并建议米歇尔请她的助理教师杰里米来担当安娜的实践指导教师。杰里米曾经是多拉的学生，多拉知道他能胜任这项工作。米歇尔看上去松了一口气，她说她会马上联系杰里米，然后打电话向安娜道歉。她希望能亲口告诉安娜，杰里米将成为她的实践指导教师。

儿童早期教育机构：你在哪里教学？

"从服务类型到入园儿童人数……儿童早期教育机构的名称和类型是多样的。"（Gordon & Browne，2014）早期教育机构中的儿童的年龄范围是 0—8 岁，机构的开放时间从一周一次到全天（以及更长时间）不等，集体的托育安排满足了多样化的需求并具有不同的特征。表 1.7 提供了各类机构的概览。儿童早期教育机构主要依据以下要素进行分类：

- 服务儿童的年龄
- 教育哲学或理论基础
- 机构目标
- 举办者
- 教学人员——数量、构成、培训
- 环境——规模、形状和位置
- 社区构成——文化、经济、语言、地理环境
- 资源结构和稳定性

正是由于这种多样性以及每个学生和教师的独有特质，你所面对的实践才是多样的。你的高校指导教师可能给你指派了下列的一种机构作为你的实习场地。比较一下你的实习机构与其他实习机构的异同。

表 1.7　各类儿童早期教育机构：实习场地

种类	举办者	年龄阶段	开放时间	关键特征	场地
托儿所/幼儿园	集体或个人	2.5—5 岁	半日或全日	聚焦儿童社会性能力、情绪健康和自我丰富；教师主要通过游戏支持学习；通常少于 20 个幼儿	社区中心、小学、改造建筑

（续表）

种类	举办者	年龄阶段	开放时间	关键特征	场地
儿童保育中心	社区、国家机构、集体或个人	婴儿期、学步儿期、幼儿期和学龄期	全日和半日	举办者或政府机构补贴经费，通常收取较低的租金或不收租金	社区建筑、政府办公楼
实验学校	2年和4年学制的学院或高校	婴儿期、学步儿期、幼儿期	全日和半日	儿童和教师经常参与教师培训或研究活动；提供示范项目	大学校园内或校园周边
家庭日托中心	保育者的家庭	婴儿期至学龄期	灵活；全日或半日	小型、个人化的；通常在儿童居住地附近；儿童年龄差异较大；可能有也可能没有正规的课程	私人家中
家长合作组织	学区、个人	幼儿期	全日和半日	家长依照固定的安排来承担教学任务；家长会有明确的时间表；耗时长、成本低	社区中心、私人产权的建筑
学前班和小学低年级班	集体或个人	5—8岁	学前班可能是全日或半日；小学低年级班是全日	正规学校教育的开始，强调读写、数学和一系列学科内容（例如社会学和科学）的学习	公立学校和私立学校；一些学前班可能是幼儿学校或儿童保育中心的一部分
课后或课前托管	公立学校、社区组织	幼儿期、学龄期	在正规的学校学习之前或之后	在家长工作时间为儿童提供安全的场所；可能会提供假期项目	学校、社区中心、青年会、儿童保育中心

资料来源：Gordon & Browne（2013）.

欢迎启程！开启实践教学是激动人心的、复杂的过程。最后，阅读来自实习场地的经验。你正要开始一段梦幻旅程。你的行囊已经打包，是时候出发了。

💙 实地经验

欢迎成为实习生

黛比·贝克-戴利
主管教师，朋友之家幼儿园

我们有了一个实习生！多好啊！

你的第一天。当你来到我们教室的第一天，我的新老师，我们会向所有人介绍你。你会拿到自己的名牌，就像这里所有的儿童和其他教师一样。我们会把你的照片和关于你的一些介绍放在教室的新闻栏中。对你来说，第一天的内容可能太丰富，我们会给你一个包含所有儿童的名字和照片的手册，这样你就可以开始"研究"他们。

你会注意到这是一个繁忙的地方，有很多事情要做。我们会要求你先观察，然后逐渐地了解儿童、向他们打招呼、进行目光交流、和他们对话、提出一些问题，然后做好倾听的准备。有太多的东西可以观察！房间是怎么设置的？儿童到底在做什么？他们是怎样与同伴、教师一起互动的？教师在做什么？教师在说什么？

下一步。当你在这里待了一段时间之后，你会逐渐地安定下来。当家长接送儿童时，你开始和家长们打招呼。有些孩子会希望你见见他们的父母、祖父母，甚至是保姆；有些孩子可能会微笑，或者当你自我介绍时躲在父母身后。要知道，当你和他们的重要他人建立联系时，他们是非常开心的。

要确保向我或教学团队提出一些问题并记录下来。你需要了解儿童的水平，尝试与他们进行交流；适应环境，观察儿童；熟悉一日常规和习惯。要记住，最好的教师就是你教的这些孩子。

> **加入**。你来到这里，我们非常高兴。你带来了新的知识、新的期望、新的想法，可能还有一些不确定性。教学是一种实践。我们每天都在对自己的经验进行反思。所以，我希望你能在教学之外预留一些时间与我交流。当你为成为一名教师做准备时，你每天都会得到成长。

实 践 活 动

查看上述"教学的 10 项基础要素"列表（表 1.1）。对照并找出你的优先考虑项，或者制作你自己的清单。找到另外两名实习生，将你的想法和他们的想法进行比较。

日 志 作 业

记录下你进入实习场地时想要询问的问题。记录下你对孩子、机构和实践指导教师的第一印象。

参 考 文 献

Baker, K. R. (1950). *The nursery school: A human relationships laboratory.* Philadelphia: Saunders.

Browne, K. W., & Dilko, P. (2005). *Guidelines for student teaching.* Unpublished manuscript, Redwood City & San Bruno, CA: Canada and Skyline Colleges.

Browne, K. W., & Gordon, A. M. (2009). *To teach well: An early childhood practicum guide.* Upper Saddle River, NJ: Pearson Education, Inc.

Derman-Sparks, L., & Edwards, J. O. (2010). *Anti-bias education for young children and ourselves.* Washington, DC: National Association for the

Education of Young Children.

Erikson, E. (1963). *Childhood and society* (2nd ed.). New York: Norton.

Gardner, H. (1993). *Multiple intelligences* . New York: Basic Books.

Gordon, A. M., & Browne, K. W. (2013). *Beginning essentials in early childhood education* (2nd ed.). Belmont, CA: Wadsworth Cengage Learning.

Gordon A. M., & Browne, K. W. (2014). *Beginnings and beyond: Foundations in early childhood education* (8th ed.). Belmont, CA: Wadsworth Cengage Learning.

National Association for the Education of Young Children. (2005). *Code of ethical conduct.* Washington, DC: Author.

National Association for the Education of Young Children. (2011). *2010 Standards for Initial and Advanced Early Childhood Professional Preparation Programs.* Washington, DC: Author.

Piaget, J. (1954). *The construction of reality in the child* . New York: Basic Books. (Original work published 1937.)

Sherk J., & Perry, J. (2005). *A mentor's guide.* San Francisco: California Early Childhood Mentor Teachers Program.

第二章

成为专业教师

> ☑ **学习成果**
>
> 展现出对专业标准、目标设定、教学评价、道德行为准则的理解,这些与教学的有效性相关。

恭喜!接下来是成为专业教师的下一步。你还记得第一章开篇提到的四位教师吗?他们每个人都有自己成为教师的动力。你呢?你加入具有创新性和充满活力的教育行业的动机是什么?在你的教育实习中,专业性对你来说意味着什么?

实际上,"教学的 10 项基础要素"(参见第一章)是你可以遵循的专业化之路。你将在本章中进一步探讨其中的两项基础要素,它们是:

- 坚持教学的专业和道德标准。
- 参与反思性教学。

这两者都是教师职业生涯中的关键因素。教师是决定早期教育机构质量的关键因素。了解专业标准对实习生的教学有益。因此,评估过程对帮助教师完善自我至关重要。

确立专业标准

在过去的40年里，学前教育发展迅猛。部分原因是在家庭之外接受机构教育的儿童数量的增长。这一背景凸显了那些从事照顾和教育儿童（特别是5岁以下儿童）的工作人员的重要性。全美幼教协会已经采取了一些措施，让这项工作更容易被理解，并且将这些目标明确地传达给专业人士和专业之外的成人。全美幼教协会编写了《道德行为准则》，明确了发展适宜性实践，并建立了一套托幼机构认证标准（参见第五章）。这些都是使学前教育成为合法专业的努力。另一个关键因素是制定专业标准。

这项努力得到了其他各级教师教育（如小学和中学教师教育）的支持。全美幼教协会与美国特殊儿童委员会幼儿分会（Council for Exceptional Children's Division for Early Childhood，CEC/DEC）和国家专业教学标准委员会（National Board for Professional Teaching Standards，NBPTS，2005）共同制定了7项幼儿教师专业准备标准。培养教师的机构现在已经将这些标准纳入他们所教授的课程中。你现在学习的实习/实践教学课程也可能正在使用这些标准。表2.1呈现了这些标准。

表2.1　NAEYC初级和高级幼儿教师专业准备标准

☞ 指导你走向卓越教师道路的幼儿教师培养标准。

标准1：促进幼儿的发展和学习
关键要素：
1a. 了解和理解幼儿的特征和需求。
1b. 了解和理解发展和学习所受的多重影响。
1c. 利用发展知识，创造健康、充满尊重、具有支持性和挑战性的学习环境。
标准2：建立家庭和社区的关系
关键要素：
2a. 了解和理解不同家庭和社区的特征。
2b. 通过尊重、互惠的关系支持并吸引家庭和社区的参与。
2c. 让家庭和社区参与孩子的发展和学习。
标准3：观察、记录和评估以支持幼儿及其家庭
关键要素：
3a. 理解评估的目标、好处和用途。

（续表）

> 3b. 了解与家长和专业同事的评估合作关系。
> 3c. 理解并开展负责任的评估。
> 3d. 了解并使用观察、记录和其他适宜的评估工具和方法。
>
> **标准4：使用具有发展适宜性的方法与幼儿及其家庭建立联系**
> 关键要素：
> 4a. 理解积极的关系和支持性互动是专业人员与孩子一起工作的基础。
> 4b. 了解和理解早期教育的有效策略和工具。
> 4c. 使用多样的、广泛的、具有发展适宜性的教和学的方法。
> 4d. 反思自己的教育实践，促进每个孩子的积极发展。
>
> **标准5：利用内容知识建构有意义的课程**
> 关键要素：
> 5a. 理解学科的内容知识和资源。
> 5b. 了解和使用学科或内容领域的核心概念、探究工具以及结构。
> 5c. 利用自己的知识、适宜的学习标准和其他资源，为每个孩子设计、实施和评估有意义的、具有挑战性的课程。
>
> **标准6：成为专业人士**
> 关键要素：
> 6a. 认可并投身于早期教育专业领域。
> 6b. 了解并坚持道德标准和其他专业准则。
> 6c. 参与持续的协作学习，为实践提供支撑。
> 6d. 整合早期教育的知识、反思和批判性观点。
> 6e. 参与对幼儿和本专业的宣传。
>
> **标准7：实践经验**
> 关键要素：
> 7a. 有机会在至少2个年龄阶段（共3个年龄阶段：0—3岁、3—5岁、5—8岁）的早期教育机构中观察和实践。
> 7b. 有机会在至少2种类型（共3种主要类型：早期学校、幼儿看护中心和家庭日托中心、"开端计划"项目）的早期教育机构中观察和实践。

资料来源：全美幼教协会授权摘录（2011）。要阅览完整的幼儿教师专业准备标准，请登录全美幼教协会的官方网站。

当你准备成为一名教师时，你必须学习这些标准。当你进入幼儿教育领域时，你会发现这些标准可以帮助你制定职业的长期目标以及达到这些目标所需的短期目标。

长期目标和短期目标

实习生如何发展教学技能？

有很多经过验证的策略可以改善你的实践：观察其他教师；使用"尝试，反思，再试一次"的方法；询问实践指导教师和高校指导教师的意见；与其他实习生交谈。通过这些策略，新手教师可以为自己设定长期目标，然后建立短期目标，并将其作为实现长期目标的一种方式。

长期目标

长期目标是你成为一名有能力、富有成效的幼儿教育专业人士所需要达到的结果：

- 为了更好地教学，你要学习什么？
- 你要研究什么？
- 哪些领域最适合进一步发展？

短期目标

短期目标是你实现长期目标的可衡量的、有限的步骤。这些目标是否达成是可以判断的，因为你自己或其他人可以观察你的行为。短期目标决定了你如何实现自己的长期目标。

实习生常常会混淆长期目标和短期目标。长期目标是你想要"做什么"来改善你的教学，短期目标是"如何做"（参见表 2.2）。

- 长期目标是宏大的愿景，短期目标是具体的细节。
- 长期目标是森林，短期目标是树木。

表2.2 长期目标和短期目标的对比

长期目标	短期目标
范围较广	明确长期目标在某些方面的意图
对结果的陈述较为概括	详细说明某项行为的结果
反映你的哲学理念或优先选择	确定目标实现的可测量的阶段
是长期或范围较广的	是短期且范围较窄的
不一定是可测量的	是具体且可测量的

长期目标可能包括旨在达成结果的若干个短期目标。短期目标的实现可能需要一天、一周、一个月或一年，长期目标的实现通常需要超过一年的时间。表2.3提供了高校指导教师为实习生设立的长期目标和短期目标的样本。将这一样本与你的实习课程目标进行比较。你的指导教师为帮助你能够做好教学实践所设定的目标是什么？

表2.3 实习生的长期目标和短期目标的样本

☞ 长期目标和短期目标能够帮助专业人员建立合理期望。注意每个长期目标都有几个具体达成该目标的短期目标。

在课程结束时，我希望我的学生能够通过达到既定的短期目标来实现长期目标。
1. **长期目标**：学生可以阐明教学目标并反思他们的教学。
   短期目标：
   a. 在课堂上设定目标
   b. 分享这些目标并从以下来源获得反馈
      i. 另一名实习教师
      ii. 托幼机构的指导教师
      iii. 高校的指导教师
   c. 在学期内根据需要修改目标
   d. 在日志中记录实现目标的进展
   e. 在学期结束时评估达成目标的进度
2. **长期目标**：学生可以界定幼儿教师的多重角色。
   短期目标：
   a. 倾听并记录班级中的多重角色
   b. 观察并记录托幼机构中的教师
   c. 访谈指导教师
   d. 承担项目中的一个角色

（续表）

> 3. **长期目标**：学生认识到儿童的问题行为，并指出几种针对这些问题的指导策略。
>
>   **短期目标**：
>
>   a. 在托幼机构中观察孩子
>
>   b. 记录儿童的问题行为和已经尝试过或还未尝试过的解决方案
>
>   c. 讨论课堂上的情境和策略

基本教学技能

长期目标和短期目标将为你的实习提供方向指引。实习生需要为自己设定合理的目标。

首先，咨询你的大学课程教师，看看你是否已具备必须达到的特定教学能力。许多实习课程根据NAEYC幼儿教师专业准备标准（参见表2.1）设定目标或遵循某些社区要求。有些人要求教师根据一系列能力设定目标。无论是你当前作为学生，还是将来作为教师，表2.4所示的一套基本教学技能对你的专业教学至关重要。

表2.4 基本教学技能

☞ 学生需要知道，基本教学技能是他们在实习时要努力达到的技能。

> 以下是一些你会被评价的基本教学行为。你会从你的实践指导教师和高校指导教师那里收到对于这些条目的反馈，你也会完成对这些技能的自我评价。
>
> 1. 个人特征
>
>   A. **可靠性**
>
>   准时并避免缺席
>
>   认真准备课程且课程是具有年龄适宜性的
>
>   了解教室／学校中的常规工作
>
>   B. **态度**
>
>   渴望学习
>
>   有积极的态度
>
>   愿意寻求新的经验
>
>   有良好的职业道德
>
>   专业地回应他人的反馈和建议
>
>   表明主动性
>
>   反思和评估自己的表现和行为
>
>   尊重不同背景和能力的人
>
>   C. **仪表和举止**
>
>   穿着得体
>
>   外观整洁干净
>
>   使用适当的书面和口头语言交流
>
>   以成人的方式行事
>
>   意识到自己是角色榜样
>
>   D. **专业行为**
>
>   充分准备并按时完成工作
>
>   维护同事、儿童及其家庭的隐私和

（续表）

　　　秘密
　　　表明不断加深的对教师道德行为准则
　　　　的理解
　　　参加班级和员工会议
　　　通过书面和口头表达表现出智慧
2. 与儿童的互动
　A. 理解并运用儿童发展理论
　　　理解发展适宜性实践
　　　适合孩子的学习风格
　　　适合儿童个体发展需求
　　　通过对孩子的观察了解儿童
　　　使用各种教学策略
　B. 与儿童建立关系
　　　熟记并使用儿童的名字
　　　孩子靠近时，热情而专注地回应
　　　善待和尊重孩子
　　　与所有的孩子积极互动
　　　鼓励主动性和独立性
　　　对个体差异和能力敏感
　C. 鼓励沟通
　　　仔细倾听孩子说话
　　　有兴趣地、关注地回应
　　　使用语言和非语言进行有效的交流
　　　使用适合儿童的清晰语言
　　　善用肢体语言，蹲下来与孩子的视线
　　　　持平
　　　调节声音和音量以满足儿童的需求
　　　无论儿童的能力如何，对所有的儿童
　　　　都应用沟通的技能
　　　支持同伴互动
　D. 实施正面管教
　　　促进独立解决问题
　　　对整个课堂动态保持警觉
　　　对孩子使用积极的陈述
　　　在冲突中表现出对孩子的耐心和理解
　　　适当地提供情感支持

　　　使用多种适宜的指导策略，以应对不
　　　　同的情境
　　　在选择指导策略时，充分地认识到每
　　　　个孩子的个性
3. 与成人的关系
　A. 与家庭建立关系
　　　了解家庭文化、价值观和信仰的重要性
　　　对性别、能力、文化和语言的差异敏感
　　　对幼儿家长表现出欢迎和积极的态度
　B. 与其他团队成员积极合作
　　　与团队成员协调规划
　　　尊重所有的团队成员
　　　让团队了解关键事件和问题
　　　能够自在地请别人帮忙或者提供信息
　C. 协同工作
　　　根据需要，协助团队成员
　　　在员工会议中分享信息和贡献想法
　　　与团队成员进行开放和频繁的沟通
4. 计划规划
　A. 计划和开展适宜的活动
　　　在规划中展现出对计划目标的认识
　　　展现出对年龄阶段、能力和兴趣的
　　　　理解
　　　创造经验，为儿童提供学习的机会
　　　帮助儿童沉浸在自己的学习中
　　　倡导一种动手操作的学习方法
　　　认同"游戏是学习的媒介"的理论
　　　为孩子创造选择的机会
　　　在规划过程中与指导教师有效合作
　　　展现出准备书面课程计划的技巧
　B. 评估规划过程
　　　反思儿童对活动的反应
　　　显示出根据需要调节活动的灵活性
　　　建议改善活动的方法
　　　通过书面评估从经验中学习

其次，与你的实践指导教师讨论他们对你的角色期望。有些机构期望你参与儿童评估、制定课程、完成儿童研究或组织圆圈活动。其他机构可能希望你从观察而不是从参与开始，然后根据你的专业水平逐步承担更多的职责。很多机构会要求你执行一定数量的课程计划。

最后，考虑一下你自己的教师发展阶段。你是初学者吗？谁需要首先学会与孩子建立信任关系？在你的教学中，你是否已经准备好承担更多的指导角色？你是否准备好了规划活动？与家庭或在教学团队中的工作又如何呢？

实习生通过参与儿童的互动获得基本技能。

你的目标陈述应该是关于你希望在实习场地取得的成就的一般性陈述。例如，菲利普确定的目标之一是"了解和理解发展和学习所受的多重影响"。想想你是如何、为何选择这些目标的。为什么这些目标对你的教育、专业和（或）个人成长是重要的？菲利普受菲律宾和美国文化的影响，反思这两种文化如何影响自己，期望能够理解他所在机构中的幼儿所拥有的多种文化。

制订计划。为了帮助你选择目标，请考虑这些问题：

- 你最感兴趣的主题领域是什么？
- 你认为在哪个领域需要更多的工作、信息或实践？
- 你希望发展哪些能力？希望练习什么方法或技术？
- 你是否希望在自己的目标中纳入特定儿童、儿童群体、家长或家庭，或者同事？是否有想要进一步探索的特定策略？
- 在实习场地工作的时间范围内你可能完成什么目标？
- 你将如何衡量自己是否完成了目标并达到或取得了进展？
- 你的教学团队和（或）实践指导教师如何协助和支持你？

接下来，你的短期目标是你为达成长期目标采取的具体的、可衡量的步骤。要明确地确立具体目标，还要使用动词短语和单词。然后，确定一个时间范围，并对你能够在实习期间达成什么目标保持现实的态度。菲利普确立了以下4个短期目标：

- 做一些关于家庭理论的研究。
- 了解孩子们的家庭语言。
- 了解家庭对孩子使用家庭语言和掌握英语熟练程度的期望。
- 学习如何将家庭语言和家庭传统融入托幼机构。

表2.5概述了另一名实习生的长期目标和短期目标。

表2.5 利蒂西娅的实习长期目标和短期目标

☞ 实习生的长期目标和短期目标需要更加清晰；使用动词来描述你在实习结束时想要做到和能够做到的事情。

长期目标1：提高开展集体活动的能力

短期目标：

1. 在1个月中观察3位教师开展圆圈活动的情况。
2. 撰写5个圆圈活动的计划，并寻求实践指导教师的建议。
3. 组织5次圆圈活动，并请主班教师进行观察并给予反馈。
4. 在期末前再组织5次圆圈活动。

长期目标2：增进对儿童成长和发展的认知

短期目标：

1. 了解所在机构中儿童评价的程序。
2. 选择一个儿童并每周对其进行观察。
3. 为这名儿童制作档案袋。

你的长期目标和短期目标应该经过审议并与你的实践指导教师分享，寻求并运用指导教师的支持和指导，努力实现目标。要进行反思，使用记录或日志在过程中评估目标的达成情况（本书每章最后都有"日志作业"）。下列建议可以帮助实习生使用日志或在线讨论板块，阐明他们在长期目标和短期目标方面的进展。选择那些对你最有意义的实习目标。

- 总结每个长期目标和短期目标的达成或进展状况。
- 描述你面临的挑战或障碍以及如何克服。
- 举例说明成功或挫折。
- 讨论你最为自豪的成就以及你认为需要更多练习或经验的领域。
- 解释你如何与实践指导教师和教学团队合作，以实现你的目标。
- 讨论你的实习工作如何有益，并为你的整体专业和个人成长做出贡献。

教师评价与评估

基于多种原因，评价与评估是幼儿教育工作者职业生涯的一部分（Hyson，2003）。在许多学校，年度绩效评估是一项专业要求，评估为你提供了实现目标时应遵循的路线图。对于实习生来说，评估有助于确定自己的优势和需要改进的地方。随着自身教学水平的提高，你掌握的技能水平也会提高。

评估使你有机会解决具体问题并思考其对你的教学意味着什么。图2.1呈现了良好评估形成的循环反馈回路。

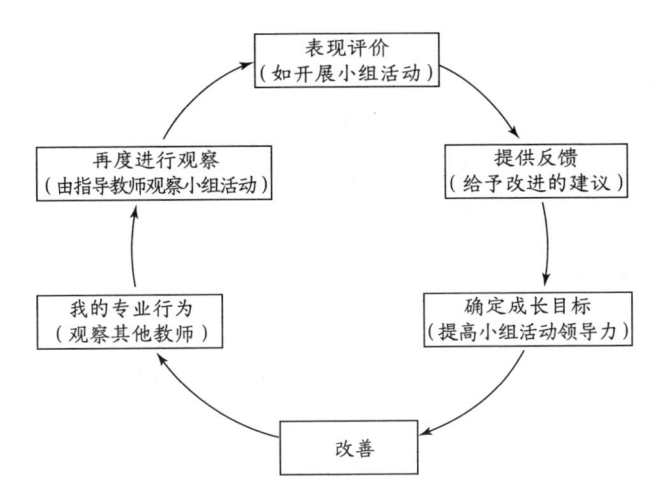

图2.1 评价反馈循环圈

注：这个循环圈呈现了评价反馈如何助于达成目标和提高教学表现。
资料来源：Gordon/Browne. *Beginning Essentials.* © 2012. Wadsworth, Cengage Learning.

表2.6和表2.7是你可能会遇到的不同类型的表现评价的示例。一旦为自己设定了目标，你就会行动、展示你的工作——也就是说，你会把目标付诸实践。你的指导教师会观察你的行为，从而为你提供反馈。那么，你就可以修改你的目标，确定要努力的具体任务。在你尝试着规划一个课程方案，学习一个新的手指游戏，或者提供一个具有年龄适宜性的活动时，你就在不断

地增强自己的能力，提高自己的水平。你的高校指导教师和实践指导教师是你达成这些目标的重要支持者。目标通常是为一个特定的时间段确立的。你和指导教师能够一起监控你的进展状况，并确保你获得成功。

表2.6　对实习生的初始评价

☞ 在一开始就与实践指导教师一起探讨自己的进步，你可能会有些尴尬，但你所获得的反馈对你来说是最好的建议，你能够借此改善教学。

姓名：肯娜
评价者：马赛洛，主班教师
日期：＿＿＿＿＿＿

机构中的人际氛围

指标	经常观察到	偶尔观察到	从未观察到
关系	与儿童保持近距离	更多的是帮助儿童，而不是鼓励同伴协助	
对儿童的情感	向儿童微笑或大笑		
交流	语言交流是热情和情感充沛的	对儿童的期望较低；肯娜经常直接帮助儿童	
尊重	有经常性的目光接触和温暖的声音	有时候声音太大，使用俗语（但并非不适宜的语言）；示范分享但并未鼓励儿童与同伴分享。	

长处：肯娜和我们在一起时保持着热情的态度，她对任何学习都持开放的态度。她对孩子的反应很敏感，对成为一名教师抱有很高的兴趣。我们非常期待每周二和周四肯娜与我们一同工作。她逐渐地对提各类问题感到自在，不会将自己置于困境之中。她为我们的团队增加了新的力量。

有待改进之处：肯娜需要继续学习对儿童建立具有年龄适宜性的期望。她做得过多，也就因此不鼓励儿童的合作、分享和相互帮助。我们为她提供了一些聚焦于"年龄和发展阶段"的文章，她自己也在回顾大学时学过的基础知识。

表2.7 对实习生的最终评价

☞ 在一开始就与实践指导教师一起探讨自己的进步,你可能会有些尴尬,但你所获得的反馈对你来说是最好的建议,你能够借此改善教学。

姓名:肯娜

评价者:马赛洛,主班教师

日期:＿＿＿＿＿＿＿＿

此表由实践指导教师用于评估你的基本教学技能。它将在期中完成并提供给你以进行最终评估。高校指导教师会将其作为指导,用以评估你的整体课程状况。

个人素质(可靠性、积极的态度、个人特点)

评论:肯娜来实习之时已经做好了准备,她每时每刻都热心地关注孩子们。她和我们在一起时始终保持着热情的态度,同时对所有新的学习都保持开放的态度。

与儿童的关系(对儿童发展的理解、儿童回应能力、沟通效率、积极指导、家庭敏感度)

评论:因为肯娜有一个6岁的儿子,所以她来机构实习时已经有做父母的经验。但是她必须面对多样化的群体,必须拓展认知。她现在说她想要旁听另外一门儿童发展课程。至于对儿童的回应,孩子们真的接纳了肯娜,并且经常寻求她的帮助。特别是,活跃的孩子很喜欢她,她没有被孩子们旺盛的精力吓到,也没有在他们特别兴奋的时候生气。在孩子指导方面,这既重要,也是挑战。肯娜需要知道,在局面不可控之前何时进行干预,并且让孩子冷静下来。在这个学期剩余的时间里,她将研究儿童冲突解决的步骤。建立更强有力的家庭—教师关系是她的一个特殊教学目标。我们让她和父母联系人一起制作每月通讯,这对她有所帮助,而且家长对她在这方面的工作也给予了积极的反馈。

项目实施(适宜的活动规划和执行)

评论:这是肯娜的第二个教学重点。她聚焦于完成读写和音乐活动,依据我们每个月的主题,她带来了一些高品质的绘本。她在学竖琴,孩子们喜欢跟随竖琴的伴奏唱歌,有时也乐意尝试演奏,她允许儿童做出各种尝试。

与员工(团队成员)合作

评论:我们期待每周二和周四,肯娜和我们一起上课。她向我们提出各种问题以避免自己陷入困境,问题的提出已经不会让她感到局促。她是我们团队的新鲜力量。我们和她一起成长,而且她带来了新的课程理念,尤其是竖琴的演奏。我们想让肯娜明年申请机构中的教学助理职位。

列出学生的优势和挑战(每项1~3个)

期中

| 优势:热情、负责任地参与 | 挑战:有"催促"儿童的倾向、需要提出更多的问题 |

期末

| 优势:课程理念、家校联系 | 挑战:儿童冲突的解决 |

评估的过程促进了建立在清晰标准之上的客观评价，而这些标准会在你开始实习之前就明确地给出。对教学行为和期望的概述为你提供了评估的标准。实习生对评估的公平性和获益性抱有更大的期望。表2.8列出了进行教师评价与评估的10项原因。

表2.8　教师评价与评估的10项原因

☞　理解评价的原因能够减轻学生对教学技能被评价的紧张感。

1. 在幼儿教育领域坚持专业标准
2. 负责并承担起专业责任
3. 确定自己的优势和局限
4. 让所有的利益相关者受益：你、儿童、教师、家长和机构
5. 促进反思性教学
6. 帮助你实现目标
7. 提高你的技能水平
8. 告知你是否达成你的目标
9. 促进积极的改变
10. 增强自信心

两种评估类型

因为良好教学的一个关键能力是反省和分析自己的工作，所以自我评估是必不可少的。加上来自经验丰富的教师、同伴甚至家长的重要反馈，开展评估的第二个原因也已清晰明了。

自我评估。教学技能评估的关键是被评估者的参与。那就是你——实习教师。你已经开始在一个机构中工作，并熟悉孩子、教学团队、环境、日程安排和课程。你正在开始或继续参与实际教学工作。你做得怎么样？你为机构带来了什么？你如何履行作为一名教师的主要职责？

对你的工作进行评估是提升能力的关键。表2.7是实习生的表现评估示例，实习生可以用它进行自我评估，指导教师可以用它来评估学生的表现。而表2.4则描述了广泛的基本教学技能，表现评估侧重描述教师做了什么。

第二章 成为专业教师

课堂评分系统（Classroom Assessment Scoring System，CLASS）是一种观察工具，用于评价从幼儿园到小学三年级的教学质量。当下，专门针对婴儿和学步儿的工具还在修订中。CLASS量表的维度比基本教学技能的范围窄，其缘由如下文所示（Pianta，La Paro，& Hamre，2008）：

> CLASS量表的维度建立在儿童发展的理论和研究基础上。我们认为儿童和教师之间的互动是儿童发展和学习的最重要机制。CLASS量表的维度主要考察教师和学生在班级中的互动，这个体系并不评估材料的提供、物质环境状况、环境安全或者采用的某种具体的课程。

另一种评估工作的方法是写下你达成既定教学目标的状况。"我的反应"给出了一个典型的实习生自我评估的案例。

我的反应

自我评估：如何实现我的教学目标

在我的常规工作中，我为学步儿提供保教服务；在实习场地中，我照料2岁的儿童。对这两个年龄阶段的儿童而言，分享都不是一件容易的事情。因此，我的目标是学会帮助儿童等待他们想要的玩具。我知道，这听起来很简单，却是一个重大的任务。当儿童想要玩具时，他们可能有很多不同的反应——一些儿童会直接从同伴手中抢夺，一些可能会哭泣，还有一些只是表现出很想要。当一个儿童抢夺玩具时，我会把其他东西递给那个失去玩具的儿童。然后我会尝试观察儿童的反应，鼓励他（她）使用词汇让其他儿童了解自己的感受。但是儿童并不总会说出来。

> 所以，我会同时和两个儿童谈话，帮助他们理解我所说的意义。虽然采取轮流策略是非常困难的，但是我想我将来会不得不面对更多困难的局面。但这就是生活，不是吗？此外，我发现我工作的机构中同类玩具数量不足，我将与相关人士沟通，并为儿童提供更多的玩具。在我工作的两个场所中，我都要努力实现这个目标。
>
> ——伊本

指导教师评估。你需要实践指导教师的反馈，也需要高校指导教师的反馈。通常，实践指导教师会定期给予你非正式的反馈：当你和孩子在一起时，当你准备活动或活动结束时，当你准备开始或结束一个时间段的教学时，当教师每周与你会面或与整个教学团队开会时。

你的高校指导教师也会进行实地考察。所有这些经历会让你感到焦虑和受伤，因为在整个过程中，你可能会遭受批评。"当你准备来考察我时，我很担心，"格雷斯写道，"我以为你是来考察我的表现究竟有多差，我很害怕。但是当你到了现场，我就没有这种感受了。你待在幕后，我完全忘记你在观察我！而在这之后，你提供了非常有用的记录，由此，我有了很多新的想法。我想你认为我是一个很好的初学者！"表 2.6 和表 2.7 展示了实践指导教师的反馈意见。实践指导教师应为实习生填写表格，并采用与实习生自评时相同的标准。

最后一点：对评估的期待可能会使你产生焦虑，如"我的反应"中呈现的那样。但同时，获得反馈能够帮助你成为更好的教师。此外，你在职前教育所获得的指导不仅仅局限于实习期间。事实上，你在教师专业发展的任何节点上都能够获得帮助和建议，并改善你的工作。当你成为一个教学团队的一员后，你可以环顾四周并寻找那些有经验的教师，因为他们掌握了你尚未具备的能力。丽莲·凯兹（Lilian Katz, 1995）提出，在专业发展的四个阶段中，教师能够从同事的协助和建议中获益。加利福尼亚州早期教育导师项目（California

Early Childhood Mentor Program，2011）建立了高校指导教师和实践指导教师的工作结构，从而为"教学实习"提供机会，拓展"导师"与"学徒"的关系。此外，请阅读本章结尾处斯泰茜·詹姆斯的"实地经验"一文。

> **我的反应**
>
> **当高校指导教师来时：被观察和评价**
>
> 在你来看我之后，今晚我在班级中感到非常失望。我意识到作为一个害羞的人，我需要更加努力地去和儿童互动。但这对我来说从来不是问题，事实上，我发现我和儿童比和成人互动得更好。我挣扎是因为我知道所有的批评都是建构性的，它们只会让我变成一个更富有思考力和更好的教师，但是作为普通人，我只是想要在一定程度上为自己辩护。我知道你只能就你所看到的情况做出评价，我也意识到我把自己藏在幕后。但是我并不希望这让你认为，我没有和儿童建立任何特殊的联系。我意识到自己需要与儿童进行更多的互动，但我并没有只是站在那里忽视儿童。
>
> ——克丽

专业伦理

在你的教学生涯中，你将会做出很多关于儿童、他们的家庭以及同事的艰难决定。作为一个专业的教育工作者，你有义务根据你的知识和能力做出负责任的决定。是什么指导你的决定过程？是什么影响你的价值观和道德观？

首先，你是以自己的伦理和道德观为指导的。这些是你从家庭、朋友、你所处的文化、你的教师和宗教信仰中习得的帮助你辨别是非的理念和原则。在与儿童、家长和同事工作的每一天中，你都会反思这些价值观。

其次，作为一名教师，你还可以利用 NAEYC（2011）颁布的《道德行为准则》来应对一些道德和伦理的情境。这一准则很重要，因为它是早期教育领域的专业标准。当你面对一个道德困境时，准则会让你免于处于"我应该这样做吗？还是那样做？或者做什么？"的矛盾境地，并为你提供对早期教育工作者的支持。《道德行为准则》包括以下 4 节：

第 1 节：对儿童的道德责任
第 2 节：对家庭的道德责任
第 3 节：对同事的道德责任
第 4 节：对社区和社会的道德责任

每一节都包括了两个部分——指导决定的理念和原则，例如：

- 理念：最重要的哲学理念和行为标准。
  举例：认可和尊重每个儿童的独有特质、能力和潜能。
- 原则：解决道德困境的指南。
  举例：我们应该采用双向沟通的方式；在做出关于儿童的决定时，我们应该让所有具有相关知识的人（包括家庭和工作人员）参与其中，酌情确保敏感信息的机密性。

完整的《道德行为准则》可以在全美幼教协会的网站上找到。表 2.9 是该准则的更简短、更个体化的陈述，明确了 NAEYC 在准则中所提出的价值观和道德义务。你可以对照第一章中提出的"教学的 10 项基础要素"，看看它们与承诺声明和准则的关系。

表 2.9　NAEYC《道德行为准则》：承诺声明

☞ 通过坚持《道德行为准则》，教师可以确认自己将会从事专业行为。

> 作为一个与幼儿一起工作的人，我致力于进一步发展关于儿童早期教育的价值观，这些价值观体现在 NAEYC《道德行为准则》中。我会尽我所能：
> - 永不伤害儿童。
> - 确保针对幼儿的项目基于儿童发展与早期教育的相关研究和知识。
> - 尊重和支持家庭养育子女的任务。
> - 尊重幼儿保育和教育方面的同事并通过 NAEYC《道德行为准则》来支持他们。
> - 在社区和社会中做儿童、家庭和教师的支持者。
> - 随时了解并保持专业行为的高标准。
> - 参与持续的自我反思，理解个人特征、偏见和信仰会对儿童和家庭产生影响。
> - 对新想法持有开放的态度并愿意听从他人的建议。
> - 作为专业人士继续学习、成长和做出贡献。
> - 尊重 NAEYC《道德行为准则》的理念和原则。

资料来源：全美幼教协会授权摘录。

使用《道德行为准则》

菲尼和弗里曼（Feeney & Freeman，1999）告诉我们，早期教育中的道德行为有两个重要的方面。首先是了解并按照承诺声明的核心价值观来行动。其次是了解并使用 NAEYC《道德行为准则》，并且每天在托幼机构中练习。下述片段提供了如何在教学中使用这一准则的具体示例。

场景 1：对儿童的道德责任

18 个月大的马迪在别的儿童咬她之后也开始咬别的孩子。虽然这是这个年龄阶段的儿童的典型行为，但马迪咬人的次数太多，以至于有家长向教师抱怨，并希望马迪离开班级。

《道德行为准则》将如何提供帮助？第 1 节"理念"I-1.4 指出，我们要"理解儿童的脆弱性及其对成人的依赖"。第 1 节"原则"P-1.4 指出，"在做出关于儿童的决定时，我们应该让所有具有相关知识的人（包括家庭和工作人员）参与其中，酌情确保敏感信息的机密性"。

  这两个陈述可以指导我们的决定。首先，教师们采取了标准步骤以防止马迪咬人。他们给马迪一个橡胶物体，并告诉马迪咬它而不是其他孩子。他们还与马迪的父母联系，得知在过去的 1 个月，马迪在家中的一日安排和时间表发生了很大的变化，这可能促成了马迪的咬人行为。马迪的父母同意见面与教师们进一步交谈。教师们开始观察马迪，试图找出她咬人的诱因；同时向其他孩子的家长做出保证，他们已经采取了措施以确保所有人的安全。当然在这个过程中，我们不详细谈论教师们与马迪家长的对话，以对相关信息保密。

道德行为包括对儿童的行为向家庭和其他机构成员保密。

场景 2：对家庭的道德责任

  实习生约瑟菲娜每天面对一小群儿童工作。达雷尔在她的小组中。他的堂兄，杰斯，在另一个老师的小组中。有一天，杰斯的母亲找到了约瑟菲娜，要求将杰斯安排在她的小组中与达雷尔在一起。约瑟菲娜意识到每个孩子都是根据他们的发展水平分组的。她将这一情况告知了她的实践指导教师。

《道德行为准则》如何提供帮助呢？第 2 节"理念"I-2.7 指出，我们要"与儿童的家长分享关于每个孩子的教育和发展的信息，帮助他们理解和认可当前早期教育专业人员的知识基础"。第 2 节"原则"P-2.2 指出，"我们将向家庭告知机构的哲学理念、政策、课程、评估体系和人员资格，并解释为什么我们这样教学——这应该与我们对儿童的道德责任一致"。

当实习生向实践指导教师告知幼儿家长的要求时，相关工作人员意识到他们并没有向这位家长很好地沟通将幼儿分成小组的原因。主管教师邀请杰斯的母亲参加一个会议，并阐述了儿童发展水平的多样性。她向家长解释了将儿童分组是为了满足儿童的个体需要，让孩子在小组中更好地发展语言能力。杰斯的母亲确保了她的孩子依据发展能力受到了公正的对待。这个实习生因为向指导教师反映这个问题而获得了表扬。

场景 3：对同事的道德责任

实习生拉弗内在无意中听到助理教师梅琳告诉另一位助理教师安娜，她觉得拉弗内没有做好分内的工作，并说她"懒惰"。这是拉弗内第二次听到梅琳对自己做出了负面的评论。拉弗内想要和梅琳谈谈，但她不知道自己是否应该这样做。

《道德行为准则》如何提供帮助？第 3 节"理念"I-3A.1 指出，我们要"建立和维持尊重、信任、保密、合作的关系，并与同事进行合作"。第 3 节"原则"P-3A.2 指出，"当我们对另外一位同事的专业行为感到担心时，我们首先要以尊重他人尊严和其他员工多样性的方式让他们知道我们的担忧，同时尝试以友善和保密的方式解决问题"。第 3 节"对同事的道德责任"中"原则"P-3B.4 指出,"如果我们对同事的行为有顾虑,而儿童的健康没有受到威胁,那么我们应该私下与同事解决问题。如果……情况确实没有改善,那么我们可以向适宜的权威人士报告同事的不道德行为"。

拉弗内决定将这种情况告知她的实践指导教师,并询问自己是否应该直面梅琳。指导教师告诉拉弗内,她会先和梅琳谈谈。指导教师与梅琳谈话,并指出了她的不专业行为。梅琳找到了拉弗内并为她的言论道歉。在本学期的剩余时间里,她变得更加支持拉弗内(参见"反思性事件:我的道德责任")。有关如何使用《道德行为准则》的更多示例,可参考本书每一章所包含的与章节内容相关的"道德困境"。当你阅读这些内容时,你会发现这一准则所覆盖的广泛问题。

反思性事件

我的道德责任

选择上述三个道德责任场景之一。描述道德困境以及你如何来应对。

你的思考

1. 我感觉如何?
2. 我该怎么办?
3. 结果可能是什么?

为你的教育职业生涯做好准备

在早期教育职业生涯的当下,你可以开始为推进职业生涯的下一步做好准备。当你是实习生时,你已清楚为什么和幼儿一起工作如此重要,而且现

第二章 成为专业教师

在你对早期教育工作者所从事的事业也有了更好的了解。我们这个领域的大多数职业都涉及直接与儿童一起工作，或者与儿童相关的成人（如家长、实习生或其他教师）一起工作。了解你的职业选择，建立专业档案袋，以及了解你所在州的教师资格认证是三种做好准备的方式。

职业选择

与儿童一起工作。 你可以在很多机构中与儿童一起工作。相关的专业工作包括儿童图书馆管理员、儿童治疗师或心理医生、语言发展或其他特殊需要方面的专家，以及儿科医生。每个州针对与儿童一起工作的职业（包括个人、团体和公共机构）都有相关的要求。大多数州要求学前班和小学教师至少获得学士学位，而且不同职业选择的要求也不同。表 2.10 呈现了一个专业发展阶梯，表明了不同层级的要求差异。

表 2.10 早期教育职业阶梯的选择

需要高等教育的工作（学院或大学教育）	幼儿食品服务主管
儿童和家庭治疗师	特殊教育助理
学前班和小学教师	早期干预助手
幼儿园主管和（或）指导教师	艺术/运动治疗助理
儿童福利事务工作者	青少年法庭缓刑工作者
双语顾问/专家	家庭服务倡导者
儿童发展专家	幼儿园教师
早期干预专家	养父母
儿童发展教授	儿童产品的计算机/平面设计师
家庭支持协调员	儿童福利院工作者
语言治疗师	婴儿看护提供者
社区倡导者	游乐场设计师
公共政策与研究专家	双语助理
需要专门训练的工作（中等后教育）	需要有限的培训和经验的工作，入门级（中学和成人教育）
家长/家庭教育者	
儿童健康辅助专业人员	居家照料者
娱乐项目主管	特殊教育服务员

（续表）

双语助手	娱乐/游乐场助手
学前班教师助手	儿童家庭教师
儿童书籍作者	婴幼儿护理员
学前儿童食品服务工作者	家庭陪护
夏令营辅导员	教养院工作者
育儿助手	保姆或互惠生

资料来源：经加拿大早期教育/儿童发展系（2006）许可转载。

与成人一起工作。许多职业涉及成人和儿童；事实上，早期教育中的大多数教学职位都需要团队合作。不同类型的专业人士可以与代表儿童的成人（如幼儿保育顾问或倡导者、家庭服务提供者或托幼机构主管）一起工作。虽然许多早期教育的主管和家庭访问者主要与教师和家庭一起工作，但实践指导教师可能要与儿童一起工作并管理一个机构。

参加专业会议能够帮助教师在整个教学职业生涯中保持专业领先的水平。

大学教师和教育新闻工作者在一定程度上培养着未来的教师。非常遗憾的是，虽然行业内的工作职责和薪资存在差异，但是通常早期教育专业人士所获得的薪资与他们的职责（以及教育和培训）相比非常低。专业精神是对这一领域的承诺，包括为幼儿发声、提高早期教育机构的质量、创设良好的工作环境和改善薪资。NAEYC 是全世界最大的早期教育组织，有将近 8 万个会员，在不同的国家和地区均设有分支机构，并致力于以下目标：

- 支持优质的幼儿教育
- 改善教学和学习
- 建立专业
- 促进公众支持和政策

向你的实践指导教师和高校指导教师询问该组织的信息以及如何加入。你也可以在 NAEYC 的网站上了解它的活动，以折扣价成为学生会员，并参加每年 NAEYC 的国家级和州级年会。

其他州和地方也会出台举措，通过向合格参与者提供支持和计划服务，增强早期教育领域的专业性。例如，许多州的教育部门都有一个儿童发展部门或协会，提供培训、职业激励补助金或专业咨询。加利福尼亚州导师项目就为参与导师或成人督导课程、选择成为指导教师和主管教师（其后会获得持续的专业发展和督导实习生及主管实习者的补助）的教师提供培训和经济支持。这些举措通常通过当地大学或资源转介机构进行协调。你可以查找一下你所在地区提供的机会。

专业档案袋

在过去的 20 年中，一种收集和展示自己作为一个专业人士的历程的创新方式出现了。处于各个阶段的实习生都发现制作专业档案袋是有益且有启发性的。专业档案袋呈现了你作为一个发展中的专业人士的能力。实习生教学的素材可以留存下来并放入专业档案袋。

随着教育标准化运动的推进,当前为儿童和教师制作档案袋的做法已日渐兴盛。"档案袋是一种帮助教师理解自身经历,有助于他(她)发展能力的工具。它可以帮助教师追踪自己的专业发展,提供他人可以阅读的工作案例。"(Campbell, Cignetti, Melenyzer, Nettles, & Wyman, 2001, p.2)组织良好的档案袋使教师能够记录自己的学习情况和经历,并"展示自己成长、变化的专业形象。同等重要的是,档案袋也能够成为一种令人信服的、有效的工具,以一种有意义的方式向他人说明你已经掌握了从事教学这项复杂工作所应具备的能力和知识"(Campbell et al., p.9)。

创建个人专业档案袋能够让你的实习经验个性化,并且能够展示出你作为一名教师的成长历程。

有两种档案袋:工作档案袋和展示档案袋。前者用于工作,比后者更具包容性;后者则是一个更大的、用于与他人进行专业交流的资料集的一部分。所有的教师一开始都会建立工作档案袋,然后再选择需要的内容用于展示。

在你的档案袋中收集一些记录,将会为你理解概念、实践理论以及在学业和教学的努力中获得成功提供具体的证据。事实上,并不存在建立档案袋的标准方式,但是你要有系统的组织方式。一些教师会将幼儿教师专业准备标准(如表2.1所示)作为分类依据,另外一些教师则会考虑以下分类:

- 学业
- 课程案例
- 会议和工作坊

- 领导力
- 个人陈述
- 参考和推荐

花时间想一想如何让你的档案袋看起来吸引人，并易于阅读和使用。它可以有一个封面和目录，在导入部分增加简历和自传也是受欢迎的。

制作一个档案袋并不是很困难的，但需要花费一些时间并进行个人反思。记住，你是在收集能够展现自己工作状况的案例或者素材。所以你可能需要一个很大的文件盒和一个很大的笔记本，从而能把它们分成不同的类别。当你建立了归类系统后，就开始做吧。在收集工作证据时，你也会注意到那些存在空白的地方，那么你就需要着力于这些地方。

每个目标的证据都需要得到满足，反思片段可以完善档案袋。我们认识的一位实习生用一个灯泡图标作为反思的标记，另一位实习生则贴上大的彩色便笺纸。档案袋中的文件需要客观和准确，简短的反思能够补充个人专长和风格。表2.11展现了一个专业档案袋的案例。

表2.11 我应在自己的专业档案袋中保留什么资料？

☞ 专业档案袋是展现你如何成为专业的幼儿教师的关键材料。

学业
成绩单、成绩报告、教师的书面评估、书面作业、课程大纲或摘要
会议和工作坊
签署的验证表格、分发的材料、记录、关于活动如何实现目标的描述
领导力
你设计的材料、突出显示你的贡献的会议议程、信件或你书写的评论
创造性的努力
特殊的项目或活动的照片、项目或活动的录音带或录像带、来自参与者的信件、时间日志
个人陈述
自传、儿童早期教育哲学、你的承诺陈述、你在这一领域中的优先考虑项和价值观
参考和推荐
参考信、推荐、奖项和表彰

资料来源：San Mateo Compensation and Retention Encourage Stability(CARES) Program, 2000.

最后记住，你要不断地往你的档案袋中添加东西。不管你在哪里工作，确保在你离开之前获得一份推荐意见（例如，确保你获得了针对实习经历的评价）。如果可以的话，请你的实践指导教师为你写一页评论，以说明你学到了什么、做了什么。

教学证书和激励

每个州都有自己的证书项目，而且通常会提供激励项目来招募和挽留教师。登录你所在州的教育部门官方网站，查找教师资格的要求以及获得教师资格的可能性。例如，表 2.12 提供了一个加利福尼亚州学前教师资格认证的简要概述，主要涉及婴儿／学步儿、学前儿童和学龄儿童公共早期教育项目的教学。

表 2.12　加利福尼亚州儿童发展教学许可

	教育要求	经验要求	其他资质	更新要求
教师助理	6 个单元的早期教育或儿童发展课程	无	认证的 HERO/ROP 项目	105 小时的专业发展
副班教师	12 个单元的早期教育或儿童发展课程（包括核心课程）	在 2 年内满足 50 天且每天 3 小时以上	儿童发展副学士（Child Development Associate，CDA）学位	15 个单元的学习以获得教师许可（在 10 年内）
教师	24 个单元的早期教育或儿童发展课程（包括核心课程）	在 4 年内满足 175 天且每天 3 小时以上	文学副学士学位、更高的早期教育学位或者相关领域的学位，以及 3 个学期的在早期教育机构中被督导的经历	105 小时的专业发展
主班教师	24 个单元的早期教育或儿童发展课程（包括核心课程），以及 16 个单元的综合教育课程	在 4 年内满足 350 天且每天 3 小时以上	文学学士学位或更高的学位，12 个单元的早期教育课程学习，以及 3 个学期的在早期教育机构中被督导的经历	105 小时的专业发展

(续表)

	教育要求	经验要求	其他资质	更新要求
机构督导	文学副学士学位（60个单元），24门早期教育或儿童发展课程（包括核心课程），以及6门管理课程和2门成人督导课程	在4年内满足350天且每天3小时以上（包括至少100天督导成人的经历）	文学学士学位或更高的学位，12个单元的早期教育课程学习，3个学期的在早期教育机构中被督导的经历；管理证书和12个单元的早期教育课程学习，以及3个学期的在早期教育机构中被督导的经历；教学证书和12个单元的早期教育课程学习，以及3个学期的在早期教育机构中被督导的经历	105小时的专业发展
机构主管	文学副学士学位（60个单元），24门早期教育或儿童发展课程（包括核心课程），以及6门管理课程和2门成人督导课程	拥有机构督导的身份，并且至少有1年的机构督导经验	管理证书和12个单元的早期教育课程学习，3个学期的在早期教育机构中被督导的经历；教学证书和12个单元的早期教育课程学习，以及3个学期的在早期教育机构中被督导的经历；早期教育或儿童/人类发展的硕士学位	105小时的专业发展

注：①核心课程涉及儿童发展、课程以及儿童、家庭和社区。
②普通教育课程涉及英语或语言艺术、数学或科学、社会科学、人文和（或）美术。
资料来源：此为加利福尼亚州儿童发展培训联盟"专业发展规划和文件指南"中的资料（2000），经许可使用。学前教师资格认证矩阵的完整版本可以在加利福尼亚州教师资格认证委员会网站上获得，或通过儿童发展培训联盟网站获得。

许多州通过中等后教育提供证书课程。无论是在社区学院，还是在4年制的大学项目，这些课程的要求都各不相同。许多项目会在你完成了特定的早期教育课程后，给你颁发早期教育证书，还有一些机构会颁发副学士学位或学士学位。研究生课程不太常见，一些学院和大学会提供儿童早期教育的硕士或博士项目，还有一些机构会颁发人类发展、家庭研究和其他相关领域的研究生学位。

专业化的另一条途径是教学激励项目。同样，在整个过程中，有各种各样的资源可供你选择，所以联系你所在州的教育部门或当地资源转介机构，他们会给你提供当前可选的资源。一项由加利福尼亚州选民支持的计划，建立了筹集和分配资金的地方社区机构，以支持那些留在工作岗位上并通过学院课程或专业工作坊继续学习的教师。这个薪资改善和留职项目持续地促进了该州早期教育教学标准的提升。

你已经了解了一些构成专业教师生活的标准。其中一些可能是令人愉快的，另一些可能看起来令人不舒服。无论愉快与否，当在这些事情中获得经验时，你都将受到经验丰富的专业教师的指导，他们将帮助你应对挑战。他们可以帮助你了解，这种类型的专业发展可以激发并正面强化你的教学承诺。评价、评估、道德规范和职业准备培养了你成为终身学习者所需的反思性教学，你将随着儿童在课堂上的变化而成长和变化（参见"实地经验：成为专业人士"）。

实地经验

成为专业人士

斯泰茜·詹姆斯

导师，加利福尼亚州门洛帕克市 Geo-Kids 儿童发展中心

很多从事不同类型的工作的人，都必须参与持续不断的专业发展活动，以确保自己能够在相关的领域中获得足够的信息、有市场、有能力。早期教育就是这样的一个领域，但就我的认知来看，教师和其他职业的不同在于其需要持续的个人成长。个人的发展就是专业的发展，反之亦然：它们是不可分割的，而且对于我们来说非常重要。努力成为一个更具有反思性、支持性和更负责任的人，会让我们成为一个更好的教师；参与专业活动（例如会议、培训和与同事进行的有意义的对话），会让我们成为一个更好的人。

在人生的中途，我决定成为一名早期教育专业工作者。离开另外一个已经有所成就的职业，是我人生中一个有意的选择。我所承担的个人风险，让我不得不对这一职业改变非常谨慎，因此我对那些在这个领域中持有随意态度的人的包容度非常低。虽然我缺乏经验，而且学习的难度很大，但我认为自己是一个从头开始的"专业人士"。

但是在成为导师之前，我并不认为自己真正成了专业人士。成为导师要求我更加密切地关注理论和实践的关系，去寻找一种方式来沟通两者。因此我成为更具有反思性的教师，这也让我成为更好的教师。我乐于见证惊喜时刻，比如，实习生拥有了与儿童共同工作的丰富经验，然后兴奋地发现他们在班级中的角色。这些时刻也让我的班级经验更加丰富。我的实习生逐渐开始冒险，我也学会了如何提供更多的支持。我们会谈论他们在班级中的经历，我也会引入一些更有意义的对话。在他们靠近和达到长期目标之时，我也发觉我自己工作的意义和希望。

通过指导来实现"专业发展"，对我来说有更为深刻的意义。尽管指导为我个人的专业发展提供了路径，但它也让我感受到我正在培育其他专业人员的发展，以及促进整个行业的专业化。我们所从事的工作如此重要且不可或缺。我们要对儿童、他们的家庭和我们自己负责，因而要寻找个人和专业成长的机会。每次进行自我拓展时，我都会获得一定程度的自我发现，我的实践也会重新获得活力。如果我们停滞不前，那么我看不出我们还能如何享受这份工作。毕竟，我们并不是为了钱来做这份工作！对我而言，从事这个职业是因为它是重要的工作——拥有无边的迷人之处、持续性的挑战，并且能够带来经常性的愉悦。正如儿童正在不断展开的学习之路上，我也是。我不希望哪天觉得自己能够停下学习儿童、了解自我、学习教学的步伐，因为这样的话，会发生两件事：每天的工作不再令人满意，而我不再是个好老师。

实践活动

为你自己撰写两个长期目标。然后再为每个长期目标增加至少两个短期目标。在撰写目标时，参照表 2.1 和表 2.3。将你的长期目标和短期目标与同学或其他实习生所撰写的目标进行比较。

日志作业

在你实习的前几周，依据表 2.6 完成自我评价。当你实习结束后再回头审视。看看你的成长！关注你接下来要往何处发展。

参考文献

California Early Childhood Mentor Program. (2011). Home page.

Campbell, D. M., Cignetti, P. B., Melenyzer, B. J., Nettles, D. H., & Wyman, R. M. (2001). *How to develop a professional portfolio* (2nd ed.). Boston: Allyn & Bacon.

Canada College ECE Department (2004). *Your career* (brochure).

Child Care Training Consortium of California. (2000). *A guidebook for professional growth planning and documentation*.

Feeney, S., and Freeman, N. K. (1999). *Ethics and the early childhood educator: Using the NAEYC code*. Washington, DC: National Association for the Education of Young Children.

Gordon, A. M., & Browne, K. W. (2014). *Beginnings and beyond: Foundations in early childhood education* (9th ed.). Belmont CA: Wadsworth Cengage Learning.

Hyson, M. (Ed.). (2003). *Preparing early childhood professionals* . Washington, DC: NAEYC.

Katz, L. (1995). *Talks with teachers: Reflections on early childhood education*. Washington, DC: National Association for the Education of Young Children.

National Association for the Education of Young Children. (2005). *Code of ethical conduct.* Washington, DC: Author.

National Association for the Education of Young Children. (2011). *2010 NAEYC Standards for Initial and Advanced Early Childhood Professional Preparation Programs*. Washington, DC: Authors.

Pianta, R. C., La Paro, K. M., & Hamre, B. K. (2008). *Classroom assessment scoring system manual pre-K* . Baltimore, MD: Paul H. Brookes Publishing Company.

第三章

理解和引导幼儿的行为

> ☑ **学习成果**
>
> 在尊重幼儿和支持幼儿发展的基础上,确立具有发展适宜性和文化适宜性的、有效的行为引导策略。

行为引导的基本理念

对所有的教师来说,如何引导幼儿的行为是一个挑战。通过观察他人的教学和亲身参与更多的教学实践,你会学到一些有效的方法来引导幼儿的行为。你也会对幼儿的行为有更深的了解,并发现教育幼儿与"爱和耐心"较少相关,与你如何处理孩子在成长过程中出现的状况以及管理他们行为的能力较为相关。表 3.1 列出了行为引导的 7 个基本理念,这些理念有助于形成有关引导幼儿行为的看法。当你继续阅读本章后续内容时,回顾一下这些基本理念,看看你的教学经验在多大程度上反映了它们。你可能会发现这些示例很有帮助,因为每个基本理念都得到了充分的讨论。

表3.1 行为引导的7个基本理念

☞ 当帮助儿童学习他们所需的社交技巧时，这7个基本理念可以帮助你拥有更多的自信。

1. 帮助儿童学会对自己的行为负责
2. 教会儿童理解并尊重差异
3. 要考虑到每个儿童的性格、家庭和所处社区的差异
4. 学习如何将发展理论应用于行为引导计划
5. 认识到引导是一套策略体系
6. 认识到自己的潜在偏见
7. 让儿童知道你相信他们天性善良

有效的引导可以解决许多行为问题，并防止其他问题的发生。积极的引导建立在对儿童、家庭以及引导过程的态度和理念的基础上，大多数理念是在一段时间内通过课堂学习的。前面提到的7个基本理念对形成有效的引导方法很重要。

帮助儿童学会对自己的行为负责

引导是教师与儿童之间的互动过程，着重强调解决问题。我们的目标是使用适宜的引导方法，帮助儿童学会在没有过度干扰的情况下解决问题，根据自己正在形成的内在控制力做出判断，并建立适宜的行为模式。

示例："拉沙德，因为你推倒了他们搭的积木，所以他们不带你一起玩。你可以说什么让他们知道你想和他们一起玩？"

教会儿童理解并尊重差异

幼年时期是帮助儿童形成与他人和睦相处的态度和行为的最佳时机。儿童会学习以理解和尊重的态度来看待他人，并通过多种方式了解所有人都是不同和独特的。良好的引导可以教会儿童这些技能。

第三章 理解和引导幼儿的行为

示例:"贵子刚开始学习说英语,这就是为什么她的发音与你的不同。她的口音并不差——只是与你的不同。让我们问问她愿不愿意教我们用日语说'你好'。"

要考虑到每个儿童的性格、家庭和所处社区的差异

儿童的行为会受到许多因素的影响。每个孩子都有其独特的风格和气质,都是社区的一部分。家庭、邻居以及宗教、种族和文化群体塑造了儿童的价值观和行为。对儿童行为的引导在于家庭和教师之间的合作,我们必须谨慎考虑这种关系。在布朗芬布伦纳(Bronfenbrenner,1979)的开创性研究中,这一网络被称为"发展生态学",他认识到儿童的家庭体系和文化关系对儿童的成长方式会产生重大的影响。作为一名教师,儿童的家庭和社区之间的复杂互动可能是你将学到的最重要的概念之一,因为它们将影响你在21世纪的教学方法。

示例:"孔苏埃拉,你的奶奶从墨西哥回来了吗?我知道你很想念她。当她回来时,看看她能否再到学校来,教我们唱那首她唱给你的特别歌曲。"

学习如何将发展理论应用于行为引导计划

儿童发展理论可以让我们了解儿童的个体特性、他们发展中的可预测模式和发展阶段、成长中的变化、不同年龄段的典型恐惧和感兴趣的行为表现。掌握了儿童发展理论,我们就有信心帮助儿童在各发展阶段形成自我控制能力。所有的教师都需要掌握发展理论,这样才能够通过理论与实践相结合的方式来运用适宜的指导策略。

示例:"我知道里基一直都受到大家的关注,因为他在攀爬运动

中做了很多危险的动作。我们要记住,虽然他的词汇量很大,而且他比同龄的孩子高,但他只有3岁,需要更多的时间来变得强壮起来。当他攀爬时,我们要保证有教师在那里帮助他。"

认识到引导是一套策略体系

引导不是针对所有行为的、单一且快速的解决方案。相反,引导是教师根据其对个别儿童、儿童群体、家庭和发展理论的了解而做出的有意识行动(参考"我的反应")。在鼓励和支持不同年龄和发展水平的孩子的行为发展过程中,教师的每一步都要运用适宜的引导策略。

示例:"我知道在小组时间中一直坐着对你来说很难,而且我知道你喜欢故事,所以我会帮助你。明天我读书的时候,你可以坐在我的旁边为我翻页。我们这样做几天,看看是否有帮助。"

我的反应

纪 律 时 刻

我认为纪律包括我们教给孩子的一切——自己思考、做出正确的选择、解决问题、表达自我。我认为和遇到困难的孩子在一起是一个分享的时刻:与他们交谈、耐心倾听、支持、引导,并让他们了解其他人的一些想法。一对一是最好的,两个孩子也不错,三个孩子就比较复杂了,四个孩子——我没试过。我会因不知道该做什么而感到效率低下。

——简

认识到自己的潜在偏见

你的成长方式会影响你在引导孩子行为时所做的选择。教师需要意识到其对某些行为的反应及偏见会影响自己的态度和价值观。在制定引导方法时，教师应对被认为"正确"或"错误"的不同观点保持开放的态度。在与来自其他文化的家庭一起工作时，这一点尤为重要。

示例："我母亲曾用鞭子教训我们。我知道我不能打孩子，但他们需要受到惩罚。难道我不应该抓住他们，让他们知道在学校里谁说了算？"

让儿童知道你相信他们天性善良

在孩子们成熟到足以用语言交流思想和困惑之前，唯一能让我们了解他们受到困扰的语言就是行为。所有的孩子都会偶尔出现不良行为，这是成长的自然片段。

示例："哇，皮特。你通常都很小心别人的作业。你有什么烦恼吗？我能帮你用一些语言来告诉我你的感受吗？你为什么要把贝丝的纸扔在地上呢？"

引导、纪律和惩罚：它们有什么区别？

你可能会发现，在早期教育环境中，"引导""纪律"和"惩罚"这三个词有不同的用法。当交替使用或没有明确定义时，每个词的意思往往变得混乱。要使用适当的引导技巧，你首先需要了解引导、纪律和惩罚之间的根本差异。

什么是引导

引导是一个持续的体系，成人用它来帮助儿童学习控制冲动、表达感情、疏导挫折、解决问题、了解可接受和不可接受行为之间的差异。有效的引导策略建立在儿童和成人之间相互关怀、尊重和支持的关系之上。我们将之称为积极的引导。随着孩子和教师之间信任的建立，社会交往和行为技能的教与学会变得更容易。

采取积极、适宜的引导方法，教师可以在幼儿日益增长的独立需求与其对外部控制的需求之间达到平衡（例如行为的规则和界限）。随着幼儿自我控制能力的增强，教师可以让他们做更多的决定并管理自己的行为。在幼儿面对挑战性情境时，自主做决定可以让他们建立自信心，并掌握沟通和解决问题的技能。

当幼儿成为独立自主的学习者时，课堂管理就变得更加容易。良好的引导策略有助于他们了解自己行为的前因和后果。了解行为的因果关系对幼儿的一生来说都是有价值的。

引导是让你成为引导者的路径，只有这样你才能让幼儿采取更积极的方式拥有健康的社会关系。对于任何引导方法来说，最关键的三个要素是儿童、成人和情境。在努力寻求解决方案时，你必须解决与这三个要素有关的问题。图 3.1 以引导三角形的方式对此进行了详细说明。解决每个问题并不只有一种正确的方法。每个儿童、成人、情境和任意两者间的关系都不同，引导三角形有助于我们明确正在发生的事情。理解是解决问题的第一步。

保持积极的引导

积极的引导通常以积极的语句开始，而不是说"停止！"或"不许！"。下面是一些创造积极语调的策略：

- 用积极的语句来强调孩子应该做什么："卡莉，把拼图放在桌子上，

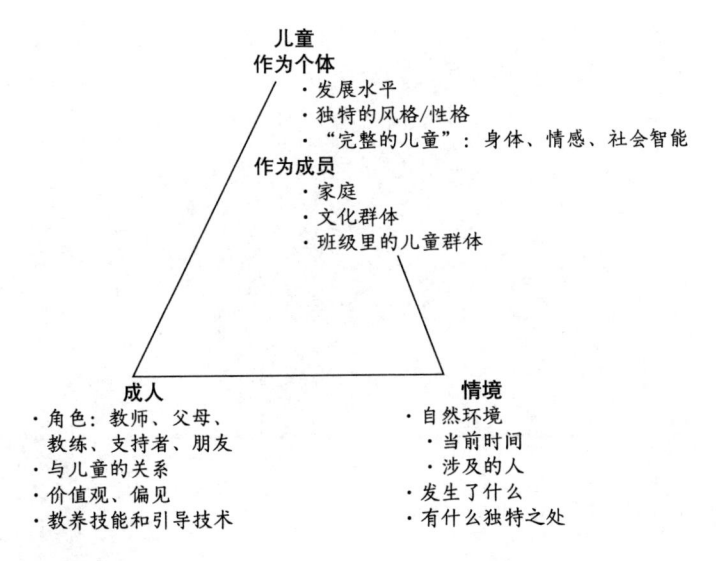

```
                    儿童
                  作为个体
                  ・发展水平
                  ・独特的风格/性格
                  ・"完整的儿童":身体、情感、社会智能
                  作为成员
                  ・家庭
                  ・文化群体
                  ・班级里的儿童群体

    成人                              情境
・角色:教师、父母、              ・自然环境
  教练、支持者、朋友               ・当前时间
・与儿童的关系                     ・涉及的人
・价值观、偏见                     ・发生了什么
・教养技能和引导技术               ・有什么独特之处
```

图 3.1　引导三角形

注:通过突出三个要素——儿童、成人和情境,引导三角形可以帮助教师开展有效的引导实践。

资料来源: Ann Cordon & Kathryn Williams Browne, *Guiding Young Children in a Diverse Society*. Published by Allyn & Bacon, Boston, MA. Copyright © 1996 by Pearson Education. 经过许可转载。

别的小朋友就不会踩到它们了。"

- 培养孩子思考后果的能力:"乔希,如果你在奥兰多的纸上乱画,那会发生什么呢?你觉得他会怎么想?"
- 当孩子过度自信、探索行为边界和挑战成人时,接受孩子的自主需求:"我知道你还想继续玩玩具,但你太困了,而且现在是午睡时间,所以我会把你放到床上,并放一些安静的音乐。"
- 鼓励孩子对他人的同情心:"琪琪的铅笔掉到轮椅下面了。帕蒂,你可以帮她捡起来吗?"
- 树立一个学习的榜样:"珊特尔,当我感到生气时,我就会找一个远离噪声的安静角落平静下来。让我们试试图书角是否有用。"
- 帮助孩子管理自己的行为:"罗科,你要记住用语言而不是哭泣来表达,这对你有好处。"

通过充满温度和情感关怀的师幼互动进行积极的引导，进而培养孩子良好的自尊和社交能力。

- 认识到保持一致的必要性。在任何时候都要对所有孩子强调同样的规则："胡里奥，我知道你真的很想打开体操垫，但是任何人都不能切割它。"
- 用清晰、简单的语句给出指示和建议，并说明你提出要求的原因："看着你的脚，尤妮斯，这样你就不会踩到利奥的手。在利奥挪开手后，把你的脚放在下一层楼梯上。"
- 为孩子提供重新集中注意力的方法："卢斯，如果你坐在桌前，你就能够在出去踢球之前完成故事听写。"
- 当孩子改变行为时，表达支持并肯定他（她）："很好，托德。你把颜料收起来时真的很小心，你已经成为一名非常出色的清洁工了。"

谨慎选择你的语言并以积极的方式来表达，你可以帮助孩子们学会对自

第三章 理解和引导幼儿的行为

己的行为更加负责。

什么是纪律

纪律是一个重要的概念，同时是引导系统的一部分。纪律经常被认为是对儿童行为的惩罚和消极反应，但事实并非如此。良好的纪律代表着良好的引导。"discipline"（纪律）这个词源自"disciple"（门徒），意为学生、追随者和学习者。这个定义给出了一个重要的概念——"以身作则"，也就是成人要示范他们希望孩子学习的行为（Gordon & Browne，2013）。

良好的或有效的纪律和引导都是相似的，因为它们有相同的基础，即采用积极的、深思熟虑的、非惩罚性的方法。它们都承认这样一个前提，即孩子需要时间和帮助来学习适当的社会行为，而且它们都会促进孩子的同理心和道德理性的发展。当与惩罚交替使用时，纪律就会失去效力，并成为儿童改变行为的负面力量。当与引导联系在一起时，纪律就会成为依赖孩子互动和参与的学习体验。儿童应该遵守纪律，但要通过促进思考和解决问题的方式来进行。教师要以"我该怎样做才能帮助孩子从这种经历中获得学习"，而不是"我该如何惩罚这种行为"的角度来看待具有挑战性的行为。

什么是惩罚

惩罚是对不当行为施加严厉的后果。惩罚的程度取决于后果的严重性，可能与犯罪有关，也可能与犯罪无关。惩罚通常基于否定策略（如威胁、收回感情或特权、打屁股、孤立和其他惩罚性方法），这些方法会增加儿童的羞耻感和屈辱感，从而消除他们不必要的行为。因为惩罚通常是瞬间的反应，所以它是成人情绪的释放，而不是帮助孩子学习自我控制的策略（Gordon & Browne，2013）。当使用惩罚时，你就是假设自己可以在不了解原因的情况下解决某种行为问题。行为可能会停止，但是孩子行为不端的原因仍然是未知的。坚持让孩子只能服从命令的成人，并没有给孩子了解原因和后果的机会。

纪律与惩罚有什么不同

3岁的玛克辛跑向莉莉，抢走了她手里的书，然后把她推开。玛克辛笑着跑开了。莉莉看起来很吃惊。

使用引导和正面纪律教育来解决问题。老师和玛克辛一起坐下来，另一位老师在安慰莉莉。

老师："推其他小朋友是不对的，玛克辛。我们不能让你伤害其他小朋友，就像我们不会让他们伤害你一样。你为什么要推莉莉呢？"

玛克辛："我想要她的书。那是我最喜欢的书。"

老师："我知道等待想要的东西有多困难，但我不能让你从她那里抢书。她现在已经不哭了。让我们看看能不能和她谈一谈，等她看完让你接着看这本书。"

老师和莉莉一起走向了玛克辛，开始协商莉莉读完书的时间。

要点：莉莉和玛克辛都能够从这件事中获益。孩子们从有爱心的、承认其感受并引导其解决问题的成人那里得到了学习。在这种情况下，两个孩子都对情势有所掌控：莉莉拿回了她的书，而玛克辛则有机会可以看书。莉莉知道她和她的所有物会得到保护。玛克辛学到了如何让别人轮流交换。焦点直指幼儿的行为，让幼儿的行为和结果之间有了直接的联系。成人示范了良好的沟通技巧，并帮助孩子表达了自己的需求。这一策略适合3岁的幼儿。

使用惩罚。当玛克辛逃跑时，老师抓住了她。

老师："那样是做坏事。你不能打其他小朋友。坐到隔离椅上不许动，直到我回来找你。"

第三章 理解和引导幼儿的行为 73

老师抓住玛克辛的胳膊，把她带到一个单独的角落，让她坐在椅子上。玛克辛开始哭了起来。

老师："哭是没有用的。你是坏孩子。在这里坐一会儿，想想你都对莉莉做了什么。"

老师离开角落并回到了教室中心区。

要点：因为老师控制了玛克辛的行为，所以她学到的东西很少（如果有的话）。老师没有把玛克辛打人的行为与对其施加的惩罚联系起来，也没有帮助她学会内在控制，而是对她施加外部控制，打击她的自尊心，并羞辱性地称她为"坏孩子"。老师没有试图理解玛克辛的行为，没有讨论任何情感，所施加的惩罚也与行为没有直接关系。如果玛克辛又想推其他孩子，她不知道该怎么做，甚至不会使用语言。她没有得到任何管理冲动的策略。坐在椅子上的一段隔离时间并不能帮助她将感受、行为和想法分离，并让她学会任何有效的应对策略。

为什么幼儿会有不当行为

幼儿产生不当行为的原因有很多。在大多数情况下，不当行为都是由挫折和愤怒引起的，他们不知道如何用其他方式来表达。不当行为是幼儿成长的正常部分，幼儿用它们来试探行为的边界。教师最重要的作用之一是帮助孩子了解自己出现不当行为的原因，然后对其给予适当和合理的引导。

不当行为和宣泄行为在某种程度上表明孩子感到困扰并需要帮助，这可能是由多种情况造成的。至少有 5 种因素会影响孩子的行为（Gordon & Browne，2011）。

- 环境。环境有时会为不当行为创造机会。在任何环境中，班级规模、师生比例和受过培训的教师都会对儿童的行为产生很大的影响。影响因素也可能是过多或过少的刺激、不适当和不充足的材料和设备、不适合儿童身体的家具、难以操作的材料、没有足够的活动时间、过度拥挤的学习和游戏空间、长时间的端坐和聆听。第五章将更详细地讨论环境对行为的影响以及课程在引导中的重要性。

- 发展。幼儿刚刚开始获得更多的语言和社交技能，这将有助于他们学习可接受的行为。教师需要扎实的、儿童发展方面的知识背景，以便根据儿童的个体发展能力对他们进行引导。在规划引导策略时，教师必须了解儿童的身体、社交、情感和认知范围等情况。要求3岁幼儿进行30分钟的集体讨论或期望幼儿分享玩具都是不合理的，这就为不当行为创造了条件。

- 个体。当幼儿感到饥饿、口渴、疲倦、无聊、不安或生病时，他们可能会表现出问题行为。幼儿的基本性格（即随和、慢热、执拗）也能为他（她）的行为方式做出解释。当了解到班上每个孩子的个体性格时，教师就可以选择适合某个孩子特定需求的引导措施。

- 社交和情感需求。当幼儿试图表达社交和情感需求时会出现一些行为问题。想要得到关注或感到恐惧、难堪或孤独的孩子，可能会因为言语匮乏而把这些感觉付诸行动。家庭情况（如离婚、新生儿的出生、疾病或死亡），也可能会导致幼儿表现出不当的行为。当成人的期望过高或过低以及没有设定适当的界线时，孩子也可能会出现挑战性行为。因此，我们应该选择引导性策略，帮助孩子使用语言解决冲突并识别自己的情绪和感受。

- 文化影响。当家庭和学校有文化差异时，孩子可能会陷入困境。每个家庭的价值观都包含引导和纪律问题。当家庭和学校在育儿方面存在差异时，幼儿通常会出现行为问题。因此，教师需要在没有偏见的情况下尊重这些差异，重视每个孩子的家庭，与家庭共同努力寻找兼容

第三章 理解和引导幼儿的行为

的解决方案，并为幼儿的积极行为创造良好的氛围。表 3.2 为教师提供了有关如何选择有效引导策略的提示。

表 3.2 选择有效引导策略的 12 个秘诀

☞ 教师可以通过多种方式培养幼儿的合作和积极行为，鼓励幼儿良好的行为表现和问题解决能力的提升。

为实现有效的引导和积极的纪律教育，你要做到下列行为：

1. 注意自己的身体姿势。要让自己处在可以看到大部分或全部房间的位置上。当与孩子们交谈时，你要俯下身体和他们保持同一高度。
2. 询问，不要说教。你可以问孩子："发生了什么事？""这里发生了什么？""什么东西出了问题？"
3. 承认并表述幼儿的感受。你可以说："你看上去很生气/痛苦/伤心等。""我知道你现在想要那辆卡车。""我知道要等到轮到你很不容易。"
4. 召集孩子们合作解决问题。你可以问他们："我们接下来该做什么？""你们认为该怎么解决这个问题？""每个人该做些什么才能变得更好？"
5. 运用幽默。你可以说："哎呀！我猜有人在整理时忘记拼图不能自己把自己收起来了。"
6. 检查空间安排。是否有太多的孩子想在某个区域活动？你该怎样扩大它？
7. 了解班级的师生比例。如果有 18 个孩子和 3 名教师，那么你负责的 6 个孩子在哪里？你是否在同一个孩子身上花了过多的时间？
8. 想好再说话。确保所使用的词语表达了你要表达的意思。例如，"丹尼，跑去给我拿一块海绵"，你是真的想让丹尼"跑"吗？
9. 为孩子提供适当和可接受的选择。"你想现在就进去吗？"，在某些时候并不是一个选择。更有效的说法是："你是想倒着走到门口，还是踮起脚尖过去？""现在该回家了。你想在听故事之前还是之后穿外套呢？"
10. 承认并认可负责任的行为。你可以告诉孩子："你清洁鱼缸的工作做得真棒。""你真是个善良的孩子，让他第一个玩。"
11. 使用积极的话语。你可以把"下山不要那么快"换成"你骑车真的很快，也许你想慢下来"，把"不要把果汁弄洒"换成"看着倒果汁的位置，找到玻璃杯的边缘，确保果汁全倒进去了"。
12. 了解集体动态。哪些孩子容易泄气？哪些孩子比较随和？哪些孩子比较敏感？哪些孩子比较爱指使人？什么时候他们的关系开始破裂？

发展和文化适宜性引导

发展适宜性实践的基本理念是，从幼儿期开始帮助孩子发挥潜能。在这一过程中，教师可以根据发展适宜性做出有关行为和引导的决策。

三个标准

在规划引导策略和教学方法时，教师必须考虑教学计划、活动或实践的三个相关方面：年龄适宜性、个体适宜性、文化和家庭的回应性。

年龄适宜性是我们对儿童在其发展的某些年龄段如何学习和成长的了解。这些与年龄相关的特性使我们能够预测，在某个年龄范围中哪些活动、材料、相互作用和经历将成为儿童的挑战和成就。

个体适宜性是我们对每个孩子（包括他们的优势、弱势和兴趣）的了解。这些信息有助于我们创建灵活、开放的学习体验，这些体验能够适应并对幼儿的个体差异做出回应。

文化和家庭的回应性是我们对家庭的了解，它帮助我们了解文化和家庭对每个孩子的影响。在制定引导策略时，我们必须了解儿童的文化和家庭背景。学前教育专业的道德规范禁止体罚，但在某些文化中，儿童由于不当行为而挨打被认为是恰当的。为了确保家庭和学校之间引导技巧的兼容性，教师必须与

运用适合每个孩子年龄、优势和兴趣的引导技巧。

家长密切合作，了解他们的文化需求和关注点。全美幼教协会制定了家庭和学校之间的联系标准。第九章将更深入地讨论这些问题。

如何运用发展适宜性实践来引导挑战：案例研究

发展适宜性实践如何影响引导技术的选择？这三个标准交织在一起，为每个孩子规划适宜的方法，以格蕾西为例：

> 7岁的格蕾西与同学相处得很不好。她很有幽默感，但她用自己的幽默感画了许多同学不好的画像。与其他7岁孩子一样，她抱怨自己不受欢迎并希望有更多的朋友，但许多同学不想和她一起玩。

对于格蕾西来说，具有发展适宜性的引导计划是什么样的呢？她的老师首先会关注这个年龄段儿童的整体特征，并意识到7岁的孩子想成为"团体中的一员"，虽然这很有吸引力，但他们会倾向于通过侮辱和谩骂来表现侵略性。他们同样是第一次认真探索艺术。这些特征似乎与格蕾西的行为表现有关。我们都知道，7岁的孩子愿意分享和合作，理解因果关系，并希望成为老师的帮手。

7岁的孩子会为自己的成就感到自豪，对创造过程的兴趣比结果更大，并且喜欢合作完成任务和项目。在这个年龄段，他们会通过游戏建立社交联系，并乐于拥有同性朋友。

考虑到这些特点，老师会更关注格蕾西这个个体，并更加深入地了解她的行为。格蕾西是班里为数不多的几个积极参与艺术活动的女孩之一，她似乎很喜欢磨炼自己的绘画技巧。当其他孩子向格蕾西问起她的画时，她会嘲笑他们，不回应他们的评论和问题，然后去做别的活动。

至于第三项标准——文化和家庭的回应性，格蕾西来自一个喧闹的家庭，她是家里四个孩子中唯一的女孩。她经常因为喜欢画画而被哥哥们取笑，她的父母很想支持她的兴趣，但是他们的时间都花在同住的年迈的祖母身上。

通过观察这三个互相关联的标准，我们可以更全面地了解格蕾西，并对引导计划有所认识，这可能有助于她改变自己的行为并获得更多的朋友。艺术在格蕾西的生活中似乎扮演了一个重要但未能受到重视的角色。老师开始与格蕾西谈论她的绘画，对她的技能表现出真诚的兴趣。她邀请格蕾西帮忙布置一个将在家庭之夜展出的新项目。格蕾西同意加入由4名学生组成的小组，学生们将确定项目的范围，并负责大部分的绘画内容。格蕾西也同意帮助其他学生创作一些所需的图画，她似乎很高兴能成为同龄人的"老师"。

老师知道7岁的孩子喜欢成为"万事通"，格蕾西也不例外。

在接下来的几个月里，随着项目的进行，格蕾西与同龄人合作的能力在不断地提高。有些孩子能够欣赏并喜爱她所画的人物的卡通特点。反过来，格蕾西开始向他们展示如何画漫画。在家庭之夜，格蕾西的家人似乎对她的艺术才能感到震惊，她的祖母想让格蕾西为她的房间画一些画。格蕾西的父母约见了老师，并与老师一起讨论了如何以适当的方式培养她的才能。同学们现在也自愿在其他项目上与格蕾西一起合作。

发展适宜性引导意味着教师有符合儿童年龄的期望，了解班级中的个别孩子，并对这些孩子的家庭有所了解。有了这些标准，引导策略就成了经过慎重考虑的、应对挑战性行为的方法的一部分。

有效的引导策略

有一些引导方法是不易察觉的，还有一些则很明显。在任何情况下，都有一种策略最符合特定时间内儿童、成人和群体的需求。没有一种方法可以适用于所有情况（或所有儿童）。表3.3列出了10项引导策略。引导策略是连续性的，从低调的方法（忽视幼儿的某些行为）到明显的干预（肢体干预），在这个范围中有大量的选择。正如引导三角形（图3.1）能够帮助你了

第三章　理解和引导幼儿的行为　　79

解所发生的事情一样，引导连续体（图3.2）可以帮助你决定如何解决问题。

表 3.3　10 项引导策略

1. 根据年龄和个体设定适当的预期
2. 示范行为和尊重
3. 观察并记录行为
4. 有适宜的环境和课程
5. 倾听并给出回应
6. 强化积极性行为
7. 帮助转变并给出选择
8. 设定合理的界限并坚持遵循
9. 使用问题解决方案来解决冲突
10. 干预并确定后果

间接引导

　　儿童的行为会受生活、工作和游戏环境以及其中的人的强烈影响。当孩子们进入教室时，间接信息会传达出对孩子的期望。一个书桌排列整齐的房间会说："坐下来学习。"而一个从入口到室外有长长的开放空间的房间会说："快跑！"如果每日时间表中只有几分钟的过渡或清理时间，就会营造出一种焦虑、紧张的气氛。教师过少可能会导致孩子们无人监督和失控。

　　间接引导是教师建立控制和为其想在教室里发生的事情搭建舞台的一种方式。教师运用自身的知识来确保他们所使用的间接引导基于他们对下列内容的了解：

- 儿童的发展水平。它能够帮助教师对儿童的行为设定适当的预期。例如，4 岁儿童的集体时间比仍未准备好坐下并听 15 分钟课的 2 岁儿童更长。
- 环境的影响（包括空间安排、时间计划、材料和资源）。对于班上的每一个过渡环节，孩子们都有充裕的时间从一项活动从容地转移到另一项活动。

- 如何将环境作为教学工具来实现计划目标。例如，当拼图、纸和蜡笔、胶水和剪刀等材料放置在低矮的开放式架子上时，孩子们可以自己取用，不需要等待成人的帮助，这可以促进儿童独立性的发展。
- 如何为积极的互动设定基调。教师应确保有较多数量的玩具卡车、电话、货车或画架，这样孩子们不会因漫长的等待而感到沮丧，而且这可以激励他们之间的社会性互动。
- 如何创造具有文化回应性的环境。在整间教室里，使用多元化的书籍、照片、布料、艺术作品和工艺品，多种族的男孩和女孩玩偶，以及反映多元文化的装扮服装，尤其是那些反映班级孩子的文化传统的物品。
- 让不同发展阶段的幼儿都能参与的课程。无论幼儿的年龄或能力如何，积木及其配件、书籍、拼图、蜡笔、马克笔和纸张都是幼儿喜爱的开放性材料（参见第六章）。

间接引导，正如刚才提到的例子，其中涉及了教师在构建计划时的一些最简单的引导技巧。在第五章中，你将更多地了解环境及其对间接引导的影响。

直接引导

间接引导创造了促进最佳行为的条件。直接引导技巧是教师在与孩子互动时所使用的技巧，能够帮助孩子解决问题、结交朋友、变得自信、学习新技能。直接引导方法包括大量的选择，它们可能是：

- 给予安慰、认可、关注或质疑的目光
- 给予鼓励的微笑（注意积极的行为）
- 给予支持的拥抱、关注、警告或赞美
- 观察并靠近现场

第三章 理解和引导幼儿的行为

- 保持平视倾听并做出反应
- 示范行为和尊重
- 给予明确、一致和支持性的引导
- 安慰哭闹或受伤的孩子
- 限制孩子的肢体行为
- 用语言表达协商的技巧

引导连续体（参见图 3.2）中所概述的技巧都是直接引导方法。在分析所发生的事情之后，教师可以选择适当的技巧来解决孩子的行为问题。教师应考虑到每个儿童、成人和情境的需求（参见图 3.1 "引导三角形"）。每种技巧的应用都应考虑到计划的整体目标和引导思想。当孩子学习新行为或者你的预期发生改变时，你的选择也会相应地改变。

引导连续体

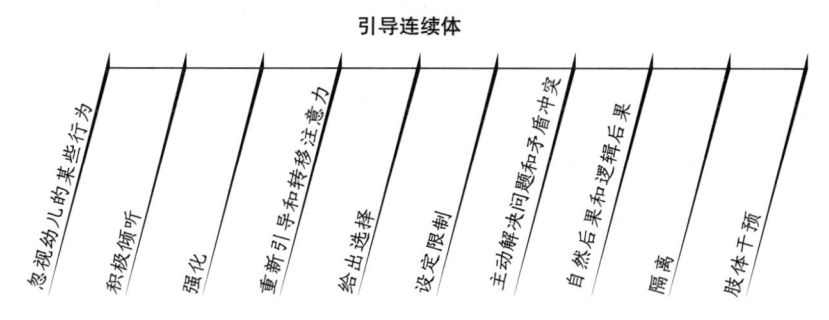

忽视幼儿的某些行为 | 积极倾听 | 强化 | 重新引导和转移注意力 | 给出选择 | 设定限制 | 主动解决问题和矛盾冲突 | 自然后果和逻辑后果 | 隔离 | 肢体干预

图 3.2　引导连续体

注：引导连续体从介入最少的策略到干预较多的策略的角度确定了直接引导技巧。

资料来源：Ann Gordon & Kathryn Williams Browne, *Guiding Young Children in a Diverse Society*. Published by Allyn & Bacon, Boston, MA. Copyright © 1996 by Pearson Education. 经过许可转载。

你可以从介入最少的策略开始，让孩子们有时间自己解决问题。根据连续体从右到左的变化态势，你对孩子参与解决问题的期望会越来越高。如果你对帮助孩子掌控他们的世界非常重视，那么你就会选择干扰最小，但仍给予一定干预和支持的策略。

有效的引导技巧

引导连续体中所列出的策略是按照教师干预最少到教师参与度最高的顺序排列的。这种方式让教师可以选择最合适的方法来解决问题。

忽视幼儿的某些行为。教师可以忽视一些对幼儿只有略微困扰且无害的行为。例如，当一个孩子哭哭啼啼时，你不必在他不停地啼哭时做出反应，甚至可以把你的注意力集中在其他地方，直到他停止哭泣。这种方法同样适用于孩子经常呼叫"老师、老师、老师"。当啼哭或呼叫停止时，你可以关注这个孩子。在某些时候，你甚至可以告诉孩子："我喜欢在你不哭（或叫我）的时候和你说话，所以，在你停下来之前我是不会关注你的。这样，我就会知道你什么时候准备好交谈或者玩耍了。"

积极倾听。在这种方法中，你要通过仔细倾听孩子所说的内容来留意他的感受和语言。然后你可以用自己的语言来表达你认为孩子说了什么。在了解了孩子和情况后，你会对孩子不高兴的原因做出有根据的猜测。

- 在积极倾听中，你的声音应表达出兴趣、尊重和信任。

  孩子："我讨厌上学。"

  教师："看起来，鲁比和达妮卡不让你和他们一起玩，真的让你很难过。"

  孩子："我有一些好点子，但他们还是不让我一起玩。他们都不听我的。"

  教师："你有很棒的想法。但依我看，你可能也没有听过他们的想法。"

  孩子："嗯，我想用我的想法。"

  教师："你有很好的想法，鲁比和达妮卡也有很好的想法，让我们回头和他们谈谈怎么把这些想法整合到一起。你觉得那样会有用吗？"

  孩子："当然。"

第三章　理解和引导幼儿的行为

- 通过带有"我"的信息，成人可以向孩子表达他（她）的行为会如何影响其他人。这些是非判断性的陈述，是在没有批判的情况下对所发生的事情得出的观察结果。教师的每个句子都可以"我"开头。

    教师："我非常难过。当你说不喜欢我时，我好伤心。"

    教师："我会生气的，如果我看到你再打其他小朋友的话。你还记得我们之前说过的话吗？我们要坐下来想想关于打人的约定。"

    教师："我很失望，因为今天没有人清理美工桌。我们怎么做才能让这种情况不会再次发生呢？"

强化。 强化是一种奖励积极行为的方法，它的理论基础是孩子将来会重复被关注到的行为。因为它曾被提及："托马斯，你在等待时非常有耐心。我看到，梅森在计算机上完成作业之前，你找了一本书来读。"社会性强化（如微笑、交谈、表现出兴趣和关注），在任何时候对幼儿都是有用的，尤其是在你想强调某些行为的时候。要想使行为强化的效果达到最佳，教师应该专注于孩子所采取的行动，而不是孩子本身。教师特意告诉托马斯，她注意到了他的耐心。因此，托马斯明确地知道了教师希望他学习什么样的行为。当孩子们注意到积极的行为时，他们会更加努力地表现出适宜的行为。看看下面的"反思性事件"，是否需要教师进行强化。

反思性事件

我没有看到

米米是个 4 岁的孩子，她经常说谎。她不只是编造故事，她说的谎话还会给别人带来麻烦。昨天，另外两个孩子看到米米从蕾的午餐包中拿走了蕾的三明治，但在老师面前她却否认了这一点。

> 今天，米米告诉老师，马西用一本书打了她。但目击该事件的几个孩子说打人的是米米。老实说，我不知道该怎么说或怎么做！
>
> ——艾尼
>
> **你的思考**
>
> 1. 我感觉如何？
> 2. 我该怎么办？
> 3. 结果可能是什么？

重新引导和转移注意力。有时候，儿童的行为并不是错误的行为，而只是这一行为发生在错误的时间或错误的地点。

- 重新引导对学龄前儿童和学龄儿童都很有帮助。例如，在一个下雨天，妮拉和拉蒙纳一直在图书角一起读书。然后，她们突然开始互相扔小枕头。随着行为变得激烈，教师走过来了。

   教师："看起来，你们两个玩得很开心。但这里可不是扔枕头的好地方，你们会打扰到其他正在认真读书的小朋友。我们去找一些沙包，再在那个角落放一些小篮子。这样你们就可以把沙包扔进篮子里了。"

教师首先要评估女孩们真正想做的事情。在这种情况下，她们似乎更喜欢玩枕头。教师考虑了一些替代方案，即允许这种活动并将其重新引导到更加适合的活动方式上。替代活动必须是有效的。在这种情况下，女孩们不是有意捣乱。她们表达了自己的好奇心、想象力和社交技巧。积极的重新引导可以帮助她们接受替代活动，教会她们如何解决问题，并增强她们的自我概念。

- 转移注意力与重新引导有关，但它们存在着一些根本的差异。转移注意力通常用于帮助孩子将注意力转移到与之前行为有关或无关的另一项活动上。对于年龄较小的孩子（特别是婴儿和幼儿），让他们转移

第三章　理解和引导幼儿的行为

注意力很容易，如下例所示。

　　2岁的布鲁诺正在积木区玩卡车。泰里斯蹒跚地走过来抢走了他的两辆卡车。布鲁诺喊道："不要！"泰里斯抬起手臂，好像要打布鲁诺。教师走近了他们。

　　教师："布鲁诺正在玩那些卡车，泰里斯。我看到黏土桌上有一个适合你玩的地方。你可以在那里玩一会儿，而且可以玩黏土。让我们去玩黏土吧。"

教师帮助孩子们选择他们可能喜欢的东西。

　　教师知道泰里斯喜欢捣黏土，这对于他来说是一种适宜的转移注意力的方法。这种方法需要良好的介入时机，以使孩子能够接受替代方案。

　　给出选择。给出选择是帮助有抵触心理的儿童的最简单、最成功的方法之一。当你给孩子们选择时，你可以让他们对情况保留一些控制，以及自我引导和自我控制。

　　教师："苏金，你是想和罗茜一起做她的项目，还是想帮助博妮塔完成她的故事？"

　　教师："阿曼多，我们要去图书馆。你是想和赫克托一起走，还是想和戴尔一起走？"

　　在每一个事例中，教师都假设孩子自己会做出决定，并且严格遵循自己的决定。在一天结束时，当孩子可能会有抵触心理的时候，你可以说："现在到回家时间了。你是想现在穿上外套，还是想等到故事结束后再穿？"

过多的选择可能会将孩子们淹没。你可以为孩子们提供两个选项，使他们更容易做出选择，并且只有当你想让孩子们做出最有效的决定时才给出这两个合理的简单选择。请注意，苏金或阿曼多做出的任何决定对于教师来说都是可以接受的。

选择是会产生后果的，孩子在做出选择之前需要知道后果是什么。"达拉赫，如果你愿意的话，你可以在外面玩一会儿，但如果这样，你就会错过零食时间。"

设定限制。限制是我们为孩子设定的不会伤害自己或他人的边界。在幼年的各个年龄段，孩子们都需要边界来帮助他们学会监督自己的行为。当他们的自我控制力和责任感增长后，这个边界也会扩大。在教室里，设定限制会保护儿童并防止材料和设备遭到破坏。

在设定限制时，我们教给孩子的是尊重自己和他人。我们知道，试探、探索、扭动、傻笑、说话和表演是儿童的本性。我们要确保学校对所有的孩子来说都是安全的，并帮助他们学会接受合理和公平的限制。孩子们需要知道你对他们足够关心，这样他们才会对可能伤害自己或他人的有害行为设定界限。

要想有效地设定限制，你应该：

- 符合情境、孩子的年龄、事情缘由和情绪发展。"汉斯，我知道这是你摔断手臂以来第一天回到学校，但现在是听故事时间了。你和艾莎可以晚些时候再聊。"
- 始终强调相同的规则。"莫妮卡，我们要进去了。两位老师今天已经提醒你很多次了。"
- 简单、明确、直接地说明规则。"尼克，不要在滑梯上推人。你需要和前面的人保持一定距离。"
- 坚持规则。"好的，尼克。你需要去别的地方玩了，因为你一直在滑梯上推其他小朋友。杰姬在那边踢球。让我们一起去告诉她，你想要和她一起玩。"

- 接受后果，并为下一步行动做好准备。"我知道你想继续在滑梯上玩，尼克，但你现在需要去其他地方玩。你伤害了其他小朋友，我不能让你这样做。如果你不想踢球，我可以帮你找点别的事情做。"
- 尊重并理解孩子的感受。"我知道你很生气，佛朗哥。他们不让你加入他们的队伍，并且伤害了你的感情。让我们看看，能否找到一个与其他小朋友一起玩的地方。"
- 带着自信和权威行事。"我不会让你向其他人扔东西。穆斯塔法，我也不会让他们伤害你。我希望学校对所有孩子来说都是安全的。把书放下来。"
- 让儿童参与创建适当的规则。"我们下周将进行第一次郊游，我们需要制定一些规则，好让大家都能享受这次旅行。让我们列一份清单。米拉，你有什么想法吗？"

主动解决问题和矛盾冲突。随着儿童的自我控制和社交技能的发展，他们可以学习面对与他人之间的分歧，并共同努力解决问题。儿童需要了解如何接受别人的观点，并意识到自己和他人的感受，这个有价值的过程可以从幼儿时期开始。

主动解决问题需要教师对过程进行引导，并确保孩子们在解决冲突方面具有积极的经验。这是一个合力做出决策和解决问题的过程，教师可以介入，但应让孩子们创建可接受的解决方案。教师可以提出开放式问题，帮助孩子们专注于问题并提出可行的解决方案。

"你能做什么？"

"你有什么想法？"

"你有没有注意到……？"

"你觉得他会怎么想？"

"如果……会发生什么？"

教师的参与旨在帮助孩子们明确所发生的事情，并帮助他们探索可以解决问题的想法。其他几种引导技术也融入了这种方法（例如，积极倾听、强化、给出选择，以及自然后果和逻辑后果）。当孩子们针对问题提出各种解决方案时，教师需要帮助他们思考所提议行动的后果。

表 3.4 概述了主动解决问题和矛盾冲突的 5 个步骤。儿童作为创建解决方案的合作伙伴，能够获得更多的投入感、权力感、控制感以及自我价值感。

表 3.4　解决冲突：有效的计划

1. 接近并描述场景。孩子们需要知道你已经注意到发生了什么。参与并阻止孩子们任何不当或有害的行为，并控制住作为冲突根源的对象（如果有的话）。听听孩子们互相说些什么。"你们看起来都很不高兴，我看到地板上堆了一大堆积木。""她让我弄的。"杰克逊喊道。"不，我没有！他自己弄的。"埃丝米回答道。重新表述孩子们说过的话："你们两个都在为发生的事责怪对方。"不要只是责备他们，而没有做出任何判断或建议。
2. 和孩子们坐下来，让他们轮流讲述所发生的事情。提出这样的开放式问题："积木是怎样被弄倒的？""你们之前在做什么呢？""你对杰克逊说了什么？""杰克逊，你对埃丝米说的话是怎么反应的？"让孩子们帮助确定问题所在。"他把所有的三角形积木都用光了，我需要它们。"埃丝米说。"我需要它们来搭塔楼。"杰克逊回答说。"是的，但你不需要用 10 个积木。"埃丝米打断了他。
3. 帮助孩子们合作探索不同的解决方案。"我们该怎么解决这个问题？你们有什么想法吗？"埃丝米建议她可以轮流使用所有 10 个三角形积木。杰克逊认为这不公平，因此，老师问杰克逊认为应该怎么样，他说："我可以用所有的圆形积木来搭塔楼，而不是三角形。然后我们可以交换。"埃丝米喜欢这个主意并补充道："或者也可以我们每人使用一半的三角形和一半的圆形积木。"在这个步骤上，留出充足的时间，鼓励孩子们看看各种解决方案是否能够起作用。
4. 当孩子们达成解决方案时，复述或重复它。"你们都想使用一半的三角形和一半的圆形积木，对吧？"根据安全、时间和其他因素的需要，修改解决方案。
5. 协助跟进。检查孩子们是否根据达成的解决方案玩耍。如果需要轮流，请确保孩子们知道分享的时间，这有助于增强孩子们共同解决冲突的能力。"你们很好地解决了问题，埃丝米和杰克逊。看起来你们做出了正确的决定，你们的建筑看起来真棒。现在让我们拍张照片吧！"

资料来源：Gordon & Browne（2011）.

自然后果和逻辑后果。作为一个孩子，可能有人告诉过你："不要碰烤箱。它很烫，会烫伤你。"只要你碰它，它就会烫伤你的手。这对因果关系非常明确，而且这个结果是该行为的自然后果，并没有成人对你的选择或判断进行干预。

自然后果都是简单的陈述句——如果你选择某种行动会发生什么。下面是自然后果的其他例子：

- "如果你不吃晚餐，睡前就会感到饥饿。"
- "如果你不学习拼写单词，考试就会不及格。"
- "如果你不练习钢琴，你在演奏中就会表现不佳。"

自然后果取决于孩子和他（她）将要做出的选择。对于不断引起问题的行为，自然后果可能是有效的变革动因。

逻辑后果是相似的。它是特定行为的合理结果，但需要成人的干预和引导来确保成功。

- "哦。你倒牛奶的时候洒了。我们一起去找一块海绵吧，这样你就可以把它清理干净了。"
- "莱尼，如果你又在别人的纸上乱画，你就得去别的地方学习了。"
- "杰茜卡，你又打断我了。请在图书角里找一个安静的地方读书，直到我讲完这个故事。"

因果之间是有联系的，后果是直接的。尼尔森（Nelsen，2006）指出了成功使用逻辑后果的3个标准：

- 结果必须与行动有关（在牛奶洒后清洁桌子）。

- 结果必须是尊重的，而不应该是羞辱的（"哦。你倒牛奶的时候洒了。"而不是"你怎么这么粗心，把牛奶弄洒了？"）。
- 结果必须合理（寻找另一个场所学习，而不是受到惩罚；帮助清理牛奶）。

确保逻辑后果不会变成惩罚需要耐心和创造力。"3R 原则"［Related（相关）、Respectful（尊重）、Reasonable（合理）］可以确保儿童以积极的方式进行学习，并且儿童的错误或不当行为应该被视为"教育契机"，而不是需要惩罚措施的行为。

隔离。当孩子们被要求离开小组、待在椅子上或是房间的孤立角落时，这被称为"隔离"。这种手段经常被滥用。在许多场合中，这种方法都带有对孩子进行惩罚和羞辱的特点。告诉孩子"坐在这里看看其他孩子玩得多好"或"坐在椅子上想想你都做了什么"，实际上是无效的。因为行为与结果之间没有联系，而且这种策略不能帮助孩子学习适当行为所需的技能。

有时，为了保护幼儿自己和（或）其他幼儿，我们需要让幼儿离开当时的环境。那些被紧张和情绪压垮的儿童往往需要一个让自己恢复控制的地方。在教师的关心和引导下，孩子可以冷静下来，讲述所发生的事件，并获得自我控制力。如果以积极的方式使用这种手段，隔离就会让孩子有机会自我监督，自己承担一些责任，并且可以选择何时重新加入游戏。在这种情况下，隔离不是仅仅由成人控制的惩罚性行为，而是帮助儿童了解其行为的支持性和关怀性手段。

隔离是引导连续体中十分具有攻击性的策略之一，应该明智地使用（如需要）。更有效的方法是在行为变得具有破坏性之前，运用主动解决问题或逻辑后果的方法。

肢体干预。有时你可能需要介入并使用肢体限制来防止儿童伤害自己、他人或财产。贾克森跳到亚伦身上并开始打他。教师迅速采取行动保护亚伦，

第三章 理解和引导幼儿的行为

将贾克森从他身上拉下来,同时说:"贾克森,不许动!"在将贾克森拉开的时候,教师保持了冷静,并让贾克森的双臂靠在身体两侧。"我不能让你伤害亚伦。让我们到这边来谈谈。"他们一起坐了几分钟,直到贾克森平静下来。

控制贾克森的身体并让他离开亚伦只是这个过程中的第一步。教师还需要确定亚伦是否受到严重伤害并对他进行安慰。有时,另一位教师会去安慰亚伦。

教师要决定是同时与两个孩子交谈,还是分别单独交谈。在两个男孩都平静下来能够回答教师的问题之后,他们都来到安静的地方。

为了防止一个孩子伤害其他的孩子,你可能需要使用肢体干预和亲密接触来阻止危害行为。

然后,教师继续运用主动解决问题和矛盾冲突的技巧,让孩子们参与到解决问题的过程中。他们学习了以积极的方式解决冲突。如果任何一个儿童定期发生侵犯问题,教师则应考虑采取包括观察和评估在内的长期策略。

教学时间越长,你使用 10 项引导策略的经验就会越丰富。这些策略可以被视为引导幼儿的工具包。在各种情况下,你都可以有多种选择。首先要选择干预最少的策略,给孩子时间自己解决问题。如前所述,如果我们重视帮助孩子掌控他们的世界,我们就会选择干预最少的策略,但仍然会提供一定程度的教师互动和支持。在使用铁锤之前,试试使用螺丝刀!

☙ 道德困境

当孩子伤害教师时

情境： 斯蒂芬妮在一个活跃的幼儿园班级中进行教学实习。杰克是一个3.5岁的男孩。他比这个年纪的其他孩子高大，而且往往对其他孩子有攻击性行为。有一天，当杰克向一群在攀爬架上玩耍的女孩冲过去时，斯蒂芬妮试图介入，杰克踢到了斯蒂芬妮的小腿。意外的是，她发出了一声痛苦的叫喊，杰克停了下来。"你怎么能这样做？"她问，"你不知道这有多疼吗？"杰克看起来很懊悔，没有回答。斯蒂芬妮立即向她的实践指导教师肯德拉报告了这一事件。

《道德行为准则》参考：

第1节：对儿童的道德责任

I-1.2　根据某一领域现有的知识以及每个儿童特定的知识来组织项目实践。

I-1.5　创造并保持促进儿童发展的安全健康环境。

I-1.7　使用评估信息来了解并支持儿童的发展。

P-1.4　我们应让所有具有相关知识的人（包括家长和全体员工）参与有关儿童的决定。

P-1.7　我们努力与每个孩子建立个人关系；在教学策略中进行个性化调整……并与家长进行协商，使每个孩子都能从课程中获益。

解决方案： 肯德拉召集教师会议来讨论杰克的问题。因为这是第一次有教师受到攻击。帕德玛是一名助理教师，她建议对杰克进行观察，确定是什么引发了他对别人的攻击。肯德拉建议斯蒂芬妮第二天与杰克谈一下这件事，以及他的行为对其他儿童和教师造成的影响。她为斯蒂芬妮确定了指导方针，帮助她以温和而坚定的态度接近杰克。帕德玛去年是杰克的老师，她说当杰克没有那么强的攻击性时，她会特别关注他。

所有人都同意试用这些策略一周。斯蒂芬妮报告说，她与杰克的谈话促使她帮助杰克在户外探索更有难度的游戏，而这似乎是他出众体能和体型的良好解决方法。帕德玛注意到，当她因为杰克帮助别人而称赞他时，他的反应很好。肯德拉和其他教师将他们的观察记录进行了对比，发现杰克出现攻击性行为的次数明显低于前一周。肯德拉表示，下个月她与杰克的家人见面时，她会拿出这些最新信息，因为他们在之前的会面中已经讨论过他的攻击性行为。斯蒂芬妮向她的高校指导教师报告说，她看到了团队努力是如何取得成功的，她在观察课上学到的东西真的很有用。

引导婴儿和学步儿

在生命的前3年中，儿童在身体、情感、认知、语言、社会和创造性领域都有着巨大的变化。对儿童行为的引导始于婴儿期。引导连续体中的一些策略是有用的，但对于这些非常年幼的孩子，更微妙的间接引导会更有效。

- 为婴儿和学步儿提供安全的环境，让他们可以四处移动探究。给予孩子自由，并确保午睡区是一个安静、没有刺激物的地方。
- 留出大量的地面空间，并在少量的必要限制下进行持续性监督。
- 创造一个健康的环境，洗手是必要和经常性的。
- 小组人数少可防止幼儿被压垮。
- 示范你希望孩子采用的行为：温和的互动、微笑、柔和的话语和评论。
- 措辞对预防冲突非常重要，并且有助于幼儿预见将要发生的事情。和他们谈谈所要发生的事情："比利想摸一摸你头上漂亮的蝴蝶结。如果可以的话，我会拉着他的手，这样他就不会伤害到你。"
- 做出回应：留意哭泣而不是忽视它。用言语描述儿童的感受并帮助他们明确自身的感受："我知道,当你爸爸说再见时,你很难过。""你好像想要抱抱,所以坐在我的腿上吧。""是的,那么大的声音我也害怕。"
- 将语言和行动相结合:在说"将书放在架子上,托马斯"的同时用手指向柜子。
- 在适当的发展阶段教授自助技能。"这是一张纸巾。让我们看看你自己擤鼻涕。"

本章前面提到的直接引导方法对婴儿和学步儿也是有用的,它们为未来的指导策略奠定了基础。

婴儿。哭泣是婴儿的语言,是他们告诉你哪里不对的唯一方法。婴儿使用哭声来满足自己的需求,并通过哭声来进行交流——用不同的哭声来表达饥饿、不适和痛苦。我们可以通过对需求的迅速回应、保持一致的常规和提供积极的亲切看护,帮助婴儿学会建立信任(引导的重要组成部分)。婴儿通过感官进行学习,所以当他们感到不安时,我们可以和他们依偎在一起,搂抱、摇晃他们,和他们交谈并给他们唱歌,让他们确信我们听到了他们的哭声并且会照顾他们。婴儿和亲人及照顾者之间需要形成的情感纽带就建立在这些亲密和关怀的互动之上。

尽管婴儿看起来似乎是无助的生物,但他们实际上是有感情、权利和个性的人类。喂养、换尿布、游戏和其他日常活动不仅是针对这个年龄组的课程,还是积极引导方法的基础。玛格达·格伯(Magda Gerber)是早期教育先驱,他用术语"教养"来描述婴儿和看护者之间的相互作用和反应。观察、倾听、微笑、谈话和解读婴儿的提示是引导和教养的关键要素(Gordon & Browne, 2011)。

学步儿。学步儿不仅在学习走路,还在迅速地学习新的词语。这些发展为引导他们的行为提供了更大的挑战,也为引导策略提供了更多的选择。在

第三章 理解和引导幼儿的行为

这一年龄段,引导连续体中的强化、转移注意力、给出选择和设定限制更为有用。

学步期充斥着对自主性和独立性的需求以及永无休止的运动。在追求自主性的过程中,学步儿往往是矛盾的:前一分钟还是独立的,下一分钟又变得很无能。婴儿到幼儿之间的过渡通常是令人很不舒服和沮丧的。随着学步儿开始形成自己的个性,家庭成员和看护人之间会出现权力斗争。学步儿的引导面临着三个特别的挑战:发脾气、意志的较量和咬人。

发脾气能够帮助学步儿释放被压抑的能量,表达冲突的情绪,并测试自己的控制能力。当他们在焦虑/恐惧和控制/挫折的情绪跷跷板上上下下摆动时,他们内心的挣扎也有所表露。他们还太小,无法控制自己。学步儿发脾气的表现可能包括尖叫、跑来跑去、扔掉手边的任何东西、屏住呼吸。换句话说,他们不知所措、害怕,并可能拒绝安慰。为了防止他们伤害自己和他人,我们应停留在附近,并准备好在适当的时候为他们提供温和的安慰。不要试图通过争辩、对他们尖叫,或摇晃他们来阻止其发脾气,这样只会增加他们的痛苦。发脾气是幼儿发育的正常部分,它会随着幼儿语言技能的提高而逐渐减少。

意志的较量通常从孩子2—2.5岁开始。拥有强烈的自我意识对了解自己、增长信心和尝试新事物有长期的益处。学步儿会越过界限,推开他们奔跑时的挡路人(包括成人),从你的手中逃脱,拒绝待在婴儿床上,拒绝睡午觉,并高兴地向每一个人喊"不!"。你可以从引导连续体中选择一些方法,帮助你在不使用高压手段的情况下对学步儿进行管理。有些行为可以忽略,有些行为可以重新引导。让幼儿从两个选项中选择一个("你想把哪辆卡车放在架子上?是绿色的,还是黑色的?"),并设置适当的规则("你不一定要睡觉,但你需要在婴儿床里安静地待一会儿。")是有效的策略。

咬人是学步儿表达负面情绪、沮丧和愤怒的一种方式。如果发生咬人事件,教师需要立即关注被咬的孩子,并让咬人者知道为什么这是不可接受的行为。用坚定但充满关切的声音表达你的关注："你不能咬人。这样会伤害他们。当你想咬人时，可以用这个（胡萝卜、橡胶或塑料牙套）。"立即向你的实践指导教师报告，她将通过联系两个孩子的父母而跟进此事。指导教师可能会对咬人者进行几天的观察，以确定其咬人的原因（特别是在重复发生的情况下），并制定各种引导策略。

发脾气、意志的较量和咬人是学步儿在班级中的常见行为。如果行为升级并且孩子对积极的指导策略没有反应，则可能需要家长的参与和专业的咨询，以确定行为产生的原因和最佳的引导方法。

引导有特殊需要的儿童

有特殊需要的儿童会表现出各种不同的非典型情况，包括从短期到长期的各种身体、情感、认知、语言和社会问题。有某种特别问题的孩子和具有天赋的孩子共同组成了"特殊需要"这一类别。表 3.5 列出了幼儿的一些特殊问题。

表 3.5 教师可能遇到的多种类型的有特殊需要的儿童

☞ 有特殊需要的问题情况从轻微到严重都有可能。有些孩子可能会有不止一处的问题，每个孩子都会有特定的限制和安全需求。

讲话和语言：听力障碍、口吃、发音困难、腭裂、慢性语音障碍、学习障碍
身体运动：视力障碍、失明、感知运动缺陷，以及脑瘫、脊柱裂、缺少肢体、肌肉萎缩等骨科问题
社会性情感：自残行为、严重的戒断症状、对自我和他人的危险攻击性行为、抑郁、恐惧症、精神病、自闭症谱系障碍（如阿斯伯格综合征和雷特综合征）
健康损伤：严重的哮喘、癫痫、血友病、先天性心脏病、严重贫血、营养不良、糖尿病、肺结核、囊性纤维化、唐氏综合征、胎儿酒精综合征、镰状细胞贫血症、泰-萨二氏病、艾滋病
特殊学习障碍：语言使用和习得困难、语言和书面语言问题、感知功能障碍、脑损伤、轻微脑功能障碍、阅读障碍和发育性失语症

资料来源：Cordon & Browne（2012）。

在对待有特殊需要的儿童时，间接引导非常重要。房间布置要安全并能够适应障碍者的特殊要求：为视力障碍和坐轮椅的儿童设定无障碍通道，材料放在容易拿到的低架子上，配备与轮椅同一高度的桌子和水槽以及接受过特殊教育实践培训的教师。重要的是，教学人员应有支持性和包容性的态度，并为所有儿童示范适当的技能和行为。表 3.6 中显示了对注意缺陷多动障碍（attention-deficit hyperactivity disorder，ADHD）儿童的有效引导策略。

表 3.6　注意缺陷多动障碍（ADHD）儿童的有效引导策略

☞　引导策略以积极的方式培养儿童的社交和学习技能。

> 1. 保持有规律和始终如一的惯例和规则："记住，查伦，我们在吃零食前一定要洗手。"
> 2. 有合理的预期："我知道等待对你来说很难。为什么你不去另一个柜子看看是否有更多的书签？"
> 3. 在给出指示时进行目光接触，使用清晰、简单的解释："看着我，托比，让我知道你在听。好。现在让我们一起讨论一下任务。"
> 4. 给下一个步骤的转变留出时间："在 3 分钟内准备好回家。当其他孩子开始离开时，我希望你穿上外套并回到这里和我们坐在一起。"
> 5. 选择孩子可以胜任的工作："康妮，今天你来收牛奶钱。"
> 6. 认可孩子的成功："干得好，马可。你按照要求给了每个人两张纸。"

资料来源：Gordon & Browne（2011）.

由于儿童的相似性大于他们的差异性，所以引导连续体中的大多数技巧都适合有特殊需要的儿童，但一些技巧的使用频率会高于其他技巧。强化、自然后果和隔离都是适用的。当孩子的行为更具攻击性时，教师则需要进行肢体干预。引导策略的调整包括将任务分解成一系列的小步骤，这样孩子就不会感觉那么沮丧，并且会更加成功。在帮助乔丹学习整理床铺的过程中，你应先铺好被子、让他把枕头放在上面，然后再让他完全靠自己完成任务。

有天赋的孩子也可能会表现出行为问题，因为他们会感到无聊，并且感觉课程毫无挑战性。要适应有天赋和特殊需要的儿童，以增加课堂上所有儿童的机会。让孩子以自己的方式做事，这对有天赋的学生来说是个挑战，同时也会减轻有抵抗情绪的儿童的挫败感。应该像对待任何其他孩子的成就一样，支持天才儿童的特殊能力。应该坚持表扬具体事务（"你真的很努力！"），而不是鼓励完美主义（"你真是太聪明了，一切都做得很好！"）。请记住，天赋有很多种类型，要支持你在每个人身上发现的优点。帮助天才儿童欣赏一些学习困难的孩子，因为他们是以不同的方式学习的。

虽然引导连续体的所有策略都适用于有天赋的儿童，但我们也可以通过间接引导的方法来防止问题的发生：

- 项目活动（参见第六章）特别令人兴奋，因为它会鼓励孩子们扩展自己的极限。
- 提供领导机会来培养他们的社交技能。
- 邀请他们提出建议，并提供解决问题以及改变任务和活动的替代方案。
- 利用开放式材料和足够的时间创造充满挑战和激励的环境，让孩子们能够追求个人兴趣。

要关注有特殊需要的孩子和有天赋的孩子；必须在幼儿课程中纳入挑战，并激发他们的独特能力。

良好的引导实践有助于教师创造一种良好的氛围，这种氛围能够促进良好的社会关系、尊重自己和他人，并有能力为自己的行为承担责任。在"实地经验"中，导师玛丽·詹宁斯展示了如何帮助孩子们信任你。

实地经验

帮助孩子们信任你

玛丽·詹宁斯
导师，联合卫理公会

回想我们的童年经历，许多人都应该记得我们的幼儿教师接替了父母的温暖和关怀。与第一位教师保持关切和回应的关系为孩子们提供了一个安全的成长环境，使他们能够在社会性和情感上有所成长。一位了解幼儿的教师能引导孩子们习得持续一生的技能。

当孩子们进入校园时，教师会在自己的岗位上迎接每个孩子。奥利维亚喜欢听到"我一直在等你"；当你说"今天早上见到你真高兴"时，威尔会微笑。热情和亲切的教师会和孩子们建立一种信任关系。

当达琳来到这里教学时，她不知道如何让孩子们信任她。她从观察开始，但她似乎不愿意与孩子们交谈。由于担心说错话，她没有与孩子们多交谈——孩子们忽略了她。我们在情人节有一个交流活动，她帮助孩子们读对方的卡片。孩子们蜂拥而至来寻求她的帮助。在接下来的一周里，我注意到她在图书角认识了汤米，了解到他已经准备好朗读自己最喜欢的故事中的几句话。当达琳试图加入挖沙活动时，孩子们说不需要她的帮助，她感到很气馁，而且事与愿违。但后来，她为孩子们拿来了一些特殊的铲子，这很有用！

通过了解儿童需求的项目，教师有很多机会增强与儿童之间的关系。实习生也成了让孩子们感到安心的一部分，在每个上学日他们都会在一起，他们会一起参加各种活动（如吃零食和在外面玩耍）。认识到发展需求（例如，开展大型活动的时间，以及绘画或玩橡皮泥等练习精细运动控制的活动）的重要性的教师会令孩子们感到满意。

实习生薇姬发现，在有些班级中，孩子们有很大的探索空间，这意味着教师们很少说"不"，并鼓励孩子们去探索、质疑和体验。我很高兴地看到，她发现了孩子们是如何对那些希望其体验和质疑的教师产生信任，因为这是孩子们学习的方式，而不是他们有问题或被宠坏了。

当教师通过鼓励和支持的语言来表达对孩子的尊重时，师生之间的关系将得到进一步加强。"我注意到你使用了彩色的图案"，表明你对这个孩子有兴趣；"当你剪纸时，你真的很专注"，表示你正在关注这个孩子，并关心他的成就。

师生之间的信任关系将为引导行为提供坚实的基础。要让孩子进行选择，使孩子能够控制他的环境。"你是想拿积木，还是想把餐具放在玩具屋里？"这句话既能够让孩子进行选择，又能够保证你的权威。

教授预期行为也有助于对儿童进行引导。以恰当的方式进行示范——"请把咸饼干递过来"；设置规则，给出界限以确保孩子接受责任——"你需要把这些书放在书架上"。使用行为说明也可以明确地表达任务。"萨拉正在拾起木偶。"这是我无意中听到实习生埃娜对孩子们说的，詹姆斯听到后立即加入了任务。埃娜和詹姆斯在建立信任关系的过程中都学会了鼓励的价值。

实 践 活 动

与班上的另一名实习生面谈并提出以下问题：

1. 你是如何使用纪律教育手段的？
2. 你认为什么会影响儿童的行为？
3. 你们学校的"规则"是什么？如何向孩子们解释它们？
4. 如果不遵守规则会怎样？
5. 你认为哪些引导策略是最成功的？

6. 是否有具有发展适宜性的纪律教育？

日志作业

采访你的实践指导教师，了解他（她）的引导和纪律教育方法。

参考文献

Bronfenbrenner, U. (1979). *The ecology of human development.* Cambridge, MA: Harvard University Press.

Gordon, A. M., & Browne, K. W. (1996). *Guiding young children in a diverse society.* Boston: Allyn & Bacon.

Gordon, A. M., & Browne, K. W. (2011). *Beginnings and beyond: Foundations in early childhood education* (8th ed.). Belmont, CA: Wadsworth Cengage Learning.

Gordon, A. M., & Browne, K. W. (2013). *Beginning essentials* (2nd ed.) Belmont, CA: Wadsworth Cengage Learning.

Nelsen, J. (2006). *Positive discipline.* New York: Ballantine Books.

第四章

观察和评价儿童

> ☑ **学习成果**
>
> 掌握观察、记录、解释和评价的技能,更好地促进幼儿的发展和学习。

观　　察

从窗户看出去,尼古拉斯已经在攀爬架前做好了准备。他两脚平齐,手抓住攀爬架顶端的一边,然后用他的手和膝盖爬进了攀爬架的内部——管道滑梯。在滑梯的顶端,他用左手抓住滑梯的边缘,然后利用膝盖的弯曲用力向下滑。他对着远处的伙伴叫着,同时从滑梯上滑下来,当他站起来的时候,他来回张望了一下。突然,他用弯曲的胳膊发力,冲了出去,在院子里跑了50米!在远处,他坐在了由两个男孩和一位教师组成的圆圈中,他把自己的双臂迅速地伸向身体两边,跑出去5米,然后跑回来屈膝跪下。他拿到了一根树枝,并用它敲击地面。其余3人把手臂伸向他们的头顶,这时尼古拉斯把树枝递给了另一个孩子。

儿童是不可思议的!无论尼古拉斯正在做什么,实习生西奥都尝试捕捉到他。从西奥观察到的情况来看,尼古拉斯已经能够控制自己的大肌肉动作,并且能够熟练地攀爬和跑。西奥也观察到了尼古拉斯表现出的一些社会性技能,比如能够开启与同伴的交流,并且成功地加入一个游戏。通过观察尼古拉斯的表情和举止,西奥了解了他的一些想法,并且观察到他是如何让自己加入自发性游戏的。

这名实习生是如何如此快速地评价一个孩子的发展的?事实上,西奥也是刚刚理解观察的重要性。当西奥被另一组孩子叫去参与他们的活动时,他中断了记录。在这之后,西奥和他的指导教师一起回顾了他刚才的观察。其中有两名教师理解了他所看到的内容,并且通过重读他的记录,进一步验证了他所看到的内容。他们可以把这份观察记录放到尼古拉斯的成长档案袋里,也可以将其用于设计课程中的小组游戏。同时,这也可以用来决定如何根据幼儿的兴趣和行为与幼儿建立一种关系。

当孩子们游戏时,他们在告诉我们什么呢?我们可以通过观察他们来获得信息。

为什么观察?

对于一个好老师来说,观察技能是非常重要的。当你观察孩子时,你可以看到他们的需要,并且为他们的学习提供环境和工具。与幼儿建立关系是为了更好地理解他们的行为以及行为背后的原因。当你注意和关注孩子们的时候,你所说的和你所做的能够让他们注意到你重视什么。对于观察技能,实习教师迪说道:

第四章 观察和评价儿童

观察对一个好老师而言，就像它对科学家一样重要。我曾从事过一项有关癌症基因的研究，研究的目的是找到一种新的癌症基因。这项研究的结果出自 DNA（Deoxyribonucleic Acid，脱氧核糖核酸）和 RNA（Ribonucleic Acid，核糖核酸）这两个看起来非常相似的样本。先前的一些研究者们都放弃了这项研究。在仔细观察并且多次重复实验的情况下，我们发现了它们二者的不同，并且有了开创性的发现，最终我们发现了新的基因，这对癌症的发展来说非常重要。而我们对儿童的观察同样重要。

扫描与观察

在自然情境和观察性情境下，我们对孩子的观察是完全不同的。例如，当你环顾教室或户外活动场地时，你可以看到谁在那里、有多少个孩子在某一个区域里，你甚至可以看到更大范围内的孩子们的活动。然而，观察需要更近距离的观看。你需要非常仔细地观察，集中你的精力去观察，而非扫描。你需要缩小你的视野，同时你需要与幼儿的活动保持一定的距离。如果只是环视整个户外活动空间，并没有仔细地去看，西奥可能无法捕捉到尼古拉斯活动的细节。他可能会失去很多细节（如尼古拉斯朝着其他同伴大叫），而这些细节是非常重要的。实习教师迪说道："如果没有观察，我们可能会对孩子一视同仁，并且我们的教育结果可能并不能令人满意。只有通过仔细的观察，我们才能找到教育儿童的最佳方式。"

记录的工具

在 21 世纪，教师有很多种记录幼儿行为的方法。教师可以通过使用数码相机和录像机把孩子的行为记录到磁带上，也可以直接收集孩子的作品；同时很多孩子是在游戏中学习的，教师可以通过手写的档案来记录孩子的活动。因此，实习生在他们的职业生涯中需要花费大量的时间来学习如何观察和如实记录幼儿的行为。

通过认真的倾听，教师可以真实地感知幼儿的感受；通过认真的倾听，教师可以自发地支持和挑战孩子的学习。当你把幼儿的活动记录在纸上或通过动态图像记录正在发生的事情时，把所发生的事情记录下来就是一种看得见的倾听。你对孩子某种行为的关注，其实是在告诉他们，什么是重要的和有意义的。

这意味着你必须在孩子游戏时观察、倾听他们，并尝试把他们正在做和正在说的一些事情记录下来。这并不是一件容易的事情，你需要练习，并且像下文的"反思性事件"那样进行记录。

反思性事件

在同一时间，我怎么才能做两件事情呢？

塔尼娅在进行她的第一次观察。她的实践指导教师安排她来观察杰尔姆。杰尔姆正在玩字谜，她搬了一把椅子，坐在字谜桌的后面，并且开始记录她所看到的情况。过了一会儿，钱德拉来到她的身边，坐在了她的腿上。艾伦走过来，问钱德拉在做什么，同时，杰尔姆离开了桌子，朝外面走去。当塔尼娅从钱德拉和艾伦的对话中抽身出来时，她想知道："我该怎么做？我怎样才能保持对杰尔姆的追随并专注于他呢？"

你的思考

1. 我该怎么看待这件事？
2. 我该怎么办？
3. 我这样做可能会带来哪些结果？
4. 我该怎样在引导的同时记录呢？
5. 从这里出发，我将去哪里呢？

第四章 观察和评价儿童

在开始记录之前,你需要用下列工具武装自己:

- 小的便利贴和铅笔(这些东西可以挂在项链上,或者你的装备还可以包括相机或录像机)。
- 你的衣服要有口袋(当需要的时候,它可以用来存放你的记录)。

接下来,你要选择一个合适的时间和地点来做记录。你要把自己置于孩子能够与材料或其他同伴独立交流的区域。这常常存在于自由游戏(有时被称为选择时间、区域活动或工作时间),而不是过渡环节或者教师主导的活动,因为后者需要教师更多的引导和干预。

实习生常常发现,他们无法理解为什么孩子移动、说话和转变方向如此之快。随着时间的推移,他们的工作会越来越熟练,并且可以非常有效地把握应该观察哪些重要的行为。

在开始记录所见所闻之前,你必须捕捉幼儿行为、语言和互动的所有细节。教师们常常发现,用自己的母语来记录非常方便,他们可以先缩写,然后把关键内容重新表述出来即可。

卡迈恩抓了一条手绢开始跳舞,转了一圈又一圈,他和着音乐跳起来又弯下去。他真的很像格雷格和史蒂夫这些专业的舞者。在教师的带领下,他好像非常喜欢这种快节奏的音乐。他用脚趾保持平衡,并在头顶上挥舞着手绢。萨拉和朱厄妮塔加入了他的活动,但是卡迈恩好像并不关心他们。他跟着音乐继续跳舞,我真的不知道,这竟然是一个3岁孩子能够做到的。当音乐停止时,他继续舞动着他的手绢。音乐停了,好像对他没有一点儿影响。

上面画横线的部分是后来划掉的,因为指导教师认为这些并没有客观、准确地记录幼儿的行为。只有不断地练习和反思，才能准确地记录我们所看到的儿童的日常活动。

观察的技术

好的观察应该能够揭示儿童真实的行为，并且能够提供儿童发展的细节。持续地在复杂的情境中观察同一个孩子，能够记录个体的进步。一个观察和记录能力较强的教学团队，允许来自多名教师的评价，以验证教师的观察及其对家庭、社区和同事的课程责任。检查一下你在日常工作中的一些田野记录，并与表4.1进行比较，检视有多少目标你已经达成。

眼睛和耳朵是教师所拥有的最好的记录工具。

表4.1 通过观察建构真实的儿童图景

☞ 真实性评价必须为特定目的服务，并为专业教师提供有用的信息。

观察性记录应该……	发现……
• 记录儿童的经历	• 儿童是如何学习的
• 记录儿童的交往关系和成就	• 儿童之间是如何互动并建立关系的
• 揭示儿童的能力和强项	• 在学习过程中，每一个孩子的兴趣所在
• 参照课程目标，揭示儿童现有的能力状况	• 儿童的发展现状如何，以及下一阶段该如何发展
• 作为一种有效的亲子沟通工具	• 哪些做法可以增强亲子关系
• 作为最基本的识别特殊需要儿童的工具	• 儿童的哪些方面需要进一步的评估、干预或者调整
• 有助于课程和员工需要的调整	• 如何促进儿童的发展

资料来源：Beaty（2009）.

观察的类型

观察有很多种类型。一些观察特别适合诊断性或实验性目的，另一些观察特别适合在真实的情境中对孩子进行观察。教师常用的观察有3种：叙事、检核表和行为取样。

第四章 观察和评价儿童

叙事是采用逸事记录形式的观察，它是一种记录幼儿发展和行为的较为普遍的手段。它就是被人熟知的"连续的观察"或者"逸事叙事"，它经常被用作日常的描述或者记录。叙事需要丰富的细节，同时它也需要评论性或描述性的语言。连续性记录为描述一个孩子搭起了写作框架，是一个孩子某一时期的快照。伴随着记录，教师应该有一种内在认同，即应该非常清楚记录意味着什么，并且应该如何处理相关的发现。在描述幼儿的行为时，尽量不要加入一些主观结论。你可以在写完记录时，或者在当天工作结束时，趁这些情景在你的脑海中还新鲜时，给这些记录一个解释。表 4.2 展示了一个叙事性记录的表格。

表 4.2 叙事性记录表格示例

·幼儿发起的活动	·在成人的指导下完成	被观察幼儿：＿＿＿＿
·教师发起的活动	·与同伴一起完成	日期：＿＿＿＿
·对幼儿来说是新任务	·花费时间（1~5 分钟）	观察者：＿＿＿＿
·对幼儿来说是熟悉的任务	·花费时间（5~15 分钟）	观察目的：＿＿＿＿
·独立完成	·花费时间（15 分钟以上）	发展性领域：＿＿＿＿
·情境（地点、时间等）		

观察：
＿＿＿＿＿＿＿＿＿＿＿＿＿＿＿＿＿＿＿＿＿＿＿＿＿＿＿＿＿＿
＿＿＿＿＿＿＿＿＿＿＿＿＿＿＿＿＿＿＿＿＿＿＿＿＿＿＿＿＿＿
＿＿＿＿＿＿＿＿＿＿＿＿＿＿＿＿＿＿＿＿＿＿＿＿＿＿＿＿＿＿
＿＿＿＿＿＿＿＿＿＿＿＿＿＿＿＿＿＿＿＿＿＿＿＿＿＿＿＿＿＿

解释：
他（她）正在从事哪个发展领域的活动？建构了哪些经验、知识或技能？
＿＿＿＿＿＿＿＿＿＿＿＿＿＿＿＿＿＿＿＿＿＿＿＿＿＿＿＿＿＿
＿＿＿＿＿＿＿＿＿＿＿＿＿＿＿＿＿＿＿＿＿＿＿＿＿＿＿＿＿＿

他（她）发现哪些东西是充满意义、沮丧、挑战的？列出疑问、问题、解决策略和特殊的归因方式。
＿＿＿＿＿＿＿＿＿＿＿＿＿＿＿＿＿＿＿＿＿＿＿＿＿＿＿＿＿＿
＿＿＿＿＿＿＿＿＿＿＿＿＿＿＿＿＿＿＿＿＿＿＿＿＿＿＿＿＿＿

（续表）

对于幼儿和你的下一步发展，你想到了什么问题？

资料来源：Marry Mate Lazarus Child Development Center, College of San Mateo, CA. 经过允许使用。

从表面看来，检核表比叙事性记录更容易完成，因为一个教师能够非常容易地对一些条目做出评分，而不是写一长串的文字。然而，检核表缺少了逸事记录中非常丰富的信息，另外，检核表允许使用者不去证明其评分的客观性或精准性，表4.3提供了一个检核表的例子。

表4.3 发展检核表示例

☞ 需要指出的是，发展检核表提供了一个快速评价的方式，但是缺少丰富的细节描述。

学前儿童检核表：自助技能	能做到	需要练习	不能做到
正确地穿鞋			
独立地穿衣服			
准确地使用纽扣和拉链			
放置个人物品			
将液体从窄口的瓶子中倒入杯子			
用钝刀切开比较软的食物			
熟练地使用刀子、叉子或筷子			
正确地洗手			
独立地如厕			
独立地擤鼻涕和擦鼻涕			

为了更加方便记录，行为取样将描述性的观察转化为更小的行为单元。行为取样有两种主要形式：一种以时间为线索，另一种以事件为线索。例如，时间取样可以帮助教师看清楚小组中的游戏类型。通过把记录分解成时间单元和公认的游戏类型，教师可以非常有效地捕捉到在小组活动中发生了什么。

第四章　观察和评价儿童

通过每15分钟一次的观察，教师可以非常清楚地记录每种游戏的参与人数。待游戏结束时，教师可以清楚地看到每个小组在每个时间节点上的记录。然后，教师可能会发现一些模式，并根据模式给予幼儿指导，以帮助其进一步改变和调整。从表4.4中，你可以看出什么模式？对于自由游戏时间所带来的影响，这个模式能够告诉你什么？

表4.4　幼儿游戏的时间取样

☞ 时间取样是观察性行为取样的一种，这种评价形式常常包括教师给出的解释性结论以及专业性记录。

时间	旁观	独自	平行	联合	合作
上午9:00	IIII	III	II	I	
上午9:15	II	III	III	I	I
上午9:30	I	II	III	II	II
上午9:45		II	II	III	III
上午10:00	I	II	II	II	III

解释： 幼儿在整个游戏过程中呈现出一种热身的状态，随着时间的推移，他们才慢慢地、更多地进行互动性游戏。我们是否需要邀请更多的孩子参与游戏活动，或者这种模式对于这个小组来说是否符合发展期望？让我们进一步观察这种活动发生的地点，并且重新考虑我们的活动安排。

事件取样和行为取样相似，表格中的观察数据是用来观察预定事件的，如表4.5所示。教师可以照常工作，只有当这些事件出现时，他们才用随身携带的这张表来记录那些重要的数据。当教师面临一些现实问题，想要搞清楚这些问题背后的原因时，他们常常使用这种技术。比如，实习教师米歇尔所在的教师团队很想知道为什么在圆圈时间之前，教室里经常发生打斗行为。于是，他们让米歇尔每天对相应的过渡环节进行观察且持续观察一周。她做了一个事件取样表，并且记录下：争斗发生的时间；参与的人员；在争斗发生过程中，大家都说了什么；问题是如何解决的；整个冲突持续的时间有多久。根据这张表，你认为他们在周五分析的时候会发现什么问题呢？

表 4.5　儿童打斗行为的事件取样

☞ 为了寻找事情的规律或更好地理解儿童，教师应该选择事件取样观察。

观察者：米歇尔

被观察儿童：放学后的儿童俱乐部的孩子

孩子的年龄：5—7 岁儿童，1—2 年级

观察背景：点心时间之后和圆圈时间之首

观察时间：2 月 8 日

起止时间：下午 3:15—4:00

时间	孩子	空间/材料	起因	结果
下午 3:15	萨姆、岛代宽子	计算机	都想玩计算机	老师排列了等候的顺序
下午 3:25	杰米、克里斯	作业桌	抢铅笔	老师拿来了铅笔盒
下午 3:50	杰米、萨姆	智力拼图	争夺拼图	老师拿着拼图，直到他们决定好怎么解决冲突
下午 3:55	杰米、萨姆	智力拼图	争夺拼图	老师把他们送到了积木区
下午 3:58	杰米、萨姆	积木区	抢积木	老师让他们都把积木放回去

解释：这 4 个孩子几乎卷入了每一场冲突。在下周，我们可以把他们两两分开，并且更加深入地倾听他们的对话。他们可能需要榜样或者帮助他们解决冲突的策略。

解释你所看到的

　　孩子们所做的比我们观察到的要多，并且比我们能记录的要多得多。为了能够实实在在地看到孩子，我们必须练习仔细地观察他们，并且能够有计划地记录我们所看到的。当你开始注意观察的时候，你会发现幼儿发展的复杂性、个性的丰富性以及哪些因素影响着他们。为了很好地观察和记录，下面的 3 条原则非常有帮助。

- 开始识别自身的偏见。明发现噪声和破坏性行为让她快要崩溃了，并且她开始对一组年龄比较大的男孩产生消极的情绪，他们常常在室内狂欢并摧毁积木塔，而且热衷于在户外玩超级英雄的游戏。通过记录这些男孩的行为并与实践指导教师讨论她的解释，明开始转变自己的

观念，原来这些行为是 4 岁孩子的典型行为，而在她之前接受的教育里，这些是不能被接受的。
- 熟悉观察和记录的工具。在之前工作的私立照护中心，尤里只做一些非正式的记录。现在，她实习的单位是一家由公共财政资助的公立机构，这个机构要求教师在每年秋季建立儿童档案袋，并在来年的春季进行更新。通过学习观察和记录幼儿的行为——包括拍照和录制视频片段——尤里促进了自身教学技能的提升和专业能力的发展。
- 决定如何处理收集到的信息。要特别重视表 4.2 中的问题。一旦教师已经进行了客观、精确的观察，紧接着就应该考虑其所蕴含的意义。要认真地思考幼儿的行为能"教给"我们什么。他们的长处以及兴趣能帮助我们建构课程。那些对他们来说有挑战的事情能够在课堂上引发新的经验。只有我们重视并很好地使用这些信息，才能使课堂环境渗透着对每个儿童独特的支持。

下一步是什么？观察和记录幼儿的行为需要很大的努力，解释也理应成为教师学习过程的一部分。把观察和评价转化为你持续与幼儿互动的过程，能够为观察和评价赋予丰富的意义，而不是仅仅把这些资料存储起来用于会议或者外部的正式评估。你需要反思你所看到的内容，从中获得的一些观点能够帮助你更好地与幼儿一起工作。

解释能够把观察转化为观点，并为记录赋予一定的意义。它能够帮助教师决定自己是否需要进一步的观察来确定引起幼儿行为的原因，或者是否需要调整环境或课程来满足幼儿的需要。它能够帮助教师把小组的活动方案或策略付诸实践。可能最重要的是，解释记录能够增加教师的专业性并给观察过程赋予意义。回望表 4.4 和表 4.5，你会发现在观察部分的后面，这些表格都为解释留下了一定的空间，这里的解释包括分析、评价、参考或者结论。表 4.6 呈现了解释的原则。

表 4.6 解释的原则

☞ 通过使用有关解释的专业性原则，教师可以根据他们观察到的内容促进教育质量的提升并更精确地掌握有关儿童的信息。

1. 寻找那些重复的行为。
2. 寻找在什么情况下这些行为会出现。
3. 自问你观察到的这些行为是如何影响幼儿的学习和发展的。
4. 寻找孩子为了满足发展的需要和完成一定的发展性任务而付出的特殊努力。他（她）的努力是不是适宜的？他（她）是否达到了一定的预期结果？
5. 倾听幼儿的交流，尝试找出幼儿提出的问题，这将帮助我们更好地理解他们是如何了解这个世界的。

表 4.7 提供了一个包含观察和解释的例子，实习教师梅对那天参加早教班的 2 岁学步儿弗兰克和他的母亲进行了观察。

表 4.7 叙事性观察和解释：2 岁学步儿弗兰克和他的母亲

叙事性观察	我的解释
弗兰克坐在美工桌前，他指着笔并看着妈妈。他拿起笔并开始在桌子上涂色，妈妈给了他另外一支笔和一张纸，他开始在纸上涂色。这个时候，他的笔掉在地上，他说"啊哦！"，并且看了一眼掉在地上的笔，然后就置之不理了。他拿起另外一支笔又开始试着在桌子上涂色。妈妈问他是否已经涂完了，他摇头表示没有。他看了看桌子一边的另一个孩子，然后继续在桌子上涂色。他靠过去，开始在另一个孩子的纸上涂色。他把帽子戴上，然后摘掉，重复了两次，并努力把它戴好。他看着妈妈，然后嘟囔着，好像在叫妈妈。	他是否试图引起妈妈的注意？他是否已经可以自己使用笔在纸上涂色？他拿笔的方式让我质疑他是否有用笔画画的经验。他跟妈妈之间的关系是怎样的？他们交流的水平或者类型是怎样的？他语言发展的水平怎么样？我并没有听到任何能够了解他的发音和语言水平的话语。他似乎发现这个活动有吸引力，但也让人受挫。他可能对为什么戴不好帽子感兴趣。我需要询问我的实践指导教师弗兰克在所有领域的发展状况。

评 价

在过去的 20 年里，美国所有阶段的教育几乎都经历了面向标准化教学的转变。儿童的学习标准推动了检核儿童朝着学习目标进步的过程。

政策制定者、早期教育专家和儿童生活中的其他利益相关者，共同承担制定符合伦理的、适宜的、有信度和效度的评价的责任，使评价成为早期教育项目的关键部分。为了评价幼儿的优势、进步和需求，应使用具有发展适宜性、文化和语言回应性的评价技术，使其与儿童的生活活动相联系、能够得到专业发展理论的支持、囊括家庭并与如下特定且有益的目的相关：①为教与学提供有力的决策依据；②确定儿童个体需要重点关注的方面，它们可能需要集中的干预；③帮助机构提升教育性和发展性的指导（Hyson，2003，p.9）。

检视你所在机构的教育目标和评价计划，看看他们如何定义和监测幼儿知道什么和能够做什么。

评价早期发展

评价是"使用不同的方式收集幼儿发展的信息，并组织和解释评价信息的过程"（McAfee，Leong，& Bodrova，2010）。表 4.8 提供了良好的儿童评价的 10 项特征。

表 4.8 良好的儿童评价的 10 项特征

☞ 把这些特征融入你的观察和评价计划中，能够确保评价的精确性并避免不必要的干扰。

---
1. 评价是一个连续的过程。
2. 评价不能以发现幼儿的问题为基础。
3. 评价应该在真实的情境中，不能在人为的测验环境中。
4. 评价一定是基于你看到了什么，而不是基于你觉得应该观察什么或幼儿应该做什么。一定要以有发展意蕴的手工作品或者作品取样作为支撑。
5. 评价一定是通过多种评价方法获得多样的信息，也就是说不能通过单一的观察或情境得出结论。

（续表）

> 6. 评价应该是对事实的描述，不是解释、评判或下结论。
> 7. 评价应该是证据确凿的，应该保留手写的、易于保存的笔记资料。
> 8. 评价一定是根据你的专业知识将解释性片段转换为观点。
> 9. 评价一定是基于你所在中心或课程的学习标准。
> 10. 评价需要唤起相关的行动。

年龄稍大一点的孩子可以通过结构化的、模拟测验的条件来展示自己的知识，但是小一点的幼儿的行为很难通过上述方式进行评价，所以研究幼儿的最好方式是观察。与语言相比，幼儿更多地通过他们的行为来表现自己的才能，所以测验情境并不能揭示幼儿知道什么。与年龄较大的儿童和成人不同，幼儿不会抛开或隐藏自己的情绪，或者用公众欣赏的行为代替自己的行为，因此，观察他们的行动可能会得到更多的、准确的信息。

早期儿童的发展受到个体差异性的广泛影响。例如，儿童学会走路的平均年龄是 12 个月，这个范围从 9 个月到 18 个月不等。大部分儿童通过手扶东西学习走路，也有部分儿童喜欢没有任何辅助地爬行。因为肌肉的强弱程度、大脑运动皮质的成熟程度和儿童的练习程度均有不同，所以儿童的发展必然会存在很大的差异。那些经常被抱着和坐在婴儿车里的孩子由于缺乏锻炼，比那些经常在地板上摸索的孩子走路要晚。他们最终都能以不同的发展节律学会走路，这种时间上的差异是正常的。

对儿童技能的评价必须包括在自然情境中进行常规的观察和记录。

幼儿评价系统

使用系统的观察已经成为教职工日常工作责任的重要组成部分，因此，实习生需要熟练地掌握当前早期教育项目中的各种评价系统。在一节实习课上，实习生列出了早期教育项目应该如何评价儿童，具体做法如下：

- 在入学 45 天之内进行初次评价；
- 在第一个学期进行家访、开展家庭会议并制订个性化的学习计划；
- 在春季和秋季进行半年一次的逸事评价；
- 在家长需要的时候进行描述性评价；
- 开展春季的入学前监测和语言检核。

加布里埃拉发现她所在机构的评价程序在起始阶段就让人不知所措，下面是她随着时间的推移对评价活动的认知的改变。

我的反应

从观察和记录到档案和我的课程

今天我跟我的实践指导教师谈论了儿童观察和评价的相关事宜。我对自己在评价过程中收集到的评价信息感到无从下手。我认为它是一个复杂的过程，但是，天呐，我没想到会有这么多工作。

总的来说，每一位教师要从 4 个方面（身体运动、认知和语言、社会性情感和创造性）来观察指定小组的儿童的基本发展状况。针对其中的 3 个方面，他们可以使用自己喜欢的观察工具，但是他们必须为每一个孩子创设一个档案袋。他们的观察记录还要附有儿童的作品和照片以展示儿童发展的全景。

> 但这并不是终点！主班教师需要针对评价的结果撰写总结，并通过小组总结来呈现班级如何以小组的形式运行。他们使用这个来计划课程。噢！光是解释这些信息就已经让人精疲力竭了！
>
> 因此，我应该如何把我的技能提升到下一个阶段呢？当指导教师观察我的时候，她记录下了幼儿对我的引导和互动的回应。当时我正在开展小组活动，她记录了这里发生的事情，然后与我讨论了她在整个过程中看到的内容。这启发我试着把其中的一些内容记录在纸上。你也一定能够在很多地方用到这些技巧。
>
> ——加布里埃拉

良好的评价工具能够清晰地定义幼儿的行为，并且能够为教师提供一定的空间来描述特定的学习目标。例如，针对受公共教育资助的早期教育项目中的儿童，加利福尼亚州确定了其应该达成的 4 个目标或期望：

- 儿童要掌握个体性和社会性能力；
- 儿童是有效的学习者；
- 儿童要具备体能和运动能力；
- 儿童是健康且安全的。

这个评价工具被称为"预期发展结果评价档案"（Desired Results Developmental Profile-Revised，DRDP-R），它把预期的行为进一步地细化为不同年龄段（婴儿/学步儿期、幼儿园、学前班、小学）的儿童的主要表现。公立和私立机构都采用了此工具或调整了自己的评价工具以与此工具相匹配。某项目使用此工具开发了一套针对目标分类的层级记录技术，并且为观察者留下了记录数据和撰写逸事记录的空间，以保证评分的有效性。该工具的部分内容详见表 4.9。

表 4.9　儿童评价能力样表

☞ 一个根据加利福尼亚州早期教育预期发展结果评价档案（个体性和社会性能力部分）改编的例子。

个体性和社会性能力			
探索	发展	建构	整合
自我概念：自我认同			
展现对自己作为独立个体的认可，认识自己和家人的名字	根据基本的身体特征描述自己或者他人	根据喜好描述自己和他人	能够准确地比较自己和他人
日期：			
自我概念：自我效能感			
当别人展示自己的作品时能够表现出感兴趣或者兴奋的状态	积极地描述自己正在做或者已经完成的活动	积极地描述自己在完成某项任务时特定的能力	积极地描述自己的一般能力
日期：			
人际关系能力：表达共情			
能够意识到别人不愉快或者失落的情绪	当他（她）认为别人需要帮助时，能够提供简单的帮助，尽管别人事实上不需要	准确地命名自己和他人的情绪	使用语言或者行动展示对别人情绪的关注
日期：			
人际关系能力：与成人建立关系			
与熟悉的成人进行互动，以寻求合作、帮助或安慰	通过合作和互动尝试与成人建立关系	与成人分享经验或者从成人那里获得信息	与成人开展合作，并与他们一起计划、组织活动或者解决问题
日期：			
人际关系能力：发展同伴关系			
能够与玩相似材料的同伴进行互动	能够说出朋友的名字，或者从多个孩子中识别出自己的朋友	能够与某个特定的儿童进行社会性游戏，或者能够与特定的孩子玩耍	倾向于与特定的儿童玩耍，并且该同伴也能表现出对他（她）的喜爱
日期：			

资料来源：Mary Meta Lazarus Child Development Center, San Mateo, CA. 经过允许使用。

通过总结本节内容，我们想要再次强调观察是评价的基础。无论你是实习教师，还是在职教师，你都需要了解你所在机构中的幼儿的发展状况、优势和挑战。通过精确的观察你可以做很多事情：提供更专业的指导、更适宜的环境和课程安排以适应小组的需要以及更好的课程计划。如果你在实习期，你也可以在评价的过程中历练自己的观察技能。

评价的注意事项

真实性评价能够帮助我们捕捉到儿童的真实样貌。为了了解真正的儿童，我们需要在不同的环境、不同的时间节点，通过不同的渠道获取信息。作为一名教师，你的观察以及你决定记录的内容非常重要。你正在做的有关记录内容的决定基于你所重视的内容。任何人在进行评价时都要感谢挑战并尽量避免如下做法：

- 不公平的比较。使用评价时，不要通过竞争性方式将一个孩子与另外一个孩子对比。
- 偏见。评价可能会不公平地或贸然地给一些有特定倾向的幼儿贴标签。
- 过度强调常模。评价是一个个性化的过程，而不是让孩子去适应由评价工具建构的模式。
- 解释。有时候会存在一种过度解释或者误解的现象。
- 过于狭窄的视角。如果只通过一种评价工具获取资料，那么很有可能使取样行为缺失信度和效度。
- 过于宽泛的范围。通过绘画来测量一个6岁孩子的技能是合适的，但这对于2岁的孩子并不合适。
- 太短或者太长的时间。如果评价的时间太长，它有可能会失去有效性。

第四章 观察和评价儿童　　　　　　　　　　　　　　　　　　　　　　　　121

为了保证评价信息真实有效，必须在一段时间内进行多次观察。

在阅读下文的"标准化运动"时思考这些事项。

高压

在美国，联邦政府主要依据《初等和中等教育法案》（最初于1965年由国会权威发布）对教育进行资助。在过去的10年里，为了缩小处境不利儿童、少数民族儿童与大多数优越儿童之间的学业成就鸿沟，联邦政府通过了《不让一个孩子掉队法案》，更加系统地关注这一问题。其中有关早期教育的条款主要包括如下几条：

- 定期对足够的进步进行监测。这些进步主要是在三年级通过对阅读和数学能力的测验体现出来的（第三个方面的测验由各州进行自由选择）。

- 所有的教师必须具备本科学历并且取得一定的教师资格证明。
- 由于受到了政府的资助，儿童在三年级时的读写水平必须达到年级预设的学习目标。

很多教育者担心上述条款正在营造一种不均衡的课程，并且要花费太多的时间来关注测验。这种压力可能会下移到基础教育阶段，甚至是学前教育阶段。早期学习标准可能会带来如下后果：

- 导致教学成为"为了标准"的教学，课程成为简单的饼干切割模式，早期教育的特殊性丢失。
- 给课程带来问责压力，并且对幼儿产生不适宜的期望（Gronlund, p.23）。

发展适宜性实践表明，更广泛的课程应该强调整个儿童和游戏；而且发展适宜性实践和儿童发展知识表明，我们的评价实践应该避免不适宜的测验。

评价残疾儿童

尽管从很多方面看来，儿童的相同之处多于不同之处，但是如果你长期地关注并和他们一起工作就会发现，儿童在很多方面的表现是非常多样的。发展理论告诉我们，尽管儿童的发展是可预见的、具有阶段性的，但是儿童个体却以不同的节律发展，并且具有不同的气质类型和学习风格。另外，基因和环境的不同也能够从他们的身上找到痕迹。实习教师常常困惑于儿童的哪些需要可以被确认为特殊需要。

自 1975 年，公共教育政策赋予所有 3—21 岁的学生免费接受适宜的公共教育的权利，并且各州要保证每一个残疾儿童都在最低限制的环境中接受教育（Allen & Cowdery, 2011）。除此之外，父母需要把孩子的特殊需要告诉教师。同样，教师应该定期在学校背景中观察学生的学习。因此，实习教师有可能会在实习场域中看到一系列的典型和非典型行为（DEC & NAEYC，2009）。这个过程可能会呈现出一个挑战，就像下文的"道德困境"一样。

道德困境

他怎么了？

情境： 瓦莱里娅已经在早期教育机构中工作半年了，她要进行为期一年的实习。在该机构安顿下来并工作一个月后，她发现有一个幼儿除了语言领域之外，其他领域都达到了正常的发展水平。她自问："他怎么了？"主班教师托拜厄斯经常在小组中一对一地开展工作，他也认为该幼儿的语言发展至少延迟了一年。是时候通知该幼儿的家长来谈一谈了，托拜厄斯希望瓦莱里娅也在场。她应该怎么做呢？

《道德行为准则》参考：

第1节：对儿童的道德责任

I-1.7 利用评价信息理解和支持幼儿的发展和学习、支持教师的教学、确定有特殊需要的儿童。

P-1.4 我们应该调动所有的相关知识（包括家长和员工）来决定是否关注一个幼儿，要保证我们的决定是适宜的、证据确凿的。

解决方案： 瓦莱里娅的观察和对该幼儿语言水平的记录是评价过程的一部分，托拜厄斯所做的笔记和非正式评价也是如此。该幼儿的爸爸最初完全不相信自己的孩子是不完美的。该幼儿的妈妈回忆说孩子出生时吞咽了被污染的羊水，她不确定这是否对他有长远的影响。托拜厄斯带着一份资源清单来参加会议，以便对孩子的语言能力进行评估，最终家长同意带幼儿接受儿科医生的诊治。该幼儿被医生诊断为失聪，需要佩戴助听器并接受语言治疗。瓦莱里娅因其观察技能、对典型发展的理解和对潜在问题的辨识得到了赞扬，这些能力是她在大学期间学到的。

早期诊断和干预。当一个孩子呈现出与同龄孩子不同的行为和技能时，这可能是一个无须诊断的、有特殊需要的信号。观察和记录是评价过程的第一步。实习教师并非诊断医生，然而，在"道德困境"中，该实习教师迈出了识别现存问题的关键性的第一步。他们先与家长分享他们的观察和观点，然后才是内科医生和治疗方案的介入，这在儿童干预项目中发挥着重要的作用。当教师寻求外部专业人员和机构帮忙时，必须得到家长的许可，并且必须掌握有效的、确凿的证据。

然而，大部分教师并没有接受过有关特殊教育的培训，他们在一些项目中通常使用某些评价工具来评估幼儿是否达到了相应年龄阶段的发展标准。表 4.10 所示的量表，可能会被用来描述儿童的典型发展。

表 4.10　感觉调节和社会性互动等级量表

使用如下量表来确定你们班的幼儿已经掌握了哪些能力，哪些还需要努力。使用该量表评定教室里每一个孩子的情况。如果幼儿的某项能力已经出现，记录下这项能力出现时幼儿的年龄。

评价等级：N= 该能力从来没有出现过；S= 该能力有时出现；A= 该能力经常出现；L= 该能力在有压力的情况下（如饥饿、生气、兴奋等）不会出现。

重要阶段：有目的的情绪性互动（4—9 个月）		
能力	目前的等级	掌握该能力的年龄
1. 使用有意的举止回应你的举止［例如：当你伸出双臂时，他（她）能够伸出手回应；对你的声音或者注视进行回应］		
2. 向你发起互动（例如：触碰你的鼻子、头发、玩具；伸手要你抱起来）		
3. 呈现出以下情绪： • 亲密［例如：当被拥抱时，他（她）能够回抱你；想被你抱起来］ • 愉快和兴奋（例如：当把一个手指或玩具放进你的嘴里并取出时露出愉快的表情） • 强烈的好奇心（例如：触碰并探索你的头发）		

（续表）

重要阶段：有目的的情绪性互动（4—9个月）		
能力	目前的等级	掌握该能力的年龄
• 抵抗和生气（例如：把食物从桌子上推下去；当得不到心仪的玩具时大叫）		
• 害怕［例如：当一个陌生人快速靠近时，他（她）扭过头来，感到害怕或者大哭］		
4. 通过参与社会性交往，他（她）可以在10分钟之内消除紧张		

资料来源：*Floortime: DVD Training Series: Sensory Regulation and Social Interaction*, by S. Greenspan and S. Wieder, 2006, Bethesda, MD: Interdisciplinary Council on Developmental and Learning Disorders. 经过允许使用。

孩子的档案袋

许多早期教育工作者坚持这样的信念：由儿童的作品取样和教师的评价组成的档案袋是记录个体学习的最佳方式，并且是记录儿童发展的忠实方式。如果你所在的实习场地使用档案袋进行评价，那么请阅读一份，并寻找他们搜集资料的计划，查看作品的存储和组织方式。记录教师如何把自己的评论融入档案袋，以及如何与家长和其他专业人员合用档案袋。

在过去几年的教育生涯中，我发现我在不断地调整自己的评价工作，使它在所有的工作中成为最优先的工作。我所使用的档案袋评价系统的资料分类方式以州政府颁布的学习标准为依据。我依靠我所在的教学团队来搜集和分析档案袋里的资料。新手教师或者第一次使用评价系统的教师倾向于进行短的、简单的观察，而且有时候在解释评价资料时有一定的困难，而有经验的教师则倾向于进行更为细节化的记录和反思性的评价（Wiggins-Dowler，未发表的个人信件，2009）。

实习生常常发现记录幼儿的学习让他们感到无所适从。实习生戈登认为："在评价过程中，我面临的最大挑战是学习评价的专业术语，另外就是学习评价过程中的步骤——如何从 A 点到 B 点，再到 C 点，这是评价过程中不可回避的问题。它在不断地提醒我：'现在我有驾照了，我该如何开车？'"

档案袋所呈现的儿童形象是能干的学习者，他们在社会和文化背景下主动地建构知识。我们能够看到幼儿在教室里的发展轨迹和学习过程，档案袋为我们了解幼儿的性格、风格、优势、兴趣和倾向提供了一扇窗户。莫莉和路易莎的妈妈说：

> 卡伦老师为我的两个孩子建立的档案袋是我拥有的非常宝贵的财富。关于情绪和认知领域的记录为我了解她们的发展提供了清晰的图景，并且让我了解了她们的内心世界。档案袋的内容对家长会也非常重要，它增强了家校之间的联结，我能从档案袋中得知孩子在校的学习情况，并在家里提供一些强化的协助。在孩子小的时候，我认为我不会忘记她们成长中的这些"重要时刻"，但是现在我的孩子已经进入小学了，我经常需要把她们的成长档案袋拿出来给其他家长看"她们小时候喜欢什么"。我喜欢它们！（Wiggins-Dowler，未发表的个人信件，2009）。

与你的实践指导教师一起检视实习场地中的学习标准和评价工具。自问如下问题：

- 他们的目的是什么？通过合理的需求来支持学习、确定幼儿的特殊需要并监测机构的质量。
- 采用了什么评价方法？适宜的评价方法包括观察、幼儿作品取样、教师的逸事记录和其他记录。

- 这些资料的用途是什么？这些资料可以帮助你和家长学习如何处理你们关注的问题，也可以帮助那些被确定为有特殊需要的幼儿。

记住，只有通过不断的实践才能提升观察技能，我们需要时间和反思来认同、明确和理解各种评价技术，并且分析它们如何被用于测评特定的幼儿和项目目标。另外，评价幼儿是非常必要的。为了帮助幼儿学习和发展，我们需要清楚地知道他们是谁以及他们的发展情况。经常性的观察、精确的记录以及清楚的文档能帮助我们更了解他们，还拉近与他们之间的关系。"观察和评价不仅是为了做一名好教师，还是为了更好地为幼儿服务——我们的观察和评价应该使幼儿受益，不但让我们成为称职的好教师，而且帮助我们更好地帮助幼儿。"（Yuen，个人信件，2009）

我们可以引用刚开始说的话来结束这一章：儿童是不可思议的！学会观察和评价幼儿的成长和发展是一名称职的教师的基本能力，并且就像下文"实地经验"中描述的那样，学会观察和评价是需要时间的。实践能够提高观察和评价的能力，所以请把常规的观察和评价融入日常的教学活动。

实地经验

个人的幼儿评价之旅

卡伦·威金斯-道勒
导师，玛丽·梅塔·拉扎勒斯儿童发展中心

作为早期教育者的经历促使我不断地反思评价和记录的概念以及应该如何更好地建构一个适宜的评价系统。当还是新手教师时，我把评价视为完成我的本职工作的必不可少的一部分。在我工作的第一年，我被要求使用检核表来评价班上的每一个幼儿。我感到高兴，因为我认为检核表是非常容易完成的，而且不用经过思想斗争就可以快速地完成。让孩子们完成某些任务，记录他们的反应，然后在将来的某一天向家长报告孩子的进步情况。

　　没有经过太多的专业培训，我便成功地习得了"报告卡片"的经验，并且以检核表为框架召开了家校会议。该评价工具在阐述幼儿能做什么、不能做什么，知道什么、不知道什么方面展示了自己的优势。作为一名新手教师，这种评价方式给我带来一种安全感和信任感，特别是当我跟家长谈论他们的孩子时。我的实践指导教师珍妮弗拥有多年的工作经验，在回忆自己刚工作时召开家校会议的情形时，她说："对于幼儿的消极行为，我不是很真诚，因为我害怕家长的反应。我没有能力内化这些评价结果，我谈论的事情都非常表面化。经过多年的经验积累，我现在才能采用一种'非指责'的方式跟家长谈论孩子的行为。我现在是这种书面工作的反对者。我使用的评价清单仅仅是一种不考虑幼儿个体差异的理论发展标准。"

　　经过多年的工作，我增强了自身的专业自信。我开始感觉自己之前使用的评价工具并不能充分地揭示每个孩子的样貌。我也开始厌恶基于"缺陷模式"建立起来的评价体系，这种模式只能揭示幼儿知道什么、不知道什么，能做什么、不能做什么。就自身的成长经历而言，我在学业测试方面表现得不是很好，并且我花了太多的精力来提高成绩，而不是更深入地投入学习。如果生活中没有测试的压力，那该多好呀！我开始阅读评价、测验以及记录方面的书籍，寻求不同的方法来记录幼儿的成长。当回忆自己职业生涯刚开始那几年的做法时，我不禁嘲笑自己——我从来没有想过自己会对测试和评价感兴趣。

　　所以，我该如何充分地了解幼儿呢？我越是退后一步来观察机构中的幼儿，我就越觉得教师的角色应该包括成为人类学家和历史学家。幼儿正在学什么以及他们是如何学习的，需要我们充分地记录并且尊重他们的努力。戈登在实习结束后说道："走进幼儿世界是一个奇妙的过程。

第四章 观察和评价儿童

通过观察,我注意到了一些需要花费时间才能发现的细微之处。我现在理解了这些信息对幼儿个体和课程的重要性。我现在全天都睁大眼睛。我现在的问题是如何掌握关于哪些方面需要记录、哪些方面不需要记录的知识。"

另一名实习生莉萨说:"对于我来说,没有任何教学任务,而只去观察一个孩子是非常奢侈的。"打磨自己的观察技能是一件事情,面对24个孩子的观察挑战是另一件事情。

分数并不能反映每个幼儿的独特性、知识和性情。我需要做的是搜集更多的数据和作品来为每个幼儿建构更完整的图景。更近地观察幼儿必须变成我们日常教学工作的一部分,因为每天工作结束时,我们都会精疲力竭,此时再去回忆白天的一些细节是不可能的。一名新手教师蒂安娜反思说:"退后一步去观察和撰写观察记录是非常难的,因为它会打断我和幼儿之间的关系。"这让我回忆起在新入职的那几年里,我也是优先考虑师幼关系的。

经过几年的工作,我已经能够在退后一步撰写观察记录和与幼儿互动之间保持平衡。通过与24个孩子和他们的家庭,以及一群教师的密切合作,我发现这些手写的观察记录、照片和作品取样给我提供了揭示和理解每一个幼儿的发展的必要细节。计划周密的观察记录和持续的作品取样能够告知我们一个幼儿是如何学习的,他(她)处在发展的哪个阶段,幼儿是如何与成人和同伴建立关系的,幼儿的兴趣、长处和性情是什么,我们接下来应该如何帮助幼儿,以及我们应该如何完成我们的课程目标。

当这个评价系统与课堂文化相结合时,就连幼儿也会认为评价非常重要。有一次,一个4岁的孩子对我说:"支持我!"我问:"支持你?什么意思?"他回答说:"把我正在做的事情写下来,这很重要!"

所以,我从这里出发的旅程应该到哪里呢?我正在不断地改进我的技术来搜集幼儿开始学习时、学习中、学习后的数据,这样能够帮助我

> 关注每个幼儿的学习过程。我也想建构更多的分析系统来帮助更多的人更有效地使用档案袋评价系统。正如丽莲·凯兹所说:"没有人生下来就是专家。"学习是一个终生的旅程,这让我非常地神往。同时,如果你有任何更高效的办法,请让我知道!我迫不及待地想去试一下。

实 践 活 动

在实习课上介绍你所在的实习机构正在使用的评价方法,并将其与其他同学所在机构的评价方法进行比较。你喜欢哪种方法?为什么?哪些评价方法是有问题的?问题是什么?你们可以一起做一个表格,比较它们的形式、目的,并列出它们的价值和长处。

日 志 作 业

写下你所在的机构是如何评价幼儿的。务必问一下你的实践指导教师,这种评价的目标、长处以及挑战是什么。

参 考 文 献

Allen, K. E., & Cowdery, G. E. (2011). *The exceptional child: Inclusion in early childhood education* (7th ed.). Belmont, CA: Wadsworth/Cengage.

Beaty, J. J. (2009). *Observing development of the young child* (7th ed.). Upper Saddle River, NJ: Merrill/Pearson.

DEC & NAEYC. (2009). *Early childhood inclusion: A joint statement of the Division of Early Childhood (DEC) and the National Association for the*

Education of Young Children (NAEYC). Washington, DC: Authors.

Gordon, A. M., & Browne, K. W. (2011). *Beginnings and beyond: Foundations in early childhood education* (8th ed.). Belmont, CA: Wadsworth Cengage Learning.

Greenspan, S., & Wieder, S. (2006). *Floortime: DVD Training Series: Sensory Regulation and Social Interaction*. Bethesda, MD: Interdisciplinary Council on Developmental and Learning Disorders.

Gronlund, G. (2006). *Make early learning standards come alive*. St. Paul, MN: Redleaf Press.

Hyson, M. (Ed.). (2003). *Preparing early childhood professionals: NAEYC's standards for programs*. Washington, DC: National Association for the Education of Young Children.

McAfee, O., Leong, D., & Bodrova, E. (2010). *Assessing and guiding children's development and learning* (5th ed.). Upper Saddle River, NJ: Pearson.

Wiggins-Dowler, Karen. (2009). Unpublished personal correspondence.

Yuen, Kim. (2009). Personal correspondence.

第五章

环境和日程

> ☑ **学习成果**
>
> 确定有效的环境和日程的组成部分,为儿童创造积极的学习体验。

儿童发展适宜性项目的两个基本方面是环境和日程。在为幼儿创建环境和日程时,教师必须切实地了解他们要学习什么——他们需要与谁合作——并充分利用现有的东西。本章的第一部分向你介绍了环境的基本要素,第二部分给出了日程的要点。

早期教育项目的环境

在为幼儿规划项目和课程时,早期教育教师要将物理环境视为关键因素。环境是一种有力的教学工具,对于幼年时期的孩子们来说,他们对周围的世界很敏感,当与你和其他人在一起时,他们一整天都会从室内和室外的环境中获得线索与经验。

注意事项

向你的实践指导教师询问在创建室内和室外空间时应该注意些什么。指导教师可能会非常了解这些局限性:你的活动可能会在教堂的地下室、便携式拖车或有其他用途的空间内进行。资源通常是有限的,这些环境可能往往不适合幼儿。尽管如此,幼儿教师在利用所拥有的空间方面仍应具有创造性、灵活性和创新性。

利用现有的空间,优质学校会力争成为供儿童和成人有效、快乐地学习的场所典范。

物理空间。你该怎样让这个环境变得美丽动人?环境是非常有力的教学工具,也是儿童度过童年和教师度过职业生涯的地方。我们为生活中的空间赋予意义,与此同时我们也深受其影响。

在环境和日程设计方面,一个颇具影响力的项目模型是瑞吉欧·艾米莉亚模式。瑞吉欧模式发源于20世纪中期的意大利,以意大利的美学和创造性为基础,其哲学根源为对美和创作过程的关注。环境以多种方式反映了这些价值观:对儿童和成人的视觉吸引是空间布置的首要考量因素;通常会为艺术作品专门留出一个区域或房间(请参阅有关工作室的"实地经验");安排充分的时间和体验,让孩子们可以深入研究物体和空间,并创作能够反映他们思想的作品。

不同的活动环境都应具有独特的空间、资源和目标。同时，每个物理空间都必须考虑到儿童。首先，你必须重新调整空间以适合他们的身高。有一个好方法是蹲在门口，看看在这个角度孩子们会看到什么。对于婴儿和学步儿来说，地面是他们的主要活动空间；学龄前儿童可以接触矮的架子和桌子；学龄儿童可以使用更高的柜子和台子。

在美国，每个州都制定了托幼机构认证标准；通常下一级的地区或县具体承担这一责任。全美幼教协会学术委员会（The National Academy of Early Childhood Programs，全美幼教协会的一个部门）建议每个儿童在室内至少有约3平方米的游戏空间，在户外至少有约7平方米的游戏空间（Ritchie & Willer, 2008）。请查看具体地区的物理空间要求。同时，查看空间的使用功能，而不仅仅是面积。空间不足或亟待修缮可能会导致儿童之间发生冲突，材料变得混乱，工作人员之间关系紧张（Cryer, Harms & Riley, 2003）。我们的目标是提供一个安全、清洁、有吸引力和宽敞的环境。

项目目标。在放置家具或架子之前，教师必须考虑到物品的使用者是儿童。社交互动也可能是要考虑的目标，因此，环境的布置应该能够让孩子们一起玩耍。靠近玩具架的小桌子和防止不断有人闯入的空间比成行的桌子或宽敞的区域更符合这一目标，因为后者更多的是让儿童欢快地奔跑，而不是关注彼此之间的联系。看看你是否可以从房间和庭院的布置中推断出项目目标。

教育性是项目目标的重要组成部分。其中的一个目标是自助。社区超市是自助或依靠自己的环境的良好例子，因为货架的布置能够让客户自己接触和选择商品。一些商店现在也有自助结账区。早期教育项目中的自助环境可以是：将玩具放在幼儿可拿到的货架上，在上面标有物品的图片或名称，并在附近布置桌子或地板；画架的设置方便儿童穿上围裙，颜料罐在托盘中放好，并在附近配有晾干架，上面还有大头针，以供儿童悬挂图画。

项目目标的另一个方面是反偏见，重点在于让儿童学会包容和接受多元化。这些环境反映了家庭生活中的各种风格，例如：房子的一角可能有炒锅、玉米饼压机、意大利面条机以及汤锅和煎锅；穿着的服装不仅包括商务套装或宴会礼服，还包括不同家庭穿的大喜吉装、纱笼和其他服装。

对于儿童来说，提供各种服装、餐具和其他体验材料的良好环境可以促进文化多元化和反偏见敏感性。

健康、安全和联系性。"我们的设计塑造了孩子们对自己和生活的信念。孩子们在精心设计的区域中会感到安心。精心设计的区域可以为每个孩子提供可预测、一致和贴心的看护。"（Olds，2000）这些基本注意事项适用于所有的早期教育环境。无论是在活动理念方面，还是在物理空间方面，教学人员都应牢记这些基本注意事项。为儿童提供健康和安全的环境至关重要：

- 保证儿童的健康，包括卫生、温度、通风、照明和适当的营养。

- 将传染病控制在最低限度内,包括对儿童和成人的强制措施和健康评估。
- 保护儿童的安全,包括创造一个无危险的环境(尽管可能仍然具有挑战和风险),监测潜在的问题,并准备好处理急救事务和应对自然灾害。
- 解决车辆安全问题,包括留意车辆到达和离开的地点和路线以及对交通进行实地考察。

最后,要保持儿童的幸福感,包括设定情绪基调,保留儿童的游戏(第六章),以及解决活动内和活动外对儿童的威胁(例如家庭或社区)。特别要注意的是,婴儿和学步儿应该被纳入"持续性照护"项目(WestEd,2009);也就是说,每名教师都是几名儿童的主要照护者,并且在整个照护期间一直照顾这些孩子,直到他们达到学龄期。

与生活中的"重要他人"(包括作为实习生的你)保持情感联系的孩子能够更好地利用环境所提供的优势。

规划空间

有准备的环境。这是玛利亚·蒙台梭利在一个多世纪前创造的词语。有准备的环境描述了有关物理空间和材料的丰富想法,它们是儿童教育活动的关键。儿童尺寸的家具、秩序感、固定的摆放位置以及儿童可拿到的材料都是蒙台梭利影响的标志(Montessori,1967)。

虽然你会在早期教育项目中接触各种各样的地点和空间,但所有良好的早期教育环境都有一些共同的关键要素。活动区域的位置应该具有可预测性和流动性,其边界应该包括在活动区域内部和之间移动的路径,还应该具有自由探究性和隐秘性(Community Playthings,2012)。想要便捷地布置房间和庭院,可以参考本章中的指标以及众所周知的幼儿学习环境评量表

(Harms，Clifford，& Cryer，2005），该量表概述了适合游戏活动、私密活动和日常活动的各种安排。

此外，几十年前所概述的下列关键因素仍然是规划室内外空间时要考虑的基本因素（Prescott，Jones，& Kritschevsky，1972）：

- 柔软（枕头、草地）和坚硬（瓷砖地板、水泥地）
- 开放（装扮服饰、沙子）和封闭（拼图、滑梯）
- 简单（攀爬架）和复杂（带有滑梯和绳索）
- 进入（积木区）和隔离（阁楼）
- 高机动性（三轮车道）和低机动性（桌面棋类游戏）

仔细研究你所在的环境，了解环境的构成和关键因素。这些因素匹配得越好，孩子们的游戏和学习就越有效。

积极行为。关注物理环境可以增强儿童的积极行为。有一种说法为，环境是孩子的第三位教师（Dodge & Colker，2010）。物理空间向儿童传达了他们可以去哪里、可以做什么和不能做什么，甚至包括该如何表现。例如：在房间中央留出一个较大的开放空间可能会促使学龄前儿童在那里玩摔跤；将空间重新划分为几个适合小组活动的区域则鼓励孩子们选择并留在一个区域中；那些乐于将所有的盖子从马克笔上拨下来的2岁儿童同样喜欢将笔推回到固定在笔架底部的盖子中（Gonzalez-Mena & Eyer，2008）；在计算机室和舞蹈厅看到签到表的学龄儿童比在没有环境提示的情况下更可能参与有序的轮流过程。

调整和适应。这一点完美地描述了早期教育专业人员为儿童提供有效环境所做的工作。有完美环境的活动少之又少。另外，一旦孩子们进入一个空间，教师就会发现自己能够做出改变，从而让小组和每个人都能获得成功（参见"我的反应"部分）。还有一些其他情况，如天气、日程问题、人员变动,甚至意外访客,这些都意味着教师需要进行调整来适应自己的教育观念。幼儿并不熟悉这个世界,他们很容易不知所措;当变化发生时,成人更容易适应。当迈克来到学校宣布他不喜欢新出生的妹妹时,你可能需要通过添加一些娃娃和婴儿奶瓶来对表演游戏区进行调整,并找一些关于成为大哥哥的书放在图书区来使他适应这种"大哥哥的感觉"。

> **我的反应**
>
> ### 这对幼儿来说是良好的环境吗?
>
> 当第一次走进教室时,我立刻注意到了摆成"U字形"的小桌椅。我感到非常意外:为什么这种结构的布置对于3—5岁的孩子来说是有价值的?然后,我又重新考虑了一下这种想法:可能更具结构性的环境对于这些有特殊需要的孩子来说更适合发展,并且可以让他们在每个活动之间保持联系。不要误会我的意思——这里有很多活动中心可供孩子们一起玩耍,也有个人小屋可为个人留出私密空间。虽然桌子让我感到惊讶,但在这里工作时,我发现每个孩子的个人需求和教育计划都得到了满足。
>
> ——瑞秋

调整环境是接纳特殊需要儿童的首要内容之一。例如,脑瘫通常是由大脑缺氧所造成的永久性、非累积性大脑运动中枢损伤。如果孩子需要乘坐轮椅,那么区域之间的门和地面空间就要有足够的宽度,户外也必须没有障碍,甚至提供特殊的安全带和改装的三轮车(如果有可能)。至于空间内应该开展哪些活动,帕斯奇等人(Paaschc et al., 2004)提出了如下建议:

- 为孩子提供尽可能多的生活体验,如对待动物和旅行。

- 开展使用不同介质的活动，如玩面团、黏土、沙子、水、手指画。
- 开展促进一起玩耍、支持学习分享和轮流的活动，如玩娃娃家、使用木偶和装扮服装进行互动。
- 鼓励儿童动手：抓取、平衡并操作小型玩具材料（如小块积木、大块钉板、大型塑料拼装玩具）。

随着一日活动的开展，教师需要对物理环境进行调整。例如：当被告知需要接待一组准父母并在课堂上解释课程时，你安排的手指画活动可能需要推迟；因意外的雷雨而取消了计划中的徒步旅行，意味着你需要将投掷物和软球带到露台上，而不是简单地进行一个黏土活动。

一个空间通常有多种用途，所以教师会发现自己经常需要对环境进行调整。看看你的实习场地：每个区域的主要用途是什么？在一天或一周的过程中，这些区域内会发生什么？在一天开始时，工作台可以作为准备材料的中转区域，然后用于烘干艺术作品，接下来用于放置零食托盘——所有这些都发生在上午 10:00 之前；积木区可以转换为集体活动区，然后可以放置几张睡床以供午睡；用作三轮车道的柏油车道也可以用于接力赛和投掷游戏。

样本环境。 查看房间和庭院的规划有助于实习生认真检视空间，进而更为娴熟地教育幼儿。据说有多少教师参与规划，就有多少种建构学校空间的方法。事实上，全美幼教协会有意避免在其发展适宜性教育实践中规定具体安排或庭院项目，而是鼓励早期教育中的环境多元化和空间挑战。图 5.1 至图 5.4 提供了一些为三个不同年龄段的儿童布置空间的方法。将其与你的空间进行比较，查看它们之间的共同以及不同之处。

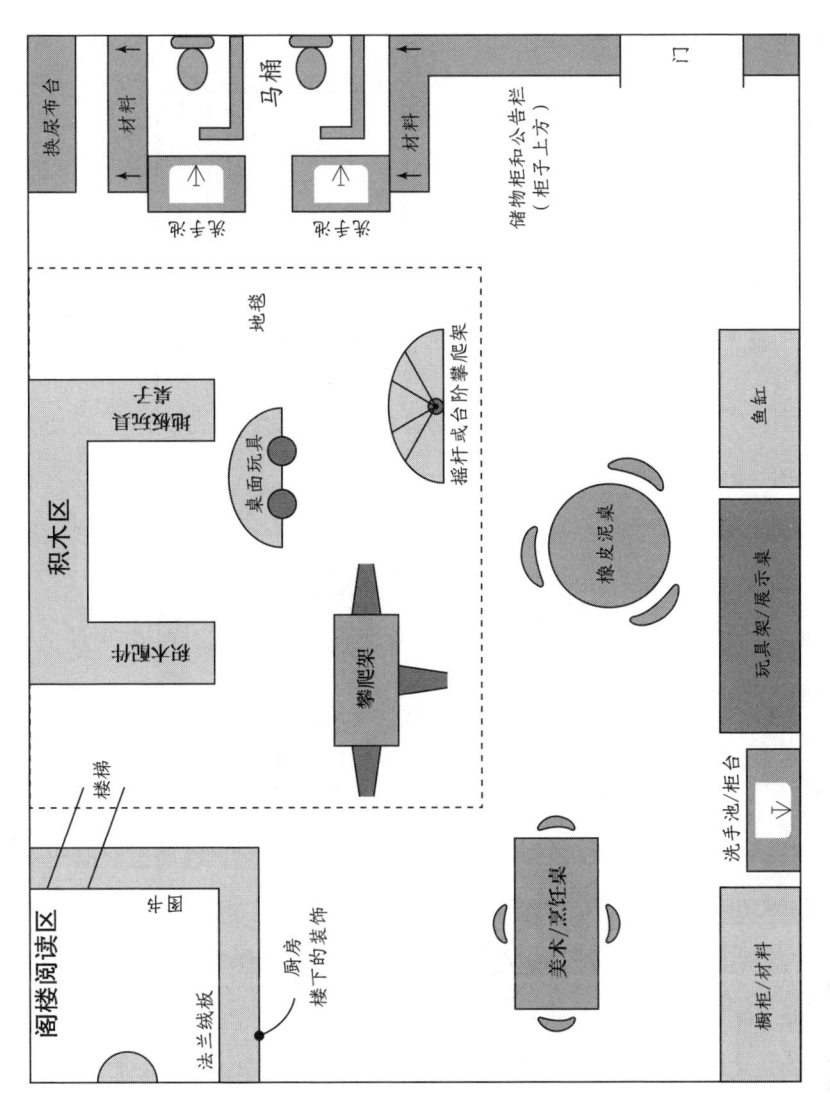

图 5.1 婴儿和学步儿环境

注：学步儿的环境在考虑安全性和易入性的同时，还应帮助孩子在小组中学习，这样他们就能最大限度地减少对他人的干扰。

资料来源：Gordon & Browne (2011)。

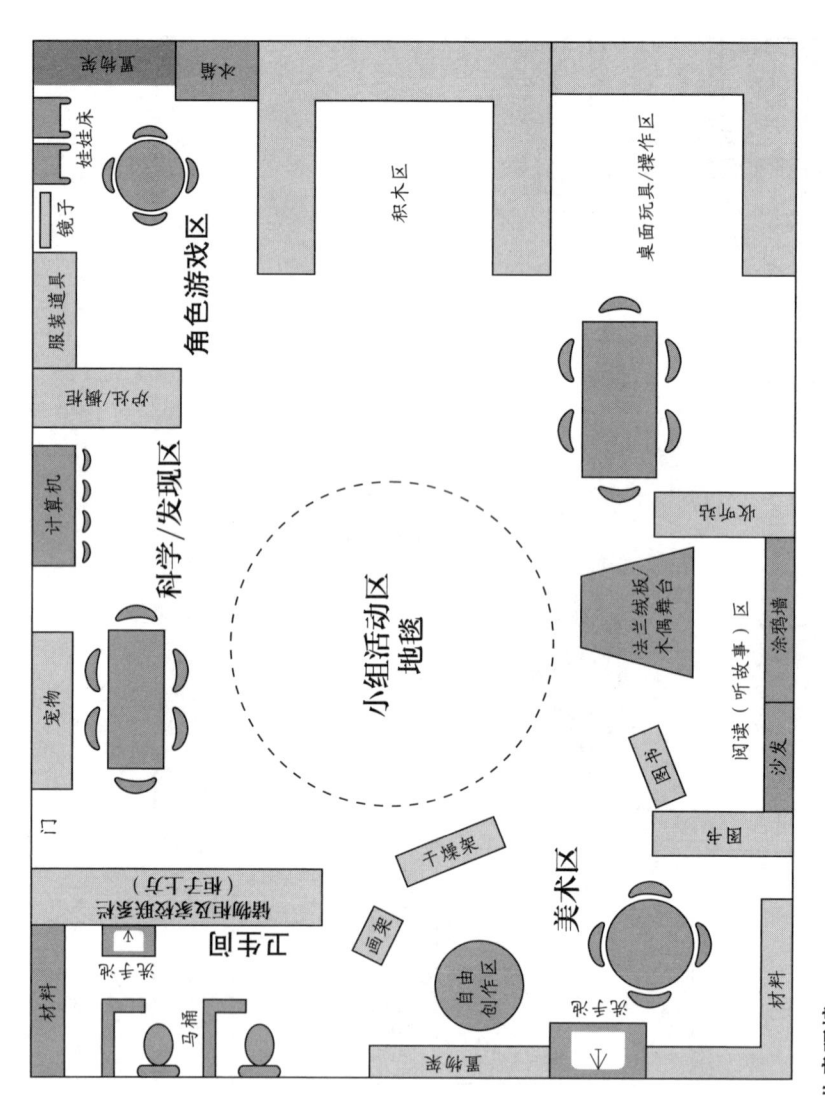

图 5.2 学龄前儿童环境

注：学龄前儿童看护中心需要明确界定的边界和明显的通道，使儿童能够轻松、独立地使用这个空间。

资料来源：Gordon & Browne (2011)。

第五章 环境和日程 143

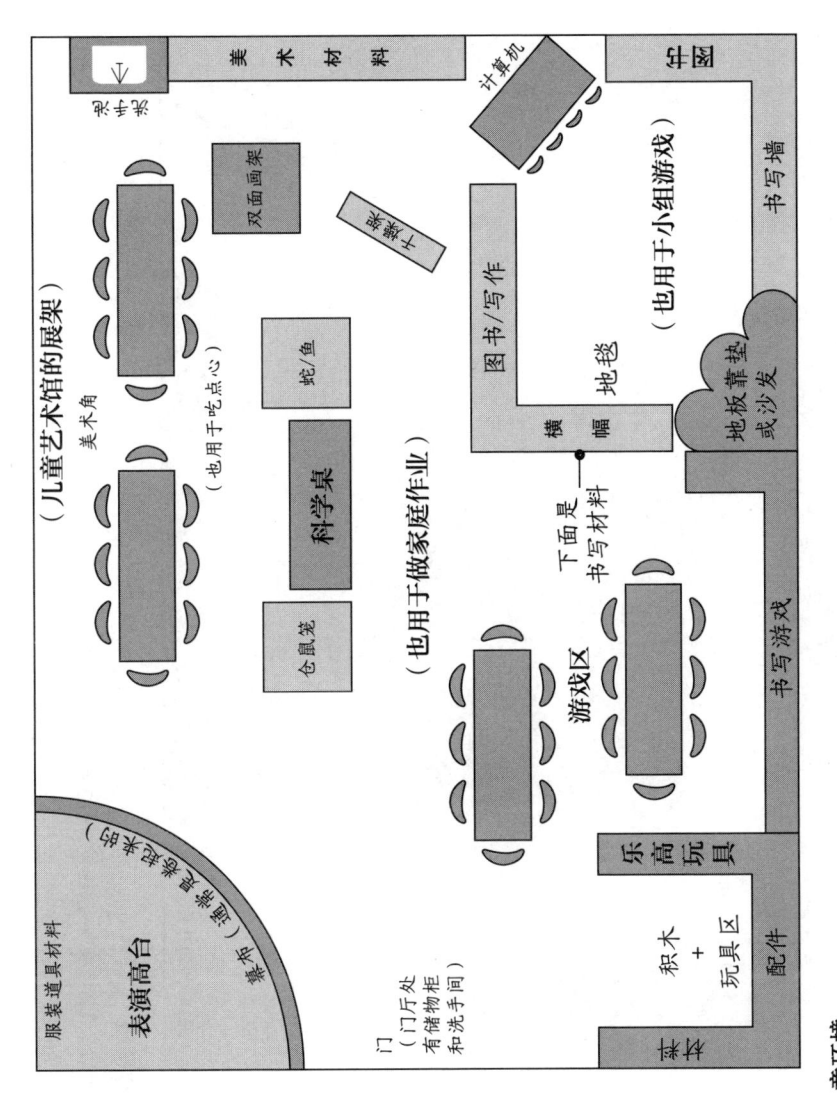

图 5.3 学龄儿童环境

注：学龄儿童环境设有学习中心，让孩子们可以做出明确的选择，并通过游戏积极地学习。

资料来源：Gordon & Browne (2011).

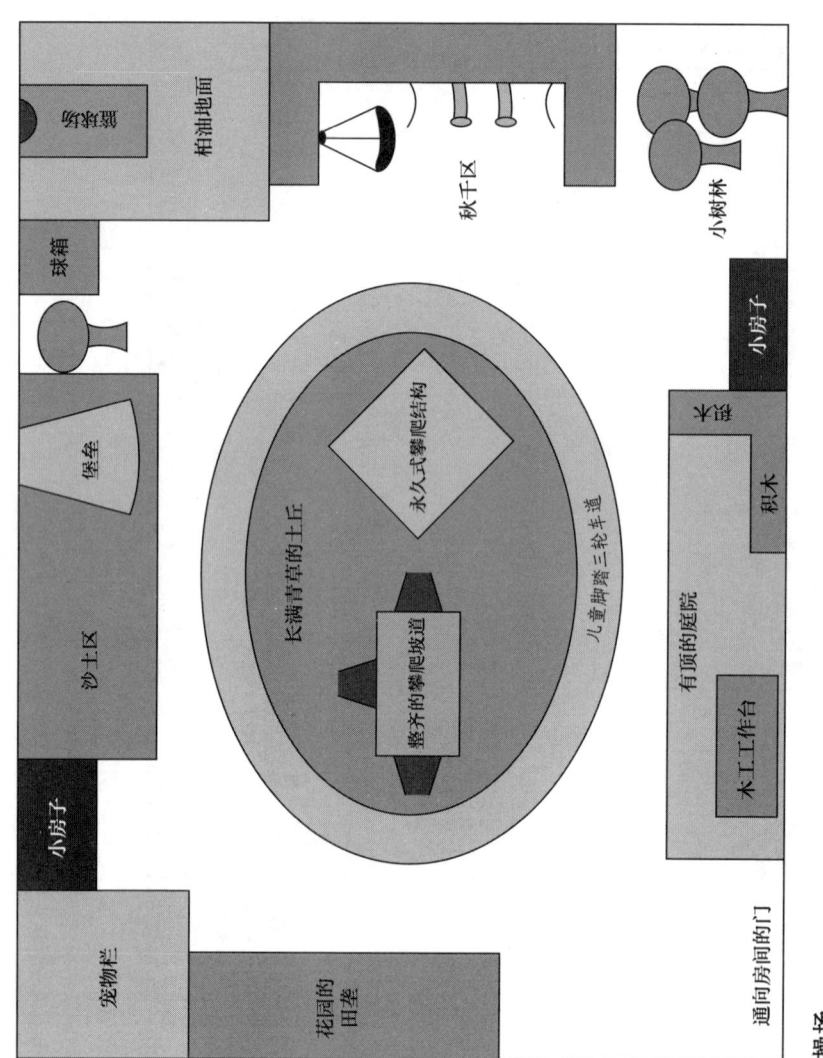

图 5.4 早期教育操场

注：适合 4 岁及 4 岁以上儿童的操场/庭院将给他们带来安全感和冒险感。

资料来源：Gordon & Browne（2011）。

第五章 环境和日程

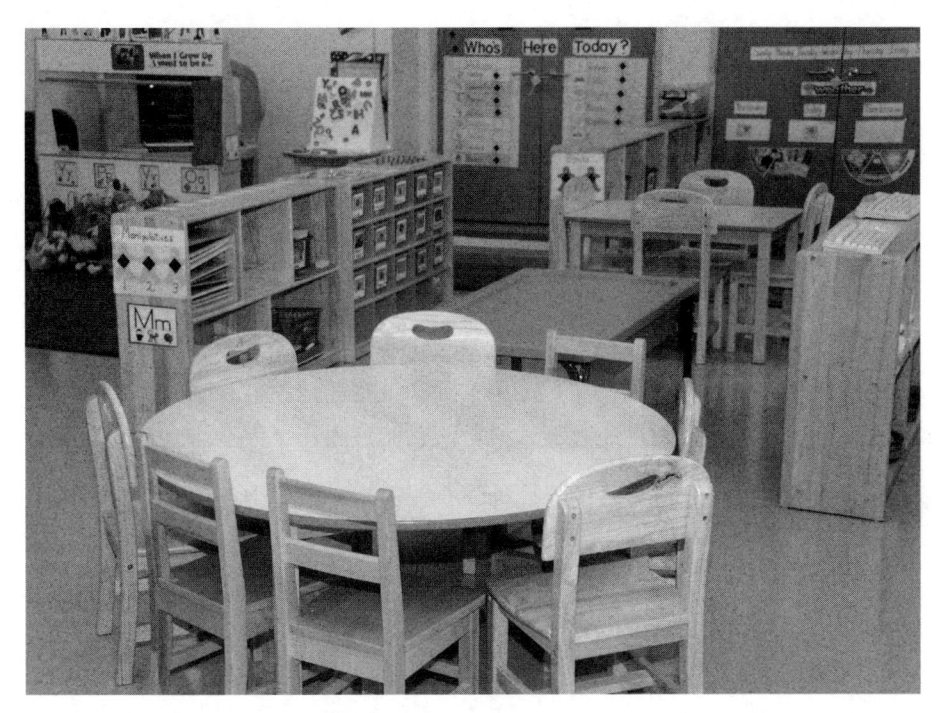

在配置了具有年龄适宜性的材料和设备的教室中，儿童玩耍和学习的效果最佳。

设备和材料

考虑你的资源。与物理空间一样，各种课程在设备和材料的财务资源方面也各有不同。教师经常会发现自己不得不使用塑料设备来代替硬木设备，使用捐赠的材料而不是新的物品。然而，由于所投资的设备和材料需要持续使用多年，因此在购买时教师应仔细考虑。

设备。房间内的家具应该适合儿童参与活动，并且通常需要有多种用途。例如，椅子需要结实牢固，与桌子相匹配，适合孩子使用，并且能够承受所进行的活动、用来吃零食、适用于美术活动（如画架）、用作观众座位（如供木偶表演时使用），甚至还可以作为火车车厢。早期教育环境具有很高的要求，设备必须能够经受儿童的使用。

中心设备的牢固程度应至少是家庭设备的 10 倍。要注意尖锐的边角、可吞食的小部件和有毒的表面材料。物品是否会被拉倒或翻倒？发生磨损或断裂时是否有危险性？能否进行清洁和消毒？所有的儿童（包括有特殊需要的儿童）都需要适当大小和规模的设备（Greenman & Stonehouse，2007）。具有存储功能的架子和工具箱有助于教学人员展示可用的物品并留出备用的物品以供替换。

用于*存储*的房间或庭院。一旦家具到位，就会出现置物空间。此时便应该将材料摆放在游戏区域。充足、可拿到和带有标记（带有图片）的材料对各个年龄阶段的儿童的秩序感都至关重要。所有的孩子都是通过他们的感官和具体的手工材料进行学习的。此外，在普通教室里接纳残疾儿童对所有人都有好处，因为这样教师所设计的材料就会具有普遍性，并且适用于各种年龄和能力水平的孩子。查看房间和庭院里的活动区域，在考虑到你所教孩子的年龄段的情况下，对照表 5.1 进行材料比较。

表 5.1　儿童室内与户外场地 / 庭院的基本材料表

☞ 尽管不是很全面，但这个列表是从组织室内外各种各样的游戏环境开始的。请注意要根据儿童的不同年龄段对此加以调整。

教师需要为多种活动布置室内外环境，应根据儿童的不同年龄和能力对环境进行调整。

艺术

满足多种绘画类型（蛋彩画、水彩）的画架和颜料

多种尺寸和形状的刷子（0.5~7.5 厘米，泡沫材质）

马克笔、多种颜色和大小的铅笔

剪刀、打孔器

胶水、糨糊、胶棒

多种样式的胶带（不透明、透明、彩色）

拼贴材料（布、瓦楞纸板和普通纸板、小盒子或塑料、纽扣）

各种纸（白色、彩色、波纹、方格）

橡皮泥、黏土

婴儿 / 学步儿：使用开放式架子并提供一两种选择。

学龄儿童：既有自助平台，又有教师指导的项目，可以提供订书机和绘图工具。

积木

标准积木、字母块、小彩色块和（或）空心积木

（续表）

　　配件（路标和气泵、人和动物的图片、碎布）
　　支持道具（娃娃屋和家具、车库和运输玩具）
　　婴儿/学步儿：用软块或纸板块来代替标准积木；将道具和配件限制为一种或两种类型，包括推拉式玩具。
　　学龄儿童：增加标准积木的数量和类型；添加城堡或农场积木、模型积木；为儿童添加纸和铅笔来制作标牌；用牛奶盒、鞋盒和其他各种盒子自制积木。

发现与科学
　　自然材料（松果、树叶、光滑的鹅卵石、苔藓、木棍）
　　纹理材料（布料、纽扣和按扣、挤压泡沫片、泡沫包装）
　　感官/玩水桌面材料（漏斗、水轮、塑料管、杯子、筛子、量杯和勺子）
　　放大镜、镜子
　　天平（食物和地面）
　　小宠物（鱼、仓鼠/豚鼠、龟/蛇、鸣禽）
　　婴儿/学步儿：为安全起见进行简化（参观水族馆）。
　　学龄儿童：为研究起见精心设计（使用计算机）。

戏剧游戏
　　安全的镜子
　　家具：儿童尺寸的桌/椅、火炉/冰箱、橱柜、娃娃床/高脚椅
　　服装：各种各样，并非千篇一律
　　娃娃：男性/女性，不同种族的服饰和配饰
　　烹饪工具：筷子/炒锅、玉米饼压机、锅/平底锅、餐具
　　食物：各种塑料食品、农产品
　　便携箱：钱包、手提箱、公文包、背包、婴儿车
　　婴儿/学步儿：保持简单，添加可以弄湿的帽子或玩偶。
　　学龄儿童：根据主题（如史前洞穴、空间站、露营地）添加不同材料。

语言和书籍
　　书籍：各种类型和风格，用书架进行展示
　　法兰绒板、配件
　　照片：大量的儿童及其家人的照片
　　乐透游戏
　　唱片、录音带
　　写作中心：打字机、平板电脑和铅笔
　　婴儿/学步儿：纸板书，其他物品仅限成人使用。
　　学龄儿童：基础读物、收听站、家庭作业桌/角。

（续表）

桌面玩具/操作玩具
 拼图
 组装玩具：乐高积木、万能工匠等
 数学玩具：拆除方块、古氏积木、数学形状积木、彩色立方体、蕾丝、穿线玩具、小钉板
 装饰架
 蒙台梭利材料：粉红塔、刻度量筒、金色串珠等，收藏品——纽扣、钥匙、贝壳等，合作游戏——乐透、多米诺骨牌、配对游戏等
 婴儿/学步儿：带旋钮的拼图、柔软的拼图；用大塑料珠子、嵌套盒、堆叠玩具、学步儿易于装饰的框架来取代数学玩具。
 学龄儿童：增加棋盘和纸牌游戏；重点关注乐高式建筑和数学玩具。

户外操场/庭院
 操场：提供各种表面（草地、沥青、砾石/沙子、鞣制革），并有自然休息处
 设备：带有斜坡、滑梯、爬杆、梯子的攀爬架，秋千（各种类型），房子/安静区，轮胎或斜坡板等"滑动部件"
 沙/水区和玩具
 骑行区域和各种有轮玩具（三轮车、低三轮车和四轮车、推车）
 球类（橡胶球、足球、格子球/球棒/球座、碰碰球）
 积木（通常是空心积木）
 舞蹈/投掷/翻滚垫材料
 戏剧游戏道具
 画架和晾干架
 花园（花床、软管、堆肥）
 宠物区（兔子、鸡）
 工作台和木工/黏土材料
 婴儿/学步儿：简单的骑乘玩具（没有木工玩具）、低矮简单的设备和（或）泡沫楔子。
 学龄儿童：扩充游戏区域，如增加篮球游戏；可以消除或减少有轮玩具；添加舞台或船只；为儿童搭建城堡增加材料。

资料来源：Gordon & Browne（2011）.

  最后，正如整体环境应该具有适应性一样，材料和设备也应该是灵活的。为儿童提供多种材料能让他们在环境中有多种学习选择。例如，拼图和自校正量筒等材料只能以一种方式使用，因此更重要的是要有一些能够以多种方

式使用的材料，如积木、建筑材料和表演游戏材料。教师可以通过为干沙提供水、为橡皮泥提供滚轴和压制器或为颜料罐提供不同种类的刷子，使这些材料变得更为复杂。

如图 5.1 所示，为年龄特别小的孩子准备的环境和家庭托儿所的环境可能没那么有条理，也没有划分游戏区域。爬行的婴儿和蹒跚学步的幼儿需要活动的空间，他们会关注到专门为他们提供的安全、有趣、清洁的材料，而对适合于年龄较大儿童的活动材料关注较少。可以给孩子们能够触碰的有趣物品，例如一篮子围巾或结实的旧吉他；也可以将他们带到有趣的地方，例如举起婴儿触摸风铃，或者带学步儿看栅栏外正在修的公路。

重复使用和回收。重复使用和回收是用来描述大多数早期教育活动的热门词语。除了关注全球环境问题和许多西方国家的传统做法对地球造成的严重后果，早期教育工作者还发现有必要通过重复使用和回收材料来增加预算。一位实习教师在她的课程中重点关注了回收，她给每个家庭准备了一封信，列明了可保留的物品，并让孩子把信带回家，让家长要求孩子在家里重复使用这些物品。请注意所列物品以及实习教师告诉家长如何重复使用它们（参见表 5.2）：

表 5.2 可回收物品及重复使用的方式

玉米片包装盒	制作拼图，创建一个匹配游戏，粘上纸做成积木
水瓶上部	把豆子放进去摇动，用作宾果计数器，设计一个掷环游戏
咖啡杯和糖霜盒的塑料盖子	将盖子作为鸟巢的基底，打孔用作系带卡，进行踏脚石游戏[1]
气泡膜	用胶带粘贴到地板上，让孩子们踩踏它；粘到桌子上用玩具锤锤爆；让孩子剪切用于拼贴

为幼儿选择的材料和为他们准备的环境都是多种多样的。可以考虑使用

---

[1] 类似于踏石头过河的游戏。——译者注

表 5.1 和表 5.3 来评估你在实习场地中找到的材料。

表 5.3　什么是好玩具?

☞ 适合幼儿的适当材料必须具备某些有用和有教育意义的特征。

- 细节简洁
- 用途多样
- 设计易于理解
- 易于操作
- 让孩子们参与游戏,包括使用大肌肉
- 鼓励合作游戏
- 有温暖舒适的触感
- 耐用
- 按预期工作
- 安全
- 比例和数量都很合适
- 价格基于耐用性和设计
- 大小适合孩子们
- 残疾儿童也可使用

资料来源:*Children Come First*, used with permission from Community Playthings.

适合幼儿的日程

日程定义了每一个课程的结构和流程。如果环境确定了活动会在哪里发生,那么日程就该确定它们何时会发生。日程可以告诉儿童和成人所发生事件的顺序及时间的长短。

日程和课程目标

日程在达成课程目标的同时,也反映了儿童的年龄特点和需求。一日活动安排和活动时长反映了课程的价值取向:关注培养儿童自理能力的课程将为儿童的穿衣、饮食和如厕提供充足的时间;关注儿童学习的课程可能会安排大量的时间来教授数学和读写的内容。

日程的优先顺序。查看你所在中心的日程，对比儿童选择的活动与教师主导的活动、过渡环节与常规活动、小组活动与集体活动的时间——时间安排得越多，则优先级别越高。然后请你的实践指导教师对这些活动进行排名，看看活动的优先顺序是否与所安排的时间相匹配。

例如，实习生坎迪丝发现："日程安排确实为悠闲的游戏活动提供了足够的时间，因为刚开始的第一个小时就是自由游戏时间。紧张的时间段是过渡环节，非常匆忙且紧急。在一天的开始，节奏最为悠闲；即使是在整理环节，也会播放巴尼歌曲，所有的孩子都会参与其中。但随着一日活动临近结束，整理环节似乎变得匆忙，孩子们不再积极，教师们唠叨着每个人。我们应该在每天日程开始和结束时都有清理时间。"

儿童的行为是日程是否有效的良好指标。正如下面的"道德困境"所展示的那样，教师在看到不舒服的事情时需要仔细思考。这些感受可能表明教师需要做出改变。

道德困境

这份日程安排适合这些孩子吗？

情境：实习生布里安娜正在参加2岁和3岁儿童的"美妙的2岁"活动。这很有趣，但她对日程安排感到担心。因为当大家到来后，为了"准时"集合，孩子们在游戏时间和清理时间很匆忙。集体教学时间往往会持续长达半小时，教师需要做出许多提醒，孩子们也会前后摇摆。布里安娜很快就要组织集体活动了，她很担心这一点。她该怎么办？

《道德行为准则》参考：

第1节：对儿童的道德责任

I-1.2 以幼儿教育、儿童发展和相关学科领域的现有知识和研究，以及每名儿童的独特知识为基础实施课程实践。

第3节：对同事的道德责任

P-3B.5 当我们对影响项目保育和教育质量的情况或条件感到担忧时，我们应通知项目管理部门，或在必要时通知其他有关权威人士。

解决方案：布里安娜与她的高校指导教师进行了交谈，指导教师建议她与实习主管教师讨论她的问题，并帮她写了一份清单，清单中包括她所看到的日常活动以及她从发展适宜性教育中学到的东西。虽然很紧张，但布里安娜带了两篇关于发展适宜性教育集体活动的文章，并与她的主管教师进行了谈话，主管教师允许她尝试比平时更短、更灵活的集体活动。活动成功了！主管教师建议所有教师将来都可以尝试进行更短、更灵活的集体活动，但每个人都必须准备好再行动。

日程的内容。在制定日程时，教师应牢记保证多元化、可选择性、节奏和平衡。

家是我们感到安全和可控制的地方，它反映了我们熟悉和可预测的情况。儿童的活动场所需要提供有序的时间安排和空间，以促进课程目标的达成，同时对于课程中的所有人（无论年龄）来说，使中心成为舒适的生活和工作场所……良好的顺序提供了一个舒适的框架，不会粗暴地打断儿童的活动；而且良好的顺序可以提供更多的经验，并让幼儿能够预测他们一天的生活（Greenman，2006，p.53）。

例如，米歇尔在她的中心里发现了一个"开放政策"，从上午10:30到午餐时间，孩子们可以选择参与任何室内或室外活动。她的实践指导教师纳塔莉娅指出，当桌子上有新的或有趣的东西，或者孩子们与某些朋友一起探究或活动时，他们会选择在室内玩耍。一旦打开门，有些孩子就会到户外，并在剧烈运动后回到室内；即使在潮湿或寒冷的天气里，也有一些孩子会在户外玩耍。这一选择政策似乎让孩子们得到了鼓舞，米歇尔观察到，在这一学期中，所有儿童的参与水平都有所提高。

所有早期教育日程中的共同环节是吃饭。

一般准则

对孩子来说重要的是了解顺序的确定性，而不是确定的时间长短。

共同元素。无论在什么年龄段或时间段，所有适合儿童发展的日程都有共同的元素。表 5.4 列出了这些元素。

灵活性。在遵循这些指导原则的同时，教师也应调整时间表以适应小组的需要，另外还要保持灵活性。请参阅"反思性事件"，了解应对意外情况的灵活性。

表 5.4　构建发展适宜性日程的 10 项技巧

1. 包括常规活动时间、过渡活动时间和小组活动时间。
2. 交替进行安静、久坐不动的活动与吵闹、活跃的游戏活动。
3. 提供室内和室外活动时间。
4. 允许存在结构化和非结构化的时间段。
5. 包括教师主导的活动和儿童选择体验的活动。
6. 留出时间让孩子们进行独处活动、小组活动和集体活动。
7. 在设置日程时考虑班级幼儿的年龄范围和发育水平。
8. 由于天气、紧急情况、儿童的情绪和兴趣以及自然意外情况,允许日程灵活变化。
9. 在每天的开始和结束时,让每名孩子或家长都受到热烈的欢迎和送别。
10. 将意料之外的事情变成可进行教学的时刻。

反思性事件

集体教学时间的消防演习

我终于搞定了集体教学活动,为此我已经担心了好几个星期,因为我看布什拉和西奥在组织集体教学活动时毫不费力。当布什拉站在全班前面时,她似乎闪烁着光芒;孩子们喜欢西奥尝试的任何东西。随着时间的推移,我已经成为孩子们值得信赖的老师了,现在我有了自己的小组——这其实是我的指导教师的小组,但她现在已经把它交给我了。

我为孩子们选了一首欢快的歌曲(《如果感到幸福你就拍拍手》,*If You're Happy and You Know It*),然后我们读了一个故事(《好饿的毛毛虫》,*The Very Hungry Caterpillar*),孩子们正在地毯区练习如何像毛毛虫一样蠕动……这时候火警警报突然响了起来。

这非常有趣,孩子们突然停下,但仍在扭动。然后我们排队走出去。但有一个孩子非常沮丧,因为她想要站在她的小地毯上。学龄前儿童真的会让你看到你所做的事情是如何影响他们的情感和身体的!

——莫妮卡

> **你的思考**
>
> 1. 我感觉如何？
> 2. 我该怎么办？
> 3. 结果可能是什么？

另外，请牢记以下 4 点：

- 随着孩子的成长，提供更多的选择。2 岁儿童比 4 岁儿童对放在架子上的玩具的需要要少。学步儿可以在室内或室外活动，但学龄前儿童可以自己做出选择，当然学龄儿童也可以自己选择。
- 过渡环节的处理方式因年龄而异。年龄较大的孩子可以集体从教室移动到图书馆，但学龄前儿童采取小组移动的方式会更好，当然后者还需要成人的帮助。上学前班的孩子可以和同伴一起走路，但是 2 岁的孩子需要拉着成人的手或依赖牵引绳才能走路。
- 日常活动安排随时间而变化。自由游戏和教师主导的活动必须与班级儿童的年龄保持平衡。随着幼儿年龄的增大，教师发起的活动会增加。学前班和小学的时间表会提供更具结构性的个人活动项目和以教师为中心的时间。
- 集体教学活动的内容和持续时间会随着儿童年龄的增长而增加。学步儿的集体活动时间短而简单，也许是唱一首歌和讲一个故事。在幼儿园，这个时间会增加到包括表演一个熟悉的故事或手指游戏，以及集体研究如何解决问题。在学前班，上课时间已经扩展到包括概念介绍和更为详尽的讨论。

考虑一下，在你的实习场地，你可以做出什么样的改变来适应孩子的发展阶段和技能要求。

日程样本

因为早期教育实习课程涉及从婴儿到学龄儿童的教学环境，所以你所遇到的日程表可能会有所不同。这些日程样本概述了2—8岁儿童的课程。夏洛特在她的工作地点进行了考察，并指出"制定日程是一项艰巨的任务，在你还没有见到孩子时，很难做好计划。我们要让孩子们对其在一天中所做的事情充满希望和好奇。可能我们并不总是遵循日程，但重要的是我们所有人需要知道一些'地图'"。

查看表5.5至表5.8中的日程安排。这些表提供了为各个主要年龄段的儿童进行日程计划的方法。将这些内容与你所在的实习场地的日程安排进行比较。请记住，日程安排提供了结构，使孩子们有时间学习和茁壮成长。

表5.5　学步儿半日制中心日程

☞ 学步儿半日制中心的日程样本包括灵活的选择、一致的常规活动以及对学习自我调节技能（如如厕）的孩子的反应。

上午 8:00：欢迎儿童和家长
室内自由游戏：画架、橡皮泥、书本、积木、坡道
　　上午 8:45：可选择全班音乐/舞蹈
　　上午 8:50：播放整理歌曲
　　上午 9:00：开门通往室外
室外自由游戏：滑梯、桥梁、攀爬架、沙子
　　上午 9:45：可选择已组织的游戏
　　上午 9:50：播放整理歌曲
　　上午 10:00：洗手和如厕（换尿布）
　　上午 10:15：小组吃零食
　　上午 10:25：可选择小组讲故事
室内或室外自由游戏
　　上午 11:20：播放整理歌曲
　　上午 11:25：集体教学时间（可选：家长加入故事组）
　　上午 11:30：向孩子和家长道别

表 5.6　学龄前儿童全日制中心日程

☞ 为学龄前儿童设计的课程涉及与游戏活动、常规活动和过渡环节相适应的舒适节奏。

上午 7:30：到校——欢迎和早餐

上午 8:00：室内自由游戏

上午 9:00：播放整理歌曲

上午 9:15：集体教学时间——歌曲、游戏、当日活动

上午 9:30：选择焦点活动——艺术、烹饪、科学

上午 10:30：整理并洗手吃零食

上午 10:45：小组吃零食

上午 11:00：室外自由游戏

上午 11:00：实地考察或散步、游泳、音乐或美术活动

中午：整理和洗手准备吃午餐

下午 12:15：午餐

下午 12:30：吃完午餐、如厕、准备午睡

下午 1:00：休息、个人讲故事或播放故事录音带

下午 2:00：不午睡的儿童进行安静的活动并准备吃零食

下午 3:00：零食时间

下午 3:15：集体教学时间——音乐、特殊选项

下午 3:30：室内或室外自由游戏

下午 4:00：步行到公园、玩团体游戏或看电影

下午 5:30：与家长一起离校

表 5.7　学龄前儿童半日制中心日程

☞ 传统的学前教育课程是半天，重点是游戏和社会交往互动。

上午 9:00：到达和问候

上午 9:00—9:45：室内自由游戏——艺术、电影、戏剧、桌面玩具、玩水台

上午 9:45：整理和洗手

上午 10:00：上课时间

上午 10:15：小组吃零食

上午 10:45：室外自由游戏——攀爬架、秋千、沙箱、木工、有轮玩具、集体游戏

上午 11:45：整理

中午：故事时间和离校

表 5.8　学前班至三年级儿童的中心日程

☞ 对于年龄较大的孩子，日程安排包括大量的小组活动机会以及对家庭作业的支持。

中午：学前班儿童到校——欢迎、洗手、吃午餐
　　下午 12:30：学前班儿童集体教学时间——新闻、选择
　　下午 12:45：选择时间——室内自由游戏和烹饪
　　下午 1:45：室外操场和游戏
　　下午 2:45：整理和所有的室内活动
　　下午 3:00：1—3 年级儿童到达——欢迎、收起随身物品
　　下午 3:10：所有人的集体教学时间——新闻、选择
　　下午 3:20：零食时间
　　下午 3:30：1—3 年级儿童做家庭作业；学前班儿童艺术项目
　　下午 4:00：1—3 年级儿童户外团队活动、室内俱乐部活动；学前班儿童室内自由游戏
　　下午 5:00—6:00：室内或室外自由游戏、乘坐校车离校

　　规划环境和设置日程安排是教学非常重要的组成部分，其中包含一系列复杂的任务。这些因素为课程的活跃奠定了基础。尽管实习生起初可能会感到不知所措，但早期教育专业人员（实际是所有的教师）在实施计划时都会感到非常满意，就像"实地经验"所描述的一样。

⌘ 实地经验

创建工作室，一箱可回收物品

帕特里夏·迪尔科

项目联合协调员，加利福尼亚州圣马特奥地区早期教育导师

　　1998 年 8 月，一个小型儿童照护项目首次向热切期待其到来的社区儿童和家庭敞开大门。我得说这并不是我所推动的第一个"项目"，但它很特别：它是旧金山湾区一所小型社区学院的儿童发展实验室。我们要考虑的不仅仅是 50 个孩子和他们的家庭，我们还要负责让实习生在这里

对儿童进行观察或行政约谈，以及完成为期半年的学生实习。虽然我曾经管理过大型项目，但我从未对社区承担过此类责任：我们的学院设有早期教育系，同时我们还有儿童发展实验室。你可以想象我该有多么紧张，因为我知道很多班级的学生和教师都会观察并谈论我们的课程！

在一栋可改造的建筑中，在2000平方英尺（约为185平方米）的房间中，创建最先进的早期学习环境可能会非常棘手。我们的计划是在开办几年后得到全美幼教协会的认证，所以我们所做的一切都关注了认证标准。建筑物坐落在山顶，俯瞰着美丽的山谷，远方是海岸山脉，我们希望能够观赏到周围的自然美景。我们认为，教室环境应该倾向于使用天然材料和中性色调，家具选用了浅枫木，货架上的篮子都带有手柄，纺织品和家具也融入了背景色。我们希望孩子们的光明和快乐成为环境的重点。

一开始，我们选择了传统的教室设计和常见的活动区域设置，包括一个基本的艺术区，但是这一区域在开展其他活动时经常会关闭。在第一年结束时，教职工集体开会讨论我们明年的计划，我提出了从意大利瑞吉欧·艾米莉亚幼儿园得到的理念：项目活动、记录文档、透明度、计划时间、家长参与和工作室。在长时间的讨论后，我们决定将艺术区打造成一个迷你工作室！

我们在"透明度"这一概念上花费了大量的想象力。我们开始把空间看作是无边界的——没有墙壁。我们之前曾安装了深色的金属架子，以便孩子们看到我们收集的精美材料。现在我们改为全部使用透明盒子或篮子盛放材料，这可以实现相同的视觉效果。我们还会前往当地的两个再生材料中心收集有趣的开放式物资。

当我们的中心在秋季学期重新开放时，孩子们都很向往，父母们对此很好奇，教师们应接不暇！起初，我们似乎无法建立任何界限，孩子们不理解他们自由使用材料的权利。坦率地说，这个地方很乱，我们没有从实验中看到任何积极的结果。但随着学期的展开，我们为孩子们开发了一种预期语言，混乱消失了，创造力爆炸了！我们发现，如果得到重复的机会，即使是非常年幼的孩子也可以巧妙地运用彩色铅笔和蜡笔。我们还发现，所使用的材料越珍贵，孩子们对待材料就越温柔和尊重。在我们为他们做出示范时，他们了解到了爱护环境的重要性。

　　刚开始我们认为自己的项目是一个受瑞吉欧启发的项目，但现在我们认为自己是独一无二的。我们大部分的文化来自学院社区。每学期的开始和结束成了我们项目规划中的一部分，工作室的材料反映了季节和项目的需求。父母们也开始参与收集展示材料，以及拍摄儿童和组装记录板等活动。我们学会了不要害怕冒险，因为孩子们会引导我们的方向。我们学会了相信所合作的教师团队，因为集体的智慧要远远超过一个人的力量。我们也学会了尊重和信任幼儿的能力。

实 践 活 动

　　概述你进行教学的室内和室外环境。注意有问题的地方：孩子太多、空间不够、区域被忽略等。现在，为你所教的年龄阶段的儿童设计环境，并展示出你的安排是如何改善环境的。

日 志 作 业

　　你在每天的日程安排中看到了什么"问题点"？孩子们是否过于匆忙？一天中是否有儿童长期存在行为问题的部分？在日程中确定这些内容，并为解决问题提出建议。

参考文献

Community Playthings. (2012). *Spaces: Room layout for 0-5 year olds.*

Cryer, D., Harms, T., & Riley, C. (2003). *All about the Early Childhood Environmental Rating Scale.* Raleigh-Durham, NC: Pact House.

Dodge, D. T., & Colker, L. J. (2010). *The creative curriculum for preschool* (5th ed.). Washington, DC: Teaching Strategies, Inc.

Gonzalez-Mena, J., & Eyer, D. W. (2008). *Infants, toddlers, and caregivers: A curriculum of respectful, responsive care and education* (8th ed.). New York: McGraw-Hill.

Gordon, A. M., & Browne, K. W. (2011). *Beginnings and beyond: Foundations in early childhood education* (8th ed.). Clifton Park, NY: Thomson Delmar Learning.

Greenman, J. (2006, July/August). The importance of order. *Exchange Magazine*, 53-55.

Greenman, J., & Stonehouse, A. (2007). *Prime times: A handbook for excellence in infant and toddler care* (2nd ed.). Redmond, WA: Exchange Press.

Harms, T., Clifford, R., & Cryer, D. (2005). *Early Childhood Environmental Rating Scales* [FACERS, ECERS-R, ITERS-R, SACERS]. New York: Teachers College Press.

Montessori, M. (1967). *The Montessori method.* Cambridge, MA: Frederick A. Stokes Company.

Olds, A. (2000). *Child care design guide.* New York: McGraw-Hill.

Paasche, C. L., Gorrill, L., & Strom, B. (2004). *Children with special needs in early childhood settings: Identification, intervention, inclusion.* Clifton Park, NY: Delmar Learning.

Prescott, E., Jones, E., & Kritschevsky, S. (1972). *Group care as a child-rearing environment.* Washington, DC: National Association for the Education of Young Children.

Ritchie, S., & Willer, B. (2008). *Physical environment: A guide to the NAEYC Early Childhood Program Standard and Related Accreditation Criteria.* Washington, DC: NAEYC.

WestEd. (2009). *California Infant/Toddler Learning and Development Guidelines.* Sacramento, CA: CDE Press.

第六章

课程

> ☑ **学习成果**
>
> 设计、实施和评估有意义的课程,这些课程是游戏化的、整合的,并以主动学习为基础的。

从头开始

早在设计和选择活动室、安排每日日程和创设课程之前,幼儿教师就会反思幼儿所提出的"如何""是什么""何时"和"为什么"之类的问题以及幼儿的学习过程。经验丰富的教师在计划课程之前几乎会无意识地回想一遍影响他们思考的潜在因素。新手教师可以从回顾为幼儿创建良好的学习环境和课程的过程中受益。

幼儿如何学习

一群学前班和一年级的孩子跪在课后中心的地板上,制作了一张他们所住社区的大地图。他们有标记、剪刀、杂志、胶水和彩色纸,而且他们彼此之间的谈话很生动:

科里:我们家就在卢克家的拐角处。你们家在哪里,尼迪?

尼迪：在第二条街，那是两个街区之外。我有一些绳子，我们可以测量每栋房子到学校的距离。我想知道哪一个更近。

卢克：今天我们应该路过消防局，看看旁边有什么，因为尼迪说药店就在那里，但罗莎莉说药店不在那里。

梅林：这看起来不对。你怎么画篱笆？

罗莎莉：我们必须做路牌。我会打印它们的名字。我所在的街道做起来很容易，但你所在的街道做起来很难。加西亚夫人，你怎么拼"蒙哥马利街"？

加西亚夫人：让我们一起发声，罗莎莉，我会把它打印在板上给你。

科里：哎呀！这儿没有汽车可以行驶的道路。让我们把这条路通到城里。卢克，你从那里开始，我会从这里开始。

乔伊：我会剪一些真正的汽车并将它们粘在街道上。

看着孩子们之间的互动，你会发现，他们很活跃、好奇、渴望学习，也很有创意。他们质疑、探索、实验、表达、想象。孩子们在制作地图时构建自己的知识，彼此协作、协商并相互学习。

动手学习。动手学习是幼儿理解环境和世界运作方式的最有效方法。作为主动学习者，幼儿必须以各种方式探索和操纵材料。推、拉、堆叠、建造、推倒、分类、测量、挖掘、拆卸、拼凑、倾倒、攀爬都是幼儿学习的方式。探索发现的价值不容小觑，因为孩子们可以自己找到事物的运作方式。例如，在孩子们搭建积木，看着它们掉落并学会如何使它们保持稳定之前，平衡的概念是没有意义的，这是学习平衡概念所必需的、有形的物理经验。当孩子们在空间内移动，使用不同的材料在地图的不同板块上操作，并对彼此的意见和建议做出反应时，大部分的地图制作活动都是基于实物且在地板上进行的。

亲身学习。 亲身体验是学习的开始。幼儿通过扩展自己的经验来建构知识。在过去几周的积木区，地图制作故事中的孩子们正在建造复杂的建筑，并创建了一个小镇。为了拓展他们的兴趣和学习，加西亚夫人建议他们用一种厚而不透水的纸来创建小镇。社区内的日常活动为孩子们绘制地图提供了直接的理解，即从他们自己的家和街道开始。孩子们路过公园、药店或消防局的经历点燃了他们的兴趣和激情。当以创建地图的方式来呈现自己的社区时，孩子们对空间关系、面积、体积和

孩子们渴望学习并需要可操纵的材料来帮助他们创造自己世界中的知识。

测量等概念自然也就有了更清楚的认知。幼儿通过这一活动获得的知识和技能始于积木游戏，随着他们将来用三维物体制作更复杂的地图，创建建筑物的立体模型，并用图形来构建它们的结构以进行缩放时，他们的这些经验会继续得到拓展。

有意义的学习。 有意义的学习可以获得最佳结果。当学习经历涉及幼儿自身的兴趣、需求和关注时，它就能保证幼儿参与其中。对于年幼的孩子而言，这意味着包括幼儿及其家人、朋友、宠物、社区，以及生活、工作和游戏环境在内的活动。制作地图是令人兴奋的，因为该活动与幼儿所在的社区

相关，并能够引发他们思考日常生活中重要的事情，例如，他们步行到学校的距离，以及还有谁在附近生活和工作。当开展游戏时，这些孩子将以他们所学到的知识为基础，将其应用于如何理解和定义邻里的意义。之后，这些知识将扩展到城市、州、国家和世界的其他地图中。

合作学习。 当孩子们一起工作和游戏时，他们就会进行合作学习。孩子们可以成为彼此的资源，当他们一起游戏时，彼此的意识和知识会相互扩展。合作学习和分享学习是幼儿在学习过程中积极参与他人学习的、重要的终身技能。在整个地图活动中，通过与成人进行讨论和共同解决问题，幼儿激发了自身的创造力，拓展了社交技能，形成了新的认知。当发现有必要与他人分享材料和空间，并加强自身的沟通技巧时，孩子们会获得社交技能。从一位实习生的"我的反应"中可以看出，在与成人一起工作和游戏时，幼儿会提升自身的乐趣，完善自身的学习。

我的反应

清洗硬币

今天的活动是清洗硬币。第一组儿童被用于清洗硬币（醋、盐或小苏打）的溶液吸引。活动安排是让孩子们将刷子浸入醋中，然后选择盐或小苏打来擦洗硬币。他们开始了这项活动，但它更像是一个科学实验，需要你观察当把解决方案结合在一起时会发生什么。他们开始往醋里加盐，此时容器里会嘶嘶作响，起一些泡。他们的表情是无价之宝。他们很惊讶。我问了一些问题："当你把它们添加到醋中时，你认为哪个反应最大——是盐，还是小苏打？"一半的孩子说"盐"，另一半的孩子说"小苏打"，所以他们试了两次，得出的结论是：反应是一样的。下一组来到桌子前的孩子对解决方案并不感兴趣，而是专心地清洗硬币。我向他们解释了应该做什么。他们非常骄傲地给我看了他们的硬币,你可以看到铜币在闪闪发光。我问这个小组的问题是:"你认为用什么来清洗硬币更好——是盐,还是小苏打?"有些孩子说"盐",有些孩子说"小苏打",还有两个孩子说"盐和小苏打都一样"。于是,他们分别进行了尝试,甚至将盐与小苏打混合。最后,大家达成了共识:盐和小苏打都有用!我真的非常喜欢这项活动。

——维吉

通过游戏学习

游戏是幼儿学习如何学习的方式。儿童天生的好奇心可以激励他们停下来观察虫子穿过人行道,或者一遍又一遍地将水倒入不同大小的杯子。儿童游戏的强度、持久性和创造性是他们用于学习的工具。

游戏是世界各地儿童表达自我的自然方式,也是儿童在整个学前阶段的基本需求。皮亚杰(Piaget,1962)关于认知发展的开创性工作界定了游戏的3种基本形式:练习性游戏、象征性游戏和规则性游戏。

练习性游戏

这种类型的活动是儿童最早的游戏形式,并为后面的游戏奠定了基础。练习性游戏,有时被称为机能性游戏,主要发生在婴儿和学步儿了解自己的身体能力,以及对环境采取行动的原因和影响的最初两年。

象征性游戏

这种活动从 2 岁开始,包括建构性游戏和戏剧性游戏。在象征性游戏中,儿童会使用物体或玩具代表其他东西,例如收集树枝和松果来假装制作食物。

建构性游戏：当儿童使用各种材料计划和建构时，这种类型的游戏比机能性游戏更有意义。例如，将长长的、铺开的黏土做成一条蛇，或用一块块积木建成一座摩天大楼。实物材料可以用于表示儿童生活中的物体和经历。

戏剧性游戏：戏剧性游戏是一种高度发展的象征性游戏形式，它更多地基于现实。儿童模仿现实生活中的人和情境，并根据需要将虚构元素纳入其中。在教室的装扮区，假装担任医生的科拉告诉巴林："你需要扎针。不要哭——这不会很疼。"她伸手去拿蜡笔并说："这就是针。"巴林假装在哭。科拉假装伸手去拿一片纸巾递给他："看这里，擦干净你的鼻子，我给你一个气球。"戏剧性游戏能让孩子们将学习与"放声"思考结合起来，加强他们对世界的认识和理解。

规则性游戏

当孩子们成熟到足以接受并适应预设的规则时，规则性游戏会在六七岁时出现。随着合作社交行为和认知能力的增长，儿童逐渐获得了开展规则性游戏的能力。

在规划游戏时，教师必须考虑上述 3 种游戏形式与儿童的成熟程度和社会发展水平的关系。

游戏类型

儿童需要各种层次的游戏机会，并将各种社会交往的材料和活动相结合。例如：建筑积木桌旁的两把椅子将促进幼儿之间的社交互动，一个有柔软枕头的孤立区域将给予孩子独处的安静时间，一堆消防员帽子和软管将促成团队合作游戏。帕顿（Parten，1932）在他的经典研究中，定义了 6 种游戏类型和社交互动（参见表 6.1）。

表 6.1 游戏类型——幼儿典型的游戏行为

偶然的行为：斯图尔特站在小房间里观看房间内的常规活动。几分钟后，他坐下来，在接下来的 5 分钟内扫视了一下房间，在椅子上爬上爬下，然后又站了起来。

旁观者游戏：塞思坐在画架附近，看着其他儿童画画。他继续看着他们，在他们工作的时候偶尔对他们说话。他没有努力加入他们的绘画活动。

独自游戏：洛伊丝独自坐在智力游戏桌旁，一遍又一遍地致力于解决两个相同的难题，她不知道其他地方发生了什么，她也没有与任何人互动。

平行游戏：弗朗西丝卡和玛丽·简坐在黏土桌旁。简正在将黏土塑造成各种形状，而弗朗西丝卡正在桌子周围拍打黏土。她们独立玩耍，彼此接近，但没有互动。

联合游戏：科里塔、特里和丹娜正在积木区做游戏。科里塔沿着一条积木铺设了一排汽车，特里正在建造一座塔楼，丹娜正在为农场动物制作围栏。他们将积木传递给彼此，但没有在一起玩。在小组游戏的开始阶段，这三个孩子就意识到彼此联系在一起。

合作游戏：乔尔和萨米正在挖沙，库尔特、克里、莉莎也加入了。乔尔和萨米告诉其他孩子在哪里挖，以及如何扩大他们正在制造的洞。5 个孩子都朝着共同的目标努力。随着桥梁的增加和水管填满"河流"，挖掘工作变得更加复杂。随着游戏的继续，每个孩子都扮演着特定的角色。克里负责水管，莉莎正在为船只寻找木材，库尔特和萨米正在建造桥梁，乔尔则继续挖掘。创建目标、协商角色以及围绕合作互动创建活动都是这一群体游戏阶段的组成部分。

资料来源：Parten（1931）.

游戏作为社会性发展的一种手段，是幼儿成长环境中的一个重要方面。

游戏的价值

游戏通常被称为孩子的"工作"或进入孩子世界的窗口。游戏就是这一切，或者说它代表得更多。通过游戏，孩子们能够做到：

- 自主地充分发挥想象力
- 发明材料和设备的新用途
- 变得喜欢冒险
- 练习自己的身体技能并学习新的技能
- 与他人协商和合作

- 利用自我表达的重要途径，并表达自己的情感
- 为自己做出选择
- 用言语、想法、人员和材料解决问题
- 发展对他人的社会文化理解
- 玩得开心

有些家长和教师很难认识到游戏的价值。帮助家长认识儿童参与游戏时发生的事情是幼儿专业人员的职责。环顾你教学的教室，观察孩子们在哪里玩耍、如何玩耍，以及在玩耍时说了些什么。学习发生在每次的互动之中。与家庭分享这些例子，并说明他们孩子的想象力、能力、素养和创造力。

游戏是儿童学习的重要途径。

发展适宜性游戏

在设计适合儿童发展的游戏时，幼儿教师会运用他们关于孩子如何成长和学习的所有知识，以及对儿童生活的文化背景的理解。基于此，教师应将游戏体验融入课程以满足班级儿童的发展需求。发展适宜性规划中的关键概念是根据每个儿童所处的阶段为其设定合理但具有挑战性的目标（Copple & Bredekamp, 2006）。在全纳课堂上，课程是具有发展性的，它与具有各种特殊性的儿童的能力相适应。

乔伊丝，一个 3.5 岁的孩子，住在丘陵地带的一条街道上，从未骑过三轮车。她的老师在规划课程时，便考虑到了乔伊丝的情况。在室内，音乐活

动要求孩子们用腿模仿骑自行车的运动。在户外，荡秋千和跑步游戏可以帮助乔伊丝发展在学习骑自行车时她所需的一些大肌肉运动技能。虽然这项活动主要为乔伊丝而设，但教师也意识到这部分课程将帮助里奇找到消耗多余精力的办法，以及帮助吉娜参加更多的团体活动。教师有意地以孩子们现有的能力为基础，但也为他们设置了挑战。

游戏在儿童发展过程中的重要性不容小觑。所有领域的发展都能通过游戏得到增强。例如，本章开头所描述的地图活动中的儿童正在建立社交（合作、分享），认知（解决问题），情感（自我认同、能力），身体（粗大和精细运动），智力（测量距离）和创造性（绘图）技能。游戏能激励孩子们发挥他们所有的潜能，当游戏具有发展适宜性时，孩子们的整个身心发展都会受到影响。

通过非结构化游戏，孩子们会选取他们世界中的一部分进行排练、重组和改进，以了解其工作原理。对孩子们来说，生活实践是一项重要的工作，他们需要教师欣赏并重视幼儿园里游戏的价值。表 6.2 突出了教师在游戏中的促进作用。

表 6.2 教师促进游戏

☞ 教师是一位促进者，在自然环境中抓住"教育契机"对儿童进行教育。

- 从孩子们的想法开始，不要在游戏中强制灌输你的观点。
- 引导游戏，但不要直接干预或支配。
- 通过展示角色如何行动或如何要求轮流来进行示范，并在需要时参与游戏。
- 给孩子们口头提示，帮助他们实现自己的想法。
- 通过帮助孩子们开始、结束和进入一个新的地方或开始新的想法来拓展游戏。
- 通过提问来澄清正在发生的事情。
- 将孩子们的注意力集中在彼此身上，鼓励同伴互动。
- 帮助孩子们在冲突中表达感受。
- 解释孩子们的行为，帮助他们学会用语言表达自己的想法。

资料来源：Gordon & Browne（2011）.

早期教育课程

课程不是凭空产生的。教师需要进行大量的规划，才能通过创建适宜的课程为幼儿创设高质量的教育环境。在孩子们进入教室之前，教师应该根据年龄阶段、每个孩子的优势和兴趣以及教室里孩子的文化背景，对发展适宜性课程做出规划。课程目标、学校的基本理念以及家庭的需求也应纳入课程规划。

布置环境

教师应为学习、环境、日程安排、课程创造条件，以激发孩子的兴趣和热情。无论孩子处于哪个年龄阶段，教师都应基于空间、房间布置、户外游戏区、材料和日程安排为其创设学习体验，以满足每个孩子的不同兴趣、能力和需求。课程和环境的融合程度反映在儿童如何独立地使用材料、如何自由地探索和满足自己的好奇心，以及如何在培养能力时练习和掌握技能等方面。先前我们在第五章中探讨了环境和日程的作用。

教师也为孩子们工作和游戏的情感准则定下了基调。课堂氛围受到教师的肢体语言、面部表情、语调及非语言和语言表达的影响（Gordon & Browne，2011）。课堂上的人际氛围与设备安排和课程质量同等重要。幼儿对成人的态度和幼儿彼此之间的态度非常敏感。积极的氛围能支持孩子对安全和发展的需要（第三章讨论了引导儿童行为的策略）。

课程究竟是什么？

早期教育课程涉及幼儿成长的各个方面，包括社交、情感、身体、认知和语言发展。当课程计划涉及每个发展领域时，幼儿的整个身心都会受到挑战。

课程不仅仅是课程计划、实地考察或项目。课程是流动的：它随着孩子的兴趣和需求而变化。灵活性对于教师来说可能具有挑战性，但却为他们提供了有关蠕虫的极具吸引力的对话的原材料，或者由预设的活动转向意外的地震演习。表 6.3 说明了课程的广泛范围。

表 6.3　课程范围

☞　*课程是流动的、灵活的，并发生于一日生活。*

> 课程随处可见，包括：
> - 需要教什么以及如何教它。
> - 在学校里发生的一切，包括有计划的和无计划的。
> - 正式的书面课程计划和自发的现场计划变更。
> - 小组和大组体验时间、故事时间、过渡时间、自由游戏时间。
> - 孩子们与他人的互动：他们说了什么、如何反映他们对世界的理解、提出了什么问题。
> - 儿童操纵材料和设备时的探索和创造力。
> - 通过游戏来结交朋友、发挥创意、遵守规则、犯错误、解决问题、做出选择。
> - 基于儿童目前的知识和能力来设置适宜的、有挑战性的任务。

布里德坎普和罗斯格兰特（Bredekamp & Rosegrant，1995）将课程定义为"有组织的框架"，包括以下 4 点：

- 内容包括儿童应该学习什么以及如何反映他们的兴趣、需求和经历；
- 过程包括学习的方式和时间、活动的选择、它们如何相互整合以及每日计划中的时间范围；
- 教师是利用儿童发展理论知识，使活动个性化并满足班上所有儿童的需求的人；
- 背景是选择某些计划和活动的原因，同时背景基于项目的理念和目标，并与家庭和社区相结合。

这些因素在课程规划的过程中协同作用，并促进教师的课程开发。该过程的目标是，根据儿童的兴趣和成人对儿童需求的认知，将教育和发展理论转化为实践。

促进发展适宜性学习的良好实践，并且具有自身哲学理念的课程模式，包括高瞻课程、银行街课程、瑞吉欧·艾米莉亚学校课程、蒙台梭利课程、创意课程等。许多学校会采用一种特定的模式或将多种元素整合到自己的计划中。到目前为止，你可能已经学习了更深入地描述这些方法的课程。在实习教学期间，你可能会被安置在部分或全部实施这些理念的学校里。

课程开发是一个决策的过程。你可以决定儿童将使用哪些材料、开展哪些活动、如何调整课程以满足有特殊需要儿童的需求、儿童被分配到哪个小组、本周由哪位教师负责科学教学以及如何为学习布置活动室。这些决策都基于你的专业知识和对幼儿的了解。

规划课程的要点

如表 6.4 所示，如果教师在规划有意义和适当的课程时，考虑以下基本要素，就会出现最有效的课程。

表 6.4　规划课程时应注意的 10 项问题

在规划课程时，问问自己 10 项问题。

1. 课程是否具有年龄适宜性？
2. 课程是否个性化？
3. 课程是否具有文化回应性？
4. 课程是否具有包容性？
5. 课程是否具有整合性？
6. 课程是否具有生成性？
7. 课程是否是平衡的？
8. 课程是否符合学习标准？
9. 课程是否有书面计划？
10. 课程是否需要评估？

规划课程的基本要素

课程规划中有 10 项基本要素，课程和活动应按照以下准则创建。

课程具有年龄适宜性。你对 2 岁儿童如何学习有何了解呢？5 岁的孩子呢？7 岁的孩子呢？你对他们的社交技巧、身体灵活性、语言能力和智力了解多少呢？你需要了解每个年龄组，以规划儿童的成长和发展。马娅老师意识到，2 岁的孩子开始分享，喜欢互相观看，经常开展平行游戏。基于这些了解，马娅可以计划适宜的活动来鼓励幼儿全天更多的社交互动。她也知道，当孩子们年满 3 岁时，他们将喜欢简单的诗歌和幽默。马娅在她的计划中包含了这些信息。马娅知道她所教孩子的年龄层次特点，这能够确保她为 2 岁孩子所创设的课程包括了发展新技能的适当挑战。

了解班里孩子的年龄水平和兴趣有助于实习教师计划适宜的、具有吸引力的课程。

课程是个性化的。儿童有不同的学习方式和有助于他们处理信息的优势智能。在为所有儿童（包括有特殊需要的儿童）规划和实施课程时，以上两点都是需要重点考虑的因素。

幼儿使用 3 种基本的感官方式来学习：视觉、听觉和触觉—动觉。每个孩子都有一个首选模式（虽然这不是孩子整合知识的唯一方式）。

- 视觉学习者喜欢通过阅读、写作和绘画来呈现学习成果。在对水族馆进行实地考察之后，伊内兹写了一篇附有鲨鱼插图的故事。
- 听觉学习者喜欢通过聆听来学习，并与他人谈论他（她）学到的东西。在实地考察后回家的路上，达赖厄斯创作了一首关于海星的歌。教师让他把这首歌教给小组的其他成员。

- 触觉—动觉学习者是一个积极主动的学习者，他通过做而不是听来学习。回到教室后，米兰达和诺埃米直接前往装满塑料鱼的水台，依据他们在水族馆里看到的类别对鱼进行分类。

教师通过观察和记录每个孩子在上学期间所做的事情来评估儿童的技能、行为和游戏模式，以及课程的有效性。教师的记录可能如下所示：

卢斯和达里奥花了 30 多分钟的时间仔细查看岩石和矿物，并按颜色、大小和纹理对它们进行了分类。今天晚些时候，我们可以通过在校园里走石子路的方式来拓展他们的兴趣。我们可以问他们喜欢用岩石和矿物来做什么。这可能会成为一个课程方案。

为了进一步促进课程的个性化，教师还必须知道每个孩子的优势智能。加德纳（Gardner，1993）认为，儿童有多种智能，这使得他们有 9 种"不同的认知方式"。加德纳所提出的 9 种智能如表 6.5 所示。

表 6.5　加德纳的多元智能

☞ 使用加德纳的 9 种智能来规划课程是规划儿童经历的一种方法。

1. 身体—运动智能：使用身体来解决问题和进行沟通；希望成为参与者，而不是旁观者。
2. 内省智能：对人的内心感受敏感，并且了解人的优点和缺点。
3. 人际智能：对他人敏感和理解，通常是领导者。
4. 语言智能：擅长使用多种形式的文字和语言，并且精通阅读和写作。
5. 逻辑—数理智能：可以辨别模式，认真而有条理。
6. 音乐智能：对非语言声音（通常是节奏和旋律）敏感。
7. 空间智能：可以根据图像和图片进行想象和思考，擅长进行代表性绘画。
8. 自然探索智能：可以区分生物（植物、动物），并且对自然界的特征敏感。
9. 存在智能：对意义和精神层面的问题（如生与死或人生的更大目的）敏感。

资料来源：Gardner（1993）.

我们在某种程度上都拥有这 9 种智能，但在发展程度和组合上有所不同。包括你在内的每个人都拥有能够反映自身经历、文化和动力的能力和天赋。你认为自己主要的优势智能是什么？

课程具有文化回应性。教师所面临的挑战是呈现反映当代美国社会的课程，并使其回应每个班级的多样性。当学校环境能欢迎、关心、支持儿童及其家庭时，所有的儿童都能学得很好。这对于那些文化和背景与教师不同的儿童和家庭而言更是如此。家长需要看到他们的文化被融入课程（包括书籍和文学、歌曲和舞蹈、活动和实地考察）。与儿童的家庭和社区的积极关系始于尊重其家庭的文化价值观和为儿童的最大利益创造合作的途径。

课程具有包容性。包容性课程是课程创建的一种超越，它能满足个别孩子的需要。包容性课程的范围更广，而且对教师提出了更大的挑战。不论儿童的性别、残疾与否、语言、文化、种族、宗教背景等情况如何，教师都需要为所有的儿童提供机会。包容性课堂内活动和材料的选择注重增强每个孩子的发展潜力，并且能敏锐地发掘课堂内幼儿能力的多样性。

所有的孩子在学习环境中都需要相同的东西。问题在于如何在规划课程时适应儿童的各种差异。判断一项活动是否适宜的关键在于它是否适合各类能力不同的儿童。高质量的课程足够灵活，可以满足每个孩子的需求，孩子们既可以基于自己的发展和能力水平参与其中，又能在学习中受到挑战。表 6.6 展示了如何通过改变艺术活动来支持特殊儿童。

表 6.6 适应特殊需要的艺术改编

☞ 许多创意艺术改编可以满足各种特殊儿童的需要。

材料调整：
确保区域和桌子有明确的路径可以到达。
为孩子提供自己的材料和空间（避免拥挤）。
将钩环紧固件拴在标记工具或油漆刷上。
提供适宜的艺术工具（结实的蜡笔、对左利手和右利手均适用的剪刀、切割轮）。
使用接触纸或胶棒（不是白色胶水瓶）。

（续表）

> 提供一些选择（而不是太多选择，可能导致儿童无所适从）。
> 包括玩面团/黏土。
> **视觉调整：**
> 提供一个托盘来标记视觉边界。
> 提供鲜艳的颜料，与纸张形成对比。
> 慢慢来，鼓励孩子们按照你所说的内容使用材料。
> 详细描述材料及其使用方法。
> **听觉调整：**
> 根据需要使用手语。
> 面对孩子并使用手势来强调。
> 以小步骤为流程建模。

资料来源：Gordon & Browne（2011）.

课程具有整合性。在儿童发展课程中，你了解了"整个儿童"的概念，以及它如何影响儿童成长和发展的规划。"整个儿童"的方法强调发展中的儿童的身体、社会、智力、语言和认知领域之间的相互作用和关系，所以它和整合性课程是相伴随的。幼儿教师不是分学科（如科学、数学、地理或艺术）进行教学，而是跨学科地教学。主题成为整个课程计划的组成部分。对某些人来说，在幼儿园里做饭可能只是一种有趣的活动。但是对教师来说，这是集科学、阅读、数学、社交技能、精细动作发展和多元文化于一体的学习体验。任何发展领域都可以融入课程的任何方面，并以最广泛的方式强化概念。作为一种有意义的、积极的学习方式，它反映了杜威的教育哲学，并广泛应用于瑞吉欧·艾米莉亚学校。在课程开发的过程中，整合性课程通常与主题或项目联系在一起。表 6.7 展示了如何通过整合性课程提高感官技能。

表6.7　探索感官技能：一种整合的方法

☞ 整合性课程能够提升儿童多个层面的学习能力。

日期：4月10日　　　　教师：真里子　　　　年龄组：3岁儿童
重点：感觉刺激
目的：通过5种感官探索世界

时间	活动和学习重点	小组学习活动
周一	肥皂画：鼓励使用精细和粗大运动技能、创造力	猜测质感的游戏：识别软和硬的认知运动
周二	水桌：促进社会互动、运动技能和认知学习	猜测气味的游戏：识别熟悉气味的记忆运动（认知）
周三	手指画：鼓励使用精细运动技能和创造力	猜测重量的游戏：区分重和轻的认知运动
周四	利用散步时收集的材料制作拼贴画：增强社交和身体技能	识别并对熟悉的物体进行分类的游戏：练习和发展记忆和认知技能
周五	玩面团：促进社交和身体运动技能	"手指食物"样品的游戏：练习识别大小、形状、质地和味道，并促进语言和认知发展

课程具有生成性。生成性课程从评估儿童的需求和兴趣开始。通过观察和理解儿童的游戏，教师可以了解儿童感兴趣的、吸引其注意力及其渴望学习的东西。这些信息与教师所掌握的关于小组和个别孩子需要学习的内容，以及哪些活动、材料和设备将增强这些特定技能的知识相结合。教师和孩子将共同创建课程。

每班或每组的儿童都是独一无二的，教师只有通过不断的考察和对话，才能提出幼儿感兴趣的主题。教师注意到卢斯和达里奥对岩石和矿物有浓厚的兴趣，于是考虑到这项活动可以作为一个项目。加西亚夫人帮助孩子们扩展了他们对地图的学习，以便一项长期项目的开展。生成性课程从一个可以扩大学习潜力的想法或活动开始，它能提高儿童对学习的兴趣和热情。通常，一个项目会持续数天，甚至数周。项目学习基于对主题的深入研究，尤其适合较为年长的儿童。通过项目学习，孩子们能够学会合作、进行研究、与成人合作并评估自己的工作（Chard，2000）。生成性课程也体现了整合性课程和包容性课程的特点。

出于不同的考量，教师可以通过多种方式进行主题选择。教师需要考量的因素包括：儿童的兴趣、教师的兴趣、发展任务、可用资源、主题的价值、课程要求或标准。生成性课程是一个规划的过程，教师会向孩子们询问他们知道什么、可能想知道什么以及如何找到自己想知道的内容。琼斯和尼莫（Jones & Nimmo，1994）在最早出版的一本专门介绍新兴课程的出版物中指出：生成性课程是一种互动和合作的经历，"儿童是我们的模范和合作者"。

图6.1是由实习教师创建和执行的项目的示例。它被称为"项目蓝图"，源于孩子们在学校附近看到建筑工地时所产生的兴趣。

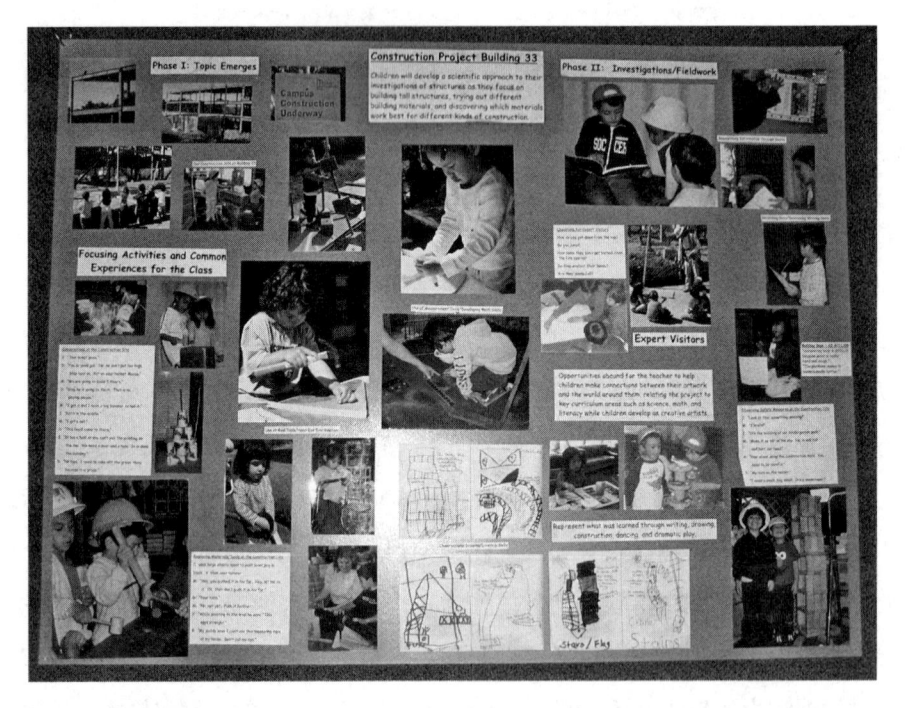

图6.1 项目蓝图

注：这个长达数月的课程源自儿童对附近建筑项目的兴趣，它展示了如何利用儿童的兴趣来培养其技能。
资料来源：Lam & Wiggins-Dowler（2005）。

第六章 课程

课程是平衡的。平衡是课程有效的关键。安静的时间需要与积极的游戏交替进行。户外游戏时间之后应该安排故事时间。午睡时间或休息时间之后应该安排运动游戏。回顾一下第五章的时间安排部分，了解如何在一天中实现这种平衡。

主题或活动类型也需要平衡。那些只关注发展的一个方面的课程，比如只关注智力增长的课程，会忽略儿童在其所必需的社会情感和身体成长方面的学习。一些活动可能会强调社会情感问题、创造力或读写能力。当你在规划课程时，学习主题应该是多样化和平衡的。

在课程中提供良好平衡的第三种方法是允许孩子们独自玩耍、与一个或两个孩子一起玩，或者在更大的群体中玩耍。儿童主导活动与教师主导活动之间的平衡有时能够为儿童提供自我指导的机会，并让其学会自己做出选择。看看你所执教的课堂，并评估课程在小组和大组划分方面的平衡程度。

道德困境

平衡课程

情境：马特是一个课后项目中的实习教师，在该项目中，孩子们先做家庭作业，然后可以自主选择一项活动。马特注意到有3个男孩总是到计算机前面，用下午剩下的时间玩游戏。通过高校课程，马特学会了如何规划平衡课程，他觉得男孩们并没有从课程所提供的多样性中受益。他向主管教师汇报了这种令他担忧的情况，但主管教师似乎无动于衷，她认为孩子们整天都困在学习环境中，应该允许他们在下午做他们想做的事。"但是，"主管教师说，"如果你想尝试一些事情，那就去做吧。"

《道德行为准则》参考：

第1节：对儿童的道德责任

I-1.3 承认并尊重每个孩子的独特品质、能力和潜力。

P-1.2　我们将在积极的、充满情感的和具有认知刺激的社交环境中照顾和教育儿童。

第3节：对同事的道德责任

I-3B.1　协助该计划提供最高质量的服务。

解决方案：马特已经在这个班级中工作并观察4周了，他对全体儿童的行为动态有了很好的认识。内森和詹姆斯喜欢玩各种"战斗"游戏，这些游戏让他们在计算机上花费了整个下午的剩余时间。马特回忆起自己在同样年纪时对游戏的兴趣，所以他把一系列重建西班牙无敌舰队的游戏项目推荐给了他们。内森和詹姆斯对此很着迷，开始建造船只，穿上他们称为"制服"的衣服。通过吸引游戏主导者的兴趣，其他孩子也加入了这项活动，其中包括一群制作海盗服装的女孩。通过自己的兴趣、能力和聪明才智，实习教师马特改变了下午的学习环境。

课程符合学习标准。纵览全国各地，早期学习标准的制定均旨在为学龄前儿童创设一套学习期望。"儿童成果""基准"和"表现标准"这些术语可以用来衡量正在发生的发展和学习的种类。

针对3—5岁儿童和学龄儿童，大多数州都提出了某种形式的标准或期望。你很可能在一个要求你达到其标准的州进行教学（参见第四章）。作为一名幼儿教育工作者，你需要了解你所在的州是否已经强制要求执行早期学习标准，如果是，那么早期学习标准中包含哪些内容。

早期学习标准可以通过多种方式使儿童受益：通过与小学一年级标准相关联，可以促进幼小衔接；可以明确学习的基本技能；可以帮助教师确定下一步，并对孩子有适当的更高期望；可以促进早期教育领域的专业化（Gronlund，2006）。

早期学习标准既有益处，又有潜在风险。很多时候，这些标准并未涉及儿童所有必要的发展领域，也不适用于残疾儿童或文化和语言多样化的儿童。

第六章 课程

许多学前专业人士担心现行标准会造成直接教学、对学龄前儿童的不恰当期望和评估，并导致"应试教育"心态（参见第四章，其中涉及标准这一主题）。表 6.8 提供了一个例子，说明一个州的早期学习标准如何与发展适宜性课程相关联。

表 6.8　将标准与课程联系起来

☞ 通过发展适宜性课程来达到学习标准，教师能确保孩子们在从事有意义的活动的同时，促进自己的技能发展。

标准	活动	表示精通
个人和社交能力：根据性别、年龄或社会群体认识自我	1. 绘制儿童的年龄图 2. 制作一本"所有都关于我"的书 3. 用听写来创作自画像	1. 正确地说出年龄并正确地用手指表示数量 2—3. 会说"我是女孩""我 4 岁了"或"我是越南人"
有效的学习者：完成越来越复杂的谜题	玩旋钮拼图、有框和无框拼图，以及地板拼图	在没有框架的帮助下使用连锁拼图块进行拼图
身体和运动能力：同时操纵两个或多个物体	串珠子、玩乐高或乐高得宝，练习扣扣子、拉拉链、制作花边卡和剪纸	双手同时操作对象，顺利完成任务

资料来源：Kim Yuen, San Mateo County Office of Education, San Mateo, CA. 经过许可使用。

课程有书面计划。 课程计划是一个书面大纲，它可以帮助教师阐明和实施其设定的目标，但这样的计划要足够灵活才能适应变化。目标可能是短期或长期的，可能侧重于技能发展、主题或项目。书面课程计划能够激发团队合作和深入规划，也能够提供一种可以进行评估的具体样式（Gordon & Browne，2011）。

实习教师通常会在制订课程计划时感到困难。但是通过练习和一些简单的指导，课程计划技能将得到改善。

- 观察你所在项目中的孩子，找出他们感兴趣的内容。在萨姆的班上，孩子们对虫子很感兴趣。

- 确定一个主题并与你的实践指导教师仔细讨论。萨姆问指导教师"虫子"这个主题是否适合 3.5 岁的孩子。
- 查看儿童的评估情况，了解他们的发展方向以及你希望他们提高的技能。通过查看孩子们的档案袋，萨姆发现大多数孩子的精细运动技能还有待加强，所以他选择以此为重点。
- 计划活动以促进技能的发展。萨姆选择了"虫子的收集和调查"活动。
- 创建所需材料列表。萨姆的材料清单上包括用来收集物品的小袋子、小托盘、手电筒、放大镜、塑料镊子和剪贴板。
- 概述儿童将采取的步骤以及将在活动中执行的操作，包括清洁在内。萨姆带着他的小组在户外收集虫子，然后回到教室，将它们放在托盘上进行探究，用所提供的工具进行观察，并列出他们发现的东西。
- 列出在他们游戏时你打算提出的开放式问题的列表："你看到了什么？你的虫子是什么样的？你的虫子和别人的虫子有什么区别？如果你把虫子翻过来会怎么样？"

一个书面课程计划能提供详细的规划，它可以勾勒出一个活动、一个完整的日常计划，或者聚焦一个较长的时间或项目。一个好的课程计划还会有回顾和（或）评价的空间。表6.9 是个人活动课程计划的示例。

表 6.9 活动课程计划

☞ 良好的计划需要时间和思考。这些问题可以帮助教师关注课程计划的重要方面。

```
活动名称：_____
目标：_____
背景：_____
  地点（室内/室外、在院子或室内的哪个区域）：_____
  时间：_____
```

(续表)

```
    小组类型和规模：_____
所需材料以及如何让儿童使用它们：
_____
_____

你将如何介绍这个活动，以及这个小组需要哪些前期准备？
_____
_____

你需要为有特殊需要的儿童做出哪些调整？
_____
_____

清洁规定（儿童需要参与吗？如何参与？）：
_____
_____

结果：
    儿童的回答是什么？_____
    有没有达到你想要的标准？_____
    问题？_____
    后续解决方案？_____
    对其他活动的影响？_____
后续步骤/其他活动：_____
```

教师创建书面课程计划的另一种方式是创建关系网。关系网有多种创建方式：可以教师单独创建，也可以与其他教师一起创建，还可以与孩子一起创建。创建关系网需要确定一个主题作为网络的中心。从中心向四周延伸的内容是主题的其他方面，例如概念和活动。这种类型的计划是不稳定的，并随着参与者的想法而不断变化。图 6.2 展示了关于"夏天"这一主题的课程网络。从儿童已经了解的主题，或者教师希望孩子们学习什么开始，主题网络将随着新想法而延伸。一般而言，活动、经验和材料都会包含在主题网络之中。

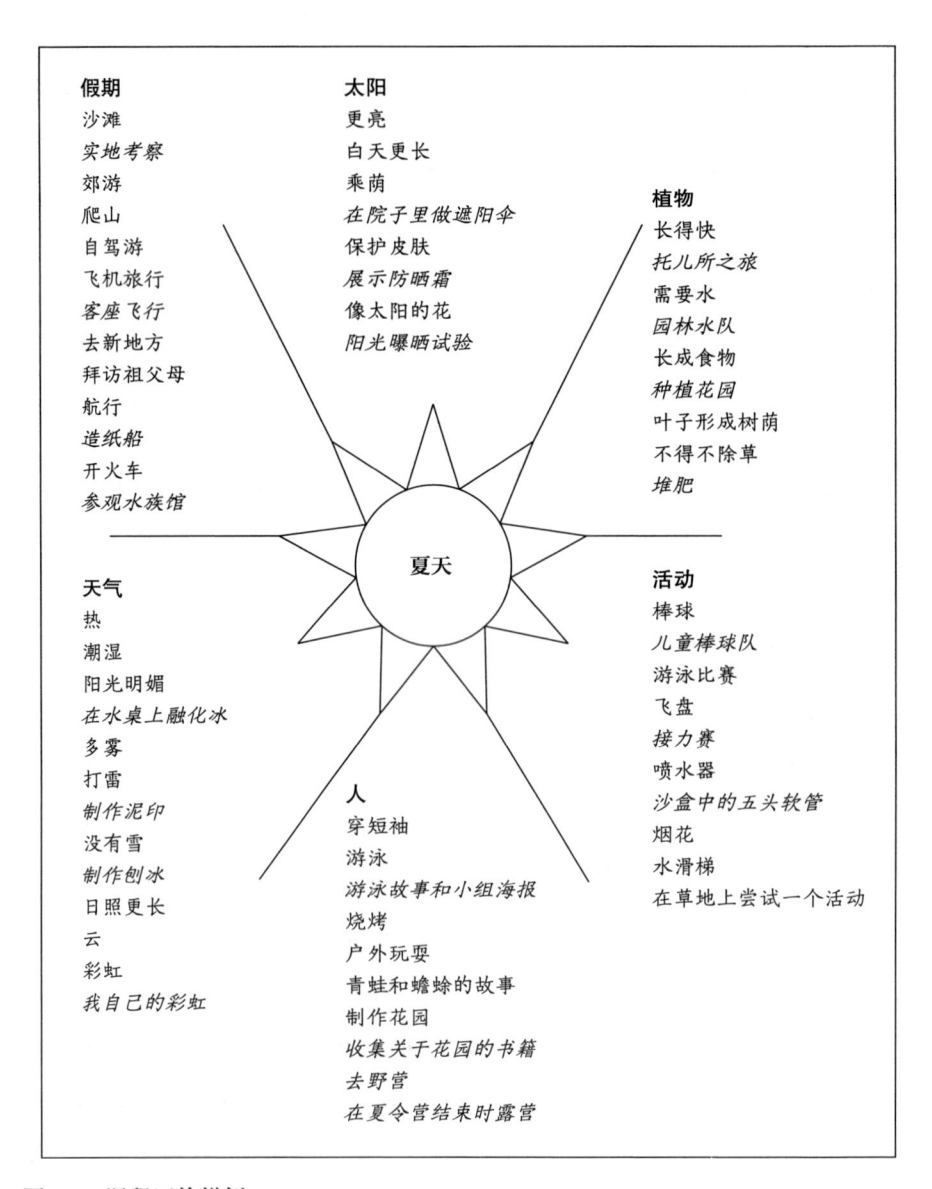

```
假期                太阳                        植物
沙滩                更亮                        长得快
实地考察            白天更长                    托儿所之旅
郊游                乘荫                        需要水
爬山                在院子里做遮阳伞            园林水队
自驾游              保护皮肤                    长成食物
飞机旅行            展示防晒霜                  种植花园
客座飞行            像太阳的花                  叶子形成树荫
去新地方            阳光曝晒试验                不得不除草
拜访祖父母                                      堆肥
航行
造纸船
开火车
参观水族馆
                          夏天

天气                                            活动
热                                              棒球
潮湿                                            儿童棒球队
阳光明媚                                        游泳比赛
在水桌上融化冰                                  飞盘
多雾                                            接力赛
打雷                                            喷水器
制作泥印            人                          沙盒中的五头软管
没有雪              穿短袖                      烟花
制作刨冰            游泳                        水滑梯
日照更长            游泳故事和小组海报          在草地上尝试一个活动
云                  烧烤
彩虹                户外玩耍
我自己的彩虹        青蛙和蟾蜍的故事
                    制作花园
                    收集关于花园的书籍
                    去野营
                    在夏令营结束时露营
```

图 6.2　课程网络样例

注：①当规划自己的课程时，幼儿教师会从为孩子们创建课程网络开始。
　　②孩子们的想法以正体显示，教师计划的活动以斜体显示。

课程需要评估。发展适宜性课程不仅仅是发生。为了不断满足每个儿童的需求、兴趣、经验和能力，课程需要经常进行评估和完善。非正式评估每天都在教师之间进行。

- "今天没有人在木工桌上花太多时间。我们应该把它收起来一段时间吗？"
- "我注意到有三四个孩子在使用剪刀时存在困难。我们最好计划一些有助于他们学习这项技能的活动。"

评估课程是一个持续的过程，它需要根据儿童的变化、成长、新形成的兴趣和能力，以及教师的课程实施进行适当的改变。

在更正式的评估中，儿童对课程的回应需要通过一系列的评估和观察来记录，例如第四章中讨论的那些内容。评估能够指出课程与儿童生活的相关性。对于印第安纳州农村地区的 4 岁儿童来说，"地铁"这个主题单元并不会特别受欢迎，但它可能对生活在布朗克斯区的儿童有很大的吸引力。这两个项目都要求孩子们在科学课程中学习运动原理，而中西部的教师们会更关注那些行驶在高速公路上的拖车。教师需要从儿童那里获得线索，以使课程与更具文化意义的活动相适应。

有效的课程以课程理念的目标为基础，它能表明儿童在每个年龄段所学习和体验的内容。因为课堂上孩子的发展水平是多样的，所以课程目标也是有意义且广泛的。正在进行的评估能让教师了解课程目标的实现情况。

掌握课程规划的艺术对教师来说是一个挑战，但它却是与幼儿一起工作的最令人满意的方面之一。当你观察孩子们如何应对学习并为你提供他们所需的下一个挑战的线索时，这个计划将变得活跃起来，正如本章末尾的"实地经验"部分所提到的内容。

婴幼儿课程

发展适宜性课程的原则和创建课程的要点适用于针对每一名幼儿的课程

开发。对于婴儿和学步儿来说，游戏再次成为主要媒介。游戏可以将教育和保育（"教养"，在第三章中有定义）整合到有凝聚力的课程中。需要记住的是，婴儿的保育和教育不是两者择其一，它们是不可分割的。

婴儿课程。婴儿通过自己所有的感官进行学习，因此，对他们而言，课程是刺激视觉、听觉和触觉的活动和材料。纵览一天的日常生活，保育人员需要在以下情况中与婴儿互动并教导他们：

- 当你走过婴儿床时，可以轻轻推动风铃。
- 通过模仿他们的声音来回应咕咕声和咿呀学语。
- 在换尿布、换衣服和喂养时与婴儿交谈，并告诉他们你在做什么。
- 在换尿布或让他们坐在膝盖上时，和他们玩躲猫猫。
- 当他们小憩时，播放安静的音乐。
- 将镜子和图片放在与婴儿视线平齐的墙壁上。
- 将婴儿放在柔软的地毯上。
- 当婴儿在地毯上时，将玩具放在他们摸不到的地方。

这些活动能够鼓励婴儿接触和聚焦实物，促进其身体发育及与保育人员建立关系。随着婴儿的活动范围变得更广，他们需要玩抓握玩具、毛绒玩具、球、拼图、推拉玩具、卡车、小汽车和简单的积木。

学步儿课程。学步儿使用玩具和材料时更具目的性和技能性，因此他们需要有更多的开放性空间来移动、建造、运行、攀爬。玩具应摆放在低架子上以便于探索。每种玩具至少要提供两个以避免共享冲突。日常经验应该鼓励感官探索和动手操作，例如：

- 简单的艺术活动：海绵画、手指和脚趾画、水彩画
- 水上游戏桌：鱼 / 船、杯子 / 罐子 / 筛子、娃娃 / 海绵 / 肥皂

- 用沙子、大米、棉球和其他质地的材料填充游戏桌
- 积木游戏
- 看书：给对象命名、描述形状
- 拼图和配对游戏
- 戏剧扮演装备：装扮服装、电话、娃娃/娃娃床、餐具
- 唱歌：采用手指游戏
- 学习自理技能，如穿衣、刷牙、进食
- 音乐：移动、跳舞、荡秋千、摇晃和（或）使用简单的乐器

随着学步儿的成长，他们对环境有更大的操控能力，材料和设备应该与他们日益增长的能力相一致。添加或更换材料时，请记住幼儿喜欢重复和练习他们所精通的任务。在大多数情况下，学步儿的游戏是独自游戏或平行游戏，一些联合游戏开始慢慢出现。在指导学步儿的社交互动、体能挑战和材料操纵方面，保育人员和教师仍然发挥着重要作用。

有特殊需要儿童的适宜性课程

课程是为了满足整个群体的需求和挑战而规划的。与其说儿童是不同的，倒不如说他们是相似的，因此在一个具有包容性的班级里，特殊儿童能与其他儿童参与同样的日常活动。课程计划的改变和调整将取决于残疾儿童的类型以及他们的技能和发展水平。再次阅读表 3.5，了解你在班级里可能会发现的各种特殊情况。表 6.10 提出了一些调整课程的策略。

表 6.10　为发展的差异性而制定的课程规划

☞ 无论孩子的特殊性或挑战是什么，教师都应对课程进行调整，以满足儿童的独特需求。

1. 修改活动，使其更可行。教师可以使桌子更高或更低以供坐轮椅的孩子使用，或者可以在角色扮演区为个别孩子花费更多的时间，来帮助他们与同龄人互动。
2. 根据班级儿童的年龄水平设计个人和小组活动，考虑已存在的行为模式和学习方式。一个适合 4 岁儿童的园艺项目将为学习风格不同的孩子提供许多机会。有些孩子想要挖掘，有些孩子想要和他们的朋友一起规划花床，还有一些孩子想要通过绘画来记录花园里种植的各种植物。
3. 确保材料具有多种形式，以便儿童可以选择表露其学习风格的材料。如拼图和操作材料、书写和绘画材料、舞蹈和运动配饰、积木、故事书。
4. 了解每个孩子，了解他们的优势和面临的挑战。家庭能提供关于每个孩子的更多信息，教师在规划课程时应将这些信息纳入其中，这样更能吸引幼儿参与，并促进其与课程材料的互动。
5. 无论班上的孩子是否残疾，都应包括所有孩子的兴趣、能力和独特特征。运动和舞蹈能够吸引很多孩子，是幼儿课程的主要内容。然而，当音乐太大声时，玛吉感到不安，阿伦感到过于刺激，坐在轮椅上的卡洛不能跳舞。这些孩子的每一个需求都必须纳入课程规划。使用丝巾并配上柔和的音乐跳舞可能更适合玛吉和阿伦。要求孩子们用手和手臂跳舞能给他们带来全新的运动体验，并且能顾及残疾的卡洛。
6. 全年评估每个孩子坐和听的能力，并制定策略以帮助他们强化能力。华金需要更多的时间来发展这些技能，因此团队会在上午增加一个小组时间，并进行日常体验，以发展任务的持久性。
7. 选择允许不同发展阶段的儿童做出各种反应的活动。一个粘贴活动能激发精通粘贴的 3 岁孩子的创造力，并仍然允许不太精通粘贴的 3 岁孩子用手指和手掌探索粘贴的感觉。

许多有特殊需要的儿童都有由专家创建的个别化教育计划（Individualized Education Program，IEP）以及家长和教师遵循的个别化家庭服务计划（Individualized Family Service Plan，IFSP），这些计划将建议调整和修改对个别儿童有用的活动。教学人员将与家长合作，指导你在课堂上充分吸纳有特殊需要的儿童。

为团体规划课程

在一天中的不同时间，教师经常将孩子聚集在一起并将其分成小组和大组。每组的课程目的因儿童需要、课程方案和工作人员数量的不同而有所

教师所提供的活动应允许儿童根据自己的能力以各种方式做出反应。

差异。

大型团体。全班集体聚会时间（或圆圈时间、课堂会议时间）创造了团体和归属感，并为孩子们提供了聆听和参与大型团体的体验。虽然教师有日程安排，但孩子们经常想与每个人分享一些重要的事情。清晨的团体时间用于讨论当天的活动和计划。一天结束时的团体时间有助于孩子们回顾当天的活动和思考明天的计划。团体活动的时间取决于孩子们的年龄，3岁儿童的团体时间一般持续5~10分钟，而小学教室里的团体时间一般持续30分钟。团体时间通常包括唱歌、做手指游戏、讲故事和运动等项目。阅读一本幼儿（或教师）喜爱的图书也是一项受欢迎的团体活动。

当你领导大型团体活动时，请记住以下准则：

- 自己坐于团体前面的椅子上，确保为孩子们留出适当的空间，以便他们能够看到你,并且不受其他事物干扰:"我会坐在这里,我可以看到每个人,你们也可以看到我。"

- 以熟悉的方式开场:通过歌曲、歌谣或手指游戏捕捉小组的注意力,并且邀请每个人参与:"如果你知道这首歌,那就和我一起唱吧——'如果感到幸福你就拍拍手'。"
- 准备几首歌曲或几个手指游戏,以便集中整个小组的注意力:"让我们唱一下《小蜘蛛爬水管》(*Eensy Weensy Spider*),然后我们再用西班牙语唱这首歌。"
- 与团体中的所有孩子保持目光接触,以确保他们有持续的兴趣:"我看到了朱厄妮塔和达米恩的眼睛。卡拉,你的眼睛看哪里?"
- 保持热情,谨言慎行,因为你的语气和行为会直接影响孩子:"这是我小时候最喜欢的书!"
- 如果你有计划的故事或活动,请在所有孩子就座后尽快进入:"好,你们都到齐了。看看旁边的人,然后面对他们坐着唱《划,划,划小船》(*Row, Row, Row Your Boat*)。"
- 在阅读故事或解释活动时,向孩子们提出问题,这有助于保持他们的参与,但不要迷失其中:"你认为好奇的乔治接下来会做什么?我想知道三种不同的想法。如果你有想法,请举起你的手。"
- 保持专注并认真负责,这样就不会存在一两个孩子主导互动的情况,而且团队不会因缺乏领导而失败:"我可以听两个以上的想法,然后我们将故事读完,并找出真正发生了什么。"
- 所使用的短语要能说明将要发生的事情,以及如何继续保持引导并给出指示:"我会拿着一盒丝巾走一圈,当我走到你那儿的时候请拿一条。"
- 团体时间结束时,明确告知孩子们下一步要做什么:"所有穿蓝色袜子的孩子能够穿上外套去外面吗?"

大型团体活动至少需要两名教师。一名教师通常负责规划和组织小组活动，另一名教师负责支持、帮助维持孩子们的注意力，以及处理混乱场面。一些团体可能需要更多的成人，以保持孩子们对团队领导的关注，或帮助个别孩子找到座位、学会轮流、举手说话，以及掌握其他团队技能。正如你在"反思性事件"中所看到的，事情并不总是顺利进行。

反思性事件

领导圆圈时间

圆圈时间由我来领导，我真的很紧张。我拿来了装满5只青蛙、1张蓝色纸和1根原木的惊喜袋。我通过歌曲《五只小斑点青蛙》(*Five Little Speckled Frogs*)来引入活动，这是我们一起唱过的歌。我让三个孩子过来站在我旁边。珍妮老师和我一样紧张，并在我需要时提供帮助。我们都再次唱起了这首歌，那三个孩子跳起来"游"回了座位（好吧，有时他们也会这样做）。说实话，这样也说得过去，但我对此并不满意，而且我不确定孩子们是否真的很喜欢这项活动。

——伊莎贝拉

你的思考

1. 我感觉如何？
2. 我该怎么办？
3. 结果可能是什么？

年龄组活动

团体时间的规划因年龄组及其规模的差异而有所不同，并且应该反映每个年龄段儿童的独特需求和发展水平。

婴儿和学步儿组。凯拉老师和6个月大的罗德尼一起坐在地板上,并将罗德尼放在9个月大的欧内斯托身边,欧内斯托正坐在惠特尼老师的膝盖上。"嗨,欧内斯托!"凯拉说,"你手里拿着什么?"两位老师和男孩们展开了谈话,并就他们所注意到的事情发表看法。"你似乎喜欢罗德尼的红色鞋子,欧内斯托,你想摸一摸吗?"这些互动成了语言课程,照护者正在帮助两个男孩观察和探索他们的世界。

学步儿的小组活动是宽松的,教师可能会坐在地板上,旁边放置了四五件拼图(有大旋钮的那种)。课程源于教师与孩子们的互动及其对孩子们思维技能、眼手协调、语言发展和精细运动技能的观察。匹配游戏也是适合该年龄团体的有效活动方式。这些活动的持续时间与学步儿的注意力保持时间一样短。唱歌、制作馅饼、带一小组学步儿到外面散步或玩学步车能鼓励团体互动和学习。

幼儿组。针对3—5岁幼儿,教师通常以小组和整组的形式安排活动,如以下两个例子所示:

- 实习教师珍妮特在小组时间与5名4岁儿童在一起。珍妮特带了一个用布遮盖了的托盘,并放在桌子上。她解释说,这是一个记忆游戏,她将向他们展示托盘上的6个物体,然后再次覆盖它并移除一个物体。孩子们要猜猜她移除了什么物体。这个游戏能够帮助珍妮特评估这群孩子的记忆力和思维能力。珍妮特正在努力确保每个孩子都有机会轮流参与,并鼓励他们猜测和讨论从托盘上取下的物品。
- 凯茜是3岁年龄组儿童的实习教师,她正在进行大型团体活动。她使用了新的CD(Compact Disk,激光唱盘),里面有各种节奏的音乐。附近的架子上有一盒丝巾。"首先,让我们听一些音乐,"她告诉孩子们,"看看你们能否分辨出快速和慢速、响亮和柔和的音乐之间的区别。"凯西播放了一段非常短的音乐,孩子们听着。"响亮?""柔和？""快速？"凯西问道。孩子们有的摇头，有的回答"是"，有的没有回应。"现在让我们的身体随着音乐动起来！每个人都站起来吧！"当孩子们站起来，音乐响起时，凯西跟着音乐摇晃着她的身体。孩子们一开始会模仿她，然后随着兴趣的增长，他们创造了自己的动作。当播放非常沉重的音乐时，凯西跺着脚。孩子们也跺着脚走动。为了防止他们走出界限，凯西接着播放柔和的音乐并将丝巾分发下去。她预计这项活动会持续10分钟，但现在孩子们全神贯注地将自己的身体与节奏相匹配，她又将活动延长了5分钟。

小学生组。为年长的儿童举办集会能够营造一种共同体意识，每个人都可以提供想法、解决方案并进行小组讨论。孩子们通过小组讨论时间能学会相互倾听，了解不同的观点，做出选择，并解决自己的问题。请注意两种小学生组在活动时间上的差异：

- 每天早上，在渡边夫人的一年级课堂上，所有的孩子都会聚在一起。她唱了一首欢迎每个孩子的歌，里面包含了每个孩子的名字，孩子们也加入了进来。留言板上显示着日期和当日活动清单。渡边夫人问孩子们谁想阅读这些消息。伊琳娜迅速举起手说："今天我们将上一节数学课。"乔纳举起手，站起来，读道："今天我们将去图书馆。"渡边夫人让雷切尔阅读最后一条消息："今天我们将规划我们的花园。"然后渡边夫人解释说，乔迪的爸爸和莱茜的妈妈会加入并帮助他们讨论花园计划。午餐后，他们会分成小组进行讨论。渡边夫人询问是否有人有任何问题，在解答问题后，她让孩子们解散并去自己的日志上写字或画画。
- 在教室的一个安静角落里，渡边夫人正和7个孩子待在一起，乔迪的爸爸和莱茜的妈妈在教室里的其他小组中也担任着同样的角色。首先，渡边夫人根据先前的经验，询问孩子们对花园的了解。然后，她提出了一个问题——"我们需要知道什么才能开始我们的花园计划？"，并听取了每个孩子的回答。"巴尼，你有什么想法吗？"她问了一个害羞的孩子。现在，孩子们已经在清单上列出了他们需要的东西，并在旁边列出了他们将从哪里获得所需的材料和设备。托马斯提出了一个问题——"这需要多长时间？"，这个问题促使他们列出了另一个清单——一个完成工作的时间表。孩子们的热情使团体活动时间延长了30分钟。随着团体活动时间的结束，渡边夫人向大家做出了说明：明天所有的小组都将分享他们的计划，并将综合每个人的意见制订一个统一的计划。

小型团体。小型团体中的孩子更容易获得学习经验。规模较小的团体有助于教师和每个孩子产生更多的互动，能给予每个孩子更多的时间以提出自己的想法，并允许教师更密切地观察每个孩子的成长和发展。

出于许多原因，小组活动是每日时间表的重要组成部分。教师可以专注于某些技能（如倾听和轮流），鼓励孩子们进行社交互动，深入探讨一个话题，或引入新的概念、游戏或活动。

一名教师可以通过小型团体管理少数儿童。这些小型团体可以非正式地创建（"所有穿红衬衫的孩子都可以和常先生一起走"），教师也可以预先选择小组以促进某些互动，或者与需要更多帮助的孩子一起完成特定任务。在有多个年龄段儿童的团体中，小型团体时间用于为各个年龄段的儿童提供适当的活动。

💫 实地经验

少 的 价 值

斯泰茜·詹姆斯

导师，加利福尼亚州门洛帕克市 Geo-Kids 儿童发展中心

课程中最令我感到兴奋的是当提供新的、有趣的开放式材料后，我会退后进行观察。在使用开放式材料时，孩子们能够形成对他们来说最具挑战性的问题，并着手解决这些问题。这种情况在我工作的每个年龄组——从婴儿到 4 岁幼儿——都会发生。孩子们为自己设置适当的挑战并建构自己的知识是幼儿教育领域中建构主义哲学的基础，当看到它发生时，我总会感到惊讶。孩子们的问题和解决方案的多样性、对自己所追寻事物的入迷，以及其所探索的、有趣的新想法总是令人惊讶，有时还令人眼花缭乱。

这种情境出现的概率可能比我意识到的更大。但挑战在于我要看到它，捕捉、理解并使这些情境中的学习变得可见。这就需要我非常密切的关注，并且不受课堂上其他事物的影响。这不是经常发生的——不是学习，而是学习的见证。而且，最棘手的是，它需要尽可能少的干扰：太多干扰，这种神奇就会丢失。

教师的角色。 成功的团体活动是通过精心策划而实现的。要记住的一个重要原则是，团体活动是为了儿童且关于儿童的。有时缺乏经验的教师会产生这样的想法，即他们必须参与所有的讨论和对话。无论小组规模大小，所有的小组时间都为教师提供了鼓励孩子提高听说技能的机会，并帮助他们分享思想和想法。年幼的孩子会在兴奋或渴望交谈时打断教师和其他孩子。与团队合作的一部分内容是帮助这些孩子学会轮流并在别人说话时懂得倾听。当观察其他教师进行小组活动时，你会发现他们让孩子参与并准备好谈话所

需的时间很短。看看其他教师如何应对有等待困难的孩子的轮流问题。

在进行实习教学的某些时候，你可能会被要求计划和组织小组活动。当你开始计划小组活动时，请从小组儿童的发展水平、兴趣和技能入手，并重新考虑图 6.2 中概述的方法。通过前几次尝试，小组活动会成为你最愉快的活动之一。这一教学领域能让你有机会通过活动凸显个人特征，并展示自己创造、行动敏捷和认真负责的能力。

实践活动

为你所教授年龄段的儿童设计课程计划。指出如何针对每个发展领域（身体/运动、认知/语言、社交—情感和创造性）创设活动。展示课程计划如何适应该年龄段儿童的高低水平。将课程计划带到课堂上与团队成员分享。

日志作业

对你而言，什么是发展适宜性课程？你的教学现场如何开展发展适宜性实践？你遇到了什么困难，你会在课程中做出什么改变来进行补救？

参考文献

Bredekamp, S., & Rosegrant, T. (Eds.). (1995). *Reaching potentials: Transforming early childhood curriculum and assessment* (Vol. 2). Washington, DC: National Association for the Education of Young Children.

Chard, S. (2000). *The project approach.* New York: Scholastic.

Copple, C., & Bredekamp, S. (Eds.). (2006). *Basics of developmentally appropriate practice.* Washington, DC: National Association for the Education of Young

Children.

Gardner, H. (1993). *Multiple intelligences.* New York: Basic Books.

Gordon, A. M., & Browne, K. W. (2011). *Beginnings and beyond: Foundations in early childhood education* (8th ed.). Belmont, CA: Wadsworth Cengage Learning.

Gronlund, G. (2006). *Make early learning standards come alive: Connecting your practice and curriculum to state guidelines.* St. Paul, MN: Redleaf Press.

Jones, E., & Nimmo, J. (1994). *Emergent curriculum.* Washington, DC: National Association for the Education of Young Children.

Lam, M., & Wiggins-Dowler, K. (2005). "Project Blueprint: A construction project." Unpublished documentation board, College of San Mateo Child Development Center.

Parten, M. (1932). Social participation among preschool children. *Journal of Abnormal and Social Psychology, 27,* 243-369.

Piaget, J. (1962). *Play, dreams, & imitation in childhood.* New York: Norton.

第七章

团队教学

☑ **学习成果**

阐明团队教学的要点以及与同事建立积极工作关系的挑战。

团队教学：最佳合作

通过参加学生实习，你就成了为就读于中心或学校的儿童及其家庭共同服务的团队中的一员。教学团队的职能是通过相互尊重和支持的系统帮助参与儿童教育的各类相关人员建立联系。

什么是团队教学？

每项教育工作都有两个主体部分，即非教学人员和直接与孩子们一起工作的人员。

定义。 整个团队由每个在孩子及其家长的生活中发挥作用的人员组成。它包括主管组织（如教堂或犹太教堂、董事会或理事会）、授权或许可的机构、行政人员、项目的负责人，以及护士、社会工作者、营养师、医生、心理学家等专业人士。后勤人员（如厨师、看门人、校车司机）是团队中的非教学人员。每一个人都在学校组织的有效性中发挥着重要作用。

父母和其他家庭成员也是团队中不可或缺的一部分。有些家长可以参与课堂活动，有些家长可能会在学校帮助开展实地考察或在家庭工作日除草。越来越多的中心鼓励家长在决策委员会和董事会中任职并制定政策。父母双方在外工作的家庭不需要承担在教室里工作的任务，例如打电话给其他家长提醒其参加学校活动、参加筹款活动或撰写班级简讯。无论如何，每个有在读孩子的家庭都被视为团队的一部分。

教学团队是你参与其中的日常团队。教学团队被定义为"两个或更多的成人在一个教室里与一组儿童一起工作"。正如你可能已经注意到的那样，教学团队中的实际人数可能每天都有所不同，但在大多数情况下，团队可能由主班教师、副班教师、教师助理、实习教师、家长志愿者、早期教育专业人士和观察员组成。

团队规模和组成。教学团队的规模取决于教室里孩子的数量。核心教师群体对项目负有主要责任。团队规模可能取决于许可或认证机构、州或学校的理念，家庭、中心或机构都有可能是有组织的儿童教育和保育团体，它们可能具有不同的团队规模并面对不同年龄组的儿童。考虑到上述情况，我们建议针对不同年龄组的儿童，团队中的成人—儿童比例参考以下标准：

- 婴儿和学步儿（0—30个月）的人数应控制在12人或以下，成人—儿童之比从1∶3到1∶6不等。
- 学龄前儿童（30个月—5岁）的人数应控制在20人或以下，成人—儿童之比从1∶6到1∶10不等。
- 学龄儿童（5—8岁）的人数应控制在30人或以下，由于一些课后项目中有12岁的孩子，因此，在下午晚些时候，成人—儿童之比可适当增加，一般在1∶10到1∶12之间。

你可以看到，孩子的年龄越小，所需要的支持课程的成人（教师、教师助理以及其他作为教学团队成员的成人）人数就越多。与能够自己穿衣吃饭的学龄前儿童相比，婴儿和学步儿更需要照顾。团队的规模反映了班级中孩子的发展水平，当孩子变得更加成熟且更具独立性时，他们需要的教学人员也更少。

每个团队的组成也有所不同。每名教师都是具有不同经历、兴趣和能力的个体。团队成员之所以被选中而加入团队，是因为他们各有所长。与此同时，每个团队成员都可以从团队中学习，也可以教授其他人。

教学团队通常由一名主班教师、一名或多名副班教师和（或）教师助理组成，有时还包括家长或其他志愿者。实习教师也融入了作为幼儿教师培训场所的环境中。对于家庭—儿童照护项目中的孩子而言，他可能只有一名照护者；在实验学校里，研究人员和观察员可能会在场；在有大量特殊需要儿童的学校里，顾问和专家将成为团队中的一部分；艺术、音乐和体育方面的特殊资源教师每周会与孩子们见面几次，他们也可以成为教学团队中的一部分；代课教师和那些被雇来帮助有特殊需要儿童的人也可以成为教学团队中的一员。

教师在团队中的地位一般取决于其教育背景、培训经历和经验水平。主班教师通常在早期教育和儿童发展方面拥有最好的教育背景以及最丰富的教育经验，并且一般获得了早期教育学士学位。副班教师和教师助理的教育背景或教学经验通常不足，他们需要经常参加课程学习，努力获得认证或学位。

团队教学的好处

由于多种原因，建立教师团队是保障早期教育项目运行良好的标准做法。团队教学不仅能够满足与幼儿进行有效互动所必需的适当的师生比例，还具有其他益处。开展团队教学可以：

- 提供广泛的成人榜样以及多元化的态度、文化背景和社交互动。
- 支持儿童。如果团队成员发生变化，剩余的团队成员仍能通过替补确保教学的稳定性。
- 分享有关儿童、家庭、课程、引导策略和专业发展机会的信息。
- 在课程规划、行为管理、专业发展机会和家校关系方面提出新的想法。
- 解决出现的问题，并做出彼此可接受的决策，反思团队关于班级政策、行为管理以及家长或家庭问题的最佳意见。
- 解决团队内可能发生的冲突，包括意见、方法、个性和风格的差异。
- 通过共享工作量并在需要时提供帮助和鼓励来支持团队中的其他成员。

团队中的教师分担责任并为儿童提供更广泛的榜样。

基于上述描述，我们很容易发现团队合作如何丰富课程，并通过分享才能和资源来造福班上的儿童和家庭。团队教学的大多数缺点源于沟通方式不佳、权力和控制问题或职责描述不清。这些问题将在本章后面的"团队教学的挑战"中予以解决。

角色集

正如前面所讨论的那样，早期教育项目中的教师非常繁忙，并且要和许多人接触。他们每个人都对教师应该做什么以及如何做有一系列的期望。这些人共同构成了社会学家所谓的"角色集"（Katz & Kahn, 2006）。例如，主班教师所对应的角色集包括：

儿童	父母和其他家长
教师	志愿者
教师助理	校外顾问
主管教师	健康和社会服务机构
实习教师	当地的公立学校

根据对角色的理解和信念以及对如何接收消息的看法，角色集的成员会互相传达期望。例如，教师可能会觉得主管教师应该给予自己更多的帮助、和自己一起致力于学习困难孩子的教育工作，家长则希望教师能够打电话给顾问，主管教师可能希望家长在家里做出更多的努力。教师角色集的成员"推拉"教师、与教师争夺孩子的时间和注意力、对教师具有多种需求。这种压力是所有工作的一部分，那些"有明确的优先事项、目标和教育理念的人将能更好地构想出切合实际的期望"（Caruso & Fawcett, 2006, p. 37）。

与通常只有一名教师的小学教室不同，早期教育团队包括许多合作伙伴。教师通常由主管教师、协调员或园长监督，同时也有助理（有偿的或志愿的）、实习教师、家长或其他家庭成员从旁协助。

团队教学的基本要点

一群教师如何成为一个富有成效和凝聚力的整体？如果你曾经参加过运动队，你就会知道团队合作不仅仅是组合而已，它需要意识、组织、计划、实践以及协调、沟通和合作。当每个成员理解它的复杂性和挑战时，团队教学才是成功的，如表 7.1 所示（改编自 Gordon & Browne，1985）。

表 7.1　开展团队教学的 10 项技巧

1. 专业素质
2. 令人满意的角色
3. 灵活性
4. 开放和频繁的沟通
5. 自我意识
6. 相互的尊重和接受
7. 共同掌权
8. 分享荣誉
9. 角色和职责的明确界定
10. 评估

专业素质

在第二章中，你已经了解了影响专业教学方法的一些因素。教师的准备和经验、道德准则的知识和有效的评估是重要的考虑因素，专业的态度和行为可以成就或破坏成功的团队教学。

在一个团队中，保守秘密很重要。你应该意识到团队成员在个人生活方面需要保密的事项，且不应在专业团队之外讨论你对儿童及其家人的隐私细节的了解。

当与其他团队成员出现不一致时，专业的教师会尝试直接、及时地与对方一起解决问题。抱怨个人的不满和传播谣言（参见本章后面的"我的反应"）会破坏良好团队关系所需的信任和合作。

令人满意的角色

每位教师都是独特的资源，有着独特的才能、修养和兴趣，并且喜欢因为个人在团队中的特殊贡献而受到赞赏。每个团队成员的任务必须适合他

第七章 团队教学

（她）的角色和能力，这是至关重要的。作为团队成员之一，你需要了解自己的才能和经验，以及如何最好地利用教学团队。再次回顾一下你在实习教学中的角色集，并思考团队成员中每个人所扮演的角色。

灵活性

令人印象深刻的教师懂得改变和适应儿童的兴趣和需求。作为团队成员之一，你需要学会和同事灵活相处。团队成员之间的日常交流是团队合作的关键。当团队成员懂得随着彼此的新需求而变化时，团队就会运作良好。这对于一个小团队（比如家庭—儿童照护中心）来说尤其重要。作为团队成员之一，你需要对同事提出的想法保持开放的心态，并且能够适应预定计划的变化或在需要的时候与人交接。

开放和频繁的沟通

整合每个团队所拥有的资源是一个动态的过程，需要团队成员拥有良好的沟通技巧。第一章中讨论了教师与其他成人一起工作的技巧。重要的是要记住，早期教育环境中的成人关系与师幼关系一样重要。

除了团队之间的非正式沟通外，还有其他方式可以建立强有力的沟通关系：分享有关儿童及其家长的信息或时间表的变化、提供新的想法（例如近期来自《幼儿教育》期刊的文章）或近期研讨会的资源、努力解决可能出现的意见分歧。开诚布公的沟通是团队合作的基本要素。

自我意识

第一章中提到的"教学的基础"讨论了自我反思性教学的重要性。本书的内容要求你在每章的背景下反思实习教师生活的各个方面。自我意识显然是优秀教师最重要的资质之一。当你是教学团队中的成员时更是如此。实习教师在与其他教师的相处中可能会感到不自在或不安。然而，一旦你对自己的教师角色有了更多的了解，你就能将这种自我意识应用到与其他团队成员的关系上。

了解自己的教学优势和劣势，以及在团队中与其他人互补或争论的方法很有用。当进行教学时，你将以新的方式来理解自己、发现自己在某些教学环境中何时何地会感到舒服或不舒服，以及如何将自己视为学习者。幸运的是，评估是教学过程的一部分。指导教师给予实习教师的反馈，能够为后者提供更多了解自己、随着经验成长和改变的机会。

相互的尊重和接受

教师对他人起到模范作用的最重要的一个方面是，我们能够在多大程度上接受并尊重人类同胞之间的差异。欣赏每个团队成员的个性与欣赏我们所教的每个孩子的独特性同样重要。

教学团队的所有成员都应该了解与之共事的人。了解团队成员的不同个性、经验、优缺点、价值观、文化和有助于提高工作环境理解力的背景。为了培养对团队成员独特性的尊重和接受，你不妨看一下自己与同事的共同点，并欣赏你可以从彼此的差异中学到的东西。自我意识可以帮助你了解你为团队做出的贡献，同时，你想知道其他团队成员将什么视为自己的特殊天赋。你希望团队尊重并接受你的哪些方面？你可以从每个团队成员那里学到哪些内容？

共同掌权

共同掌权是指团队成员之间彼此友好、支持和信任的程度（Jorde-Bloom，2005）。一种共治感或"团队精神"是有意识的努力——开诚布公地分享和沟通、重视专业互动以及学会成为一个有凝聚力的团体——的结果。当每一个团队成员都促进并保持高质量的分享和关怀时，团队精神就会得到发扬。

在早期教育环境中，团队合作的机会比比皆是。例如，教师们可以一起

第七章 团队教学

为课堂项目开展合作，可以与其他团队成员分享资源和课程理念，或彼此为对方规划家长会议。依托日程安排共享午餐或休息时间也能弘扬团队精神，如员工每月的生日庆祝活动。当教师之间经常交流时，一种共同体意识能够在结构化和非结构化的时间中得到培养。当他们分享问题和成就时，团队将在相互赞赏和尊重中成长。

与另一位教师合作可以提升团队精神和共同体意识。

道德困境

保　　密

情境：教学团队中的成员刚刚得知实习教师马娅是班上其中一个孩子的邻居，这个孩子的父母是著名的职业运动员。白天，教学团队中的很多成员都会接近马娅，问一些与那个孩子的家庭有关的问题，这让马娅感觉非常不舒服，并且不知该如何回答。

> **《道德行为准则》参考：**
> 第 3 节：对同事的道德责任
> I-3A.2　与同事共享资源，通过合作确保提供最好的幼儿保育和教育计划。
> P-3A.1　认可同事对项目的贡献，不参与损害其声誉、削弱其与儿童和家长有效共事的行为。
>
> **解决方案**：第二天，马娅所在的实习班级正在开会，她与高校指导教师和同学们分享了自己的两难困境。大家讨论了那些教师提出的问题的本质，并得出了结论：这些信息与学校共同体无关，马娅不应该回答这些问题。接着，马娅的教师问了一个关于她了解的那个家庭的不恰当问题，并让马娅和另一名同学进行有关如何回应的角色扮演。马娅向她的实践指导教师报告了角色扮演中的互动情况，大家都赞同马娅在回应不适当的问题时参考《道德行为准则》。

分享荣誉

一名优秀的团队成员意味着能以一种支持其他团队成员的方式分享自己的优势，但不会创造一种竞争氛围。无论是与有困难的孩子一起工作、创建户外课程，还是与家长或家庭联系，团队中的每个人都擅长某些事情。我们都会希望自己因为做得好而得到认可，并得到同事的赞赏。尽管团队成员彼此之间存在差异，但是所有的团队成员都致力于自己的工作，都值得受到认可。一个具有支持性和合作性的团队能在事情顺利的时候分享荣誉，就像他们在出现问题时分担责任一样。

角色和职责的明确界定

清楚地了解每个团队成员的角色和独特责任至关重要。当所有团队成员的角色都得到明确并被所有人理解时，团队工作将会更有效率。明确表述的责任也可以防范法律和道德问题，特别是当孩子在学校里受伤时。了解自身的角色和责任的范围和限度，能给予你在自己所监管的领域中权威行事的信心。

有关角色界定的进一步讨论，请参阅"团队教学的挑战"部分。

评估

在第二章中，你已经了解了定期评估的重要性。作为中心或学校员工，你可能会参加年度评估。你设定的目标和收到的反馈会影响你作为教学团队成员的角色。更有可能的是，主班教师参与了你的评估过程，而且将在教学团队的帮助下支持并鼓励你的进步。

开展团队教学的 10 项技巧（表 7.1）既适用于教师个人，也适用于团体。教师可以通过积极的成人关系、接受差异、分担责任，为孩子提供良好的榜样。

团队教学的挑战

团队教学涉及许多人的合作和努力，当每个人都知道自己所发挥的作用时，团队合作才能做得最好。"我认为我所在的教学场所中的每个人都在同一战线，"帕特里夏在实习教学日志中写道，"我们都在这里，因为我们热爱我们的工作，我们懂得为每个入学旧金山护儿儿童服务中心的孩子的生活带来改变的重要性，并尽我们所能来支持这些家庭，同时，团队成员之间的相互支持使我们的工作压力得到了缓解。"

澄清角色

幼儿教学团队中的角色和责任是复杂的，当所有团队成员都有明确的角色时，团队的工作效果最好。如本章前面所述，尽管角色集概述了教师工作的次要义务，但是课堂教学团队仍主要负责与儿童一起工作。在一项有关教学团队结构的早期研究中，怀特布克（Whitebook，1989）发现，主管教师、主班教师、副班教师和教师助理在课程的规划和实施、膳食准备和日常维护方面有着相同的职责范围。主管教师有更多的家庭沟通和行政工作，所有负责课堂教学的教师都需要计划和实施儿童课程。

教师助理和实习教师的工作很重要。他们的职位通常是几乎没有任职资格或教育要求的。教师助理和实习教师既涉及执行内务管理，也负责直接教育孩子，在教师离开或与其他人见面时还要负责监督孩子午睡。此外，教师助理或实习教师也可能需要参加教师会议和培训课程、与顾问或家长会面、准备课程内容、参与儿童评估。

然而，我们对教师助理或实习教师的职位有着广泛的期望，也因此容易对他们的工作产生误解。澄清什么是或什么不是他们工作的一部分至关重要。例如，实习教师会被期望在部分时间内制作小吃、混合颜料或设置婴儿床，他们也应该获得协助活动、监管游戏区域和组织小型或大型团体活动的经验。如果实习教师不清楚自己该怎么做，就会出现问题。以下内容来自一名教师：

> 在我所在的学校里，有两名实习教师不愿意在课堂上帮助在职教师，他们坐在远离孩子的地方。一名实习教师甚至发表评论，破坏了课堂纪律。这种情况需要解决，主管教师与他们谈论了如何影响一个有困难的孩子以及如何在没有被邀请的情况下参与其中。到目前为止，他们俩已经在课堂上提供了很多帮助，我们感谢他们的努力和帮助。

如果你不清楚或不确定自己的工作职责，一定要马上和你的实践指导教师谈谈。询问你所实习的工作场所是否使用下文所涉及的条目来阐明角色和职责。

职责描述

具体的职责描述能够界定角色：一些中心会给每个参与团队教学的家长、实习教师和主管教师配备工作卡。这些卡片概述了团队成员在整个过程中的责任（参见表 7.2）。"正如我的导师所说——'组织结构化程度越高，对幼儿和教职工的压力就越小'，"实习教师戈登报告说，"教职工单独对一小群孩子负责，这项责任包括观察、收集工作样本、提供具有发展适宜性的小组活动以及管理儿童。然后，在每次会议上，每个人都要将这些信息联系起来，并向其他教职工提供建议。"

表 7.2　团队教学工作卡示例

☞　工作卡可以阐明成功履行教师职责的期望。

教师 1：艺术区、零食时间和沙区

　　上午 8:30—9:00　设置艺术区：设置画架、自助工作桌和结构化艺术项目。设置沙区：打开露天顶棚、拿出样品玩具。

　　上午 9:00—10:00　监管所有的艺术区：邀请儿童；帮助儿童穿工作服、写姓名并明确任务；保持区域的组织性。

　　上午 10:00　协助儿童清理区域：将帽子放在油漆罐上；把刷子放入水槽；将材料放在货架上；喷洒并擦拭桌子。

　　上午 10:15　在圆圈时间为每个小组准备零食盘，并将其放在桌子附近。

　　上午 10:30　坐在餐桌旁吃零食：帮助孩子们洗手和找到自己吃零食的空间；监督他们的传递和服务；读故事或交谈；确保他们清理了自己的空间并坐在桌子旁，直到可以和你一起出去。

　　上午 10:45—11:45　监管沙区：拿出一些玩具样本；决定是否使用水，以及是否进行协助；在 11:40 之前开始清理，并让孩子们帮忙。

　　上午 11:50　在故事时间提供协助：帮助孩子们安静下来；和摇摆不定的人坐在一起。

　　中午　移动到艺术区：帮助孩子们继续他们的项目；说再见。

　　下午 12:10—12:30　在每个人都离开后，清理艺术区和沙区。

团队角色。在具有代表性的团队中，人们将根据自己的位置发挥不同的作用，就像一个家庭或运动队一样。明确责任有助于所有团队成员理解自己特定的角色；而角色模糊或任务模糊会导致混乱、冲突和功能障碍。领导者可能会认为自己就像教练（他们提供指导，但实际上并没有参加比赛）或队

长（他们在比赛中发挥指示作用）。虽然团队成员各有不同的才能，各自发挥不同的作用，但每个人都会做出贡献并始终专注于相同的目标。记分员的角色可以由一个或多个成员担任，追踪时间、目标、责任是重要的。

　　基本的团队角色能帮助所有成员应对出现的挑战。其中一个团队角色可能会负责处理会议期间决定的事情、选择最适合创建教师工作卡的人员、决定谁将参与筹资和购买新的教室地毯。除正式的团队角色外，通常还有非正式的、可能有益或有害的角色。有益的角色能促进沟通和目标的顺利实现，有害的角色会阻止团队的成功。我们都很感激那些为需要帮助或处于冲突中的人主动提供帮助的人，因为他们的帮助让团队保持了正确的方向。如果你的团队中似乎有人总是指出什么是错的，或在没有被问及的情况下给行为贴标签，那么团队的士气就会受到威胁。反思一下你所在的团队及其运作方式。

　　调查你所在的团队。团队成员调查可用于衡量团队合作的有效性，以及明确需要改进的领域。虽然实习教师不太可能评估团队氛围，但他们可能会发现这一工作很有启发性。当你阅读乔德-布鲁姆（Jorde-Bloom，2005）所提出的有关整体员工关系的以下内容时，请考虑你所在的实习场地：

- 合作环境中有友好的员工
- 存在竞争的氛围
- 人们不愿意表达自己的感受
- 教师对新员工非常有帮助
- 团队精神很好
- 员工通常坦诚相待
- 士气低落
- 人们在工作之外进行社交
- 人们感到孤立
- 人们抱怨很多

在责任明确、角色公平的情况下，团队的人际氛围可能更积极，实习教师也将很容易融入教学环境。戈登说："身为团队中的一员，我感觉自己非常受欢迎且被认可。教师和助理都负责个别的领域，每三周轮换一次。团队成员都努力协调配合彼此，以确保顺利地实现衔接、一直保持适当的人员比例并处理安全问题。团队中的每个成员都非常支持彼此，我也因此备受鼓舞、完全融入并参与团队的努力。这些都让我舍不得离开这个团队。"

团队领导力：权力和等级制度

团队结构因机构而异。每个学校或中心都有自己的等级结构，用于区分团队中的多重角色。团队领导者在创造友好的工作氛围方面发挥着重要作用，在友好的工作氛围中，成员能感觉到自己受重视并积极参与其中。优秀的领导者能为团队提供明确的期望、支持和鼓励，并且给予充满尊重和公平的、开诚布公的反馈（Jorde-Bloom，2005）。

决策过程表明了整个团队中的权力分配，以及每个团队成员对计划的影响程度。当教师认为决策过程公平时，团队的士气就会高涨；高昂的士气更有助于确保项目目标的实现和更高的工作满意度。

鲍姆林德（Baumrind，1971）的经典研究中汇集了关于家庭教养的几种模式，你将在第八章有关家庭的部分读到相关内容。这也很适用于描述团队的领导风格。

- 权威型：以接纳、互动、耐心、温暖和对教师需求的敏感性为特征。领导对员工有合理的期望、重视沟通、参与联合决策并鼓励教师表达自己的想法和感受。
- 专制型：以通过批评和命令的控制和需求为特征。领导者很少会倾听其他人的观点，全权负责团队的所有决定。
- 放纵型：以温暖和接纳为特征，但关注不够或过度放纵。没有明确的标准和规则，而且存在的标准和规则并未得到一致的强化，领导者似乎没有控制，对下属的要求很少，并允许教师自己做决定，而不管教师的决定是否恰当。

领导风格的差异导致教师承担着不同的任务。正如教养风格一样，每种类型的领导风格都可以发挥作用，但不同的风格有着明显的优势和劣势。在权威型领导风格中，教师会参与大部分的决策，即使这会增加他们的工作量。团队成员的参与程度较高，但有时候也存在参与过度的现象。团队中的教师在彼此和领导者面前表达自我时会感觉良好。相比之下，专制型风格是一种自上而下的模式，在这种模式中，团队成员不参与决策的制定，只是被告知要做什么。教师们喜欢有明确的期望，但有时也会因为被忽视而感到不满。在一个宽容的团队中，有时很难理解优先和规则（参见"反思性事件"）。尽管教师被允许自己做决定，但他们有时会感到困惑和被忽视，虽然也有人喜欢更模糊的界限。

反思性事件

当团队合作陷入困境时

虽然我已经在教学场所实习了6个月，但我仍感觉自己是个新手。正如我在课堂上所表达的那样，有些时候，我仍觉得我们在开展工作时不像一个团队。我们从来没有足够的时间来一起做出规划，所以很多时候都是靠某人主动规划本周的课程。现在，课程规划由我和另一位教师负责完成，但我们并没有真正坐在一起，因为我们的准备/午餐时间表是错开的，当另一位教师没有按照时间表行事时，我感到气馁。我觉得在中心里工作时间较长的一些教师花了很多时间来闲谈。总的来说，我觉得团队成员缺乏组织，我是"新手"——我不知道该怎么办。

——芭芭拉

> **你的思考**
>
> 1. 我感觉如何？
> 2. 我该怎么办？
> 3. 结果可能是什么？

你认为你的实践指导教师是哪种风格？这种风格是如何影响你的？又是如何影响团队的？当你在行动中观察团队领导者时，你可以形成自己对良好团队风格的理解。

团队动态

正如罗斯琳的实践指导教师所说，团队关系和教师之间的动态可以用"好""坏""令人不快"来形容。"在每个工作和情境中，你都不得不考虑到意外的发生，但协商和解决问题是必要的。"作为实习教师，你正在进入一个教学团队，如第一章所述，这是一个挑战。"这是一个不得不开始面对的新压力，"伊春的实践指导教师说，"随着时间的推移，我们学会了在团队中工作。当我们变得更加成熟时，我们就学会了适应、放手，变得不那么挑剔，更懂得反思。"许多早期教育项目都有经常性的人员流动，有的项目采用"连续性关怀"哲学或华德福教育体系，让教师随着儿童移动，从而使教学团队发生变化。

考虑到每个人的个性和职业特征，每个人的发展和教学阶段以及学习风格和偏好都是挑战。

> 当我们谈论员工关系时，我们真正谈论的是，作为个体，如何和谐地与团队成员融洽相处——我们彼此之间的互动程度如何，以及如何沟通、支持、接受彼此的差异、优势、劣势和观点（Zavitkovsky,

1992，p. 14）。

"我们所在场域中的团队关系非常重要，团队成员都会努力参会并分担责任，"实习教师米歇尔和西奥说道，"团队成员看起来关系密切，我们从他们身上观察和感受到的最美好的事情就是他们的温暖。当开始工作时，他们会相互拥抱，并且他们在文化和个性方面都是多元化的。"

作为一名实习教师，你将集中精力与孩子们一起工作。然而，由于早期教育实习通常在团队环境中进行，所以了解成人和教师的发展阶段有助于处理团队动态和冲突。

成人的发展阶段。了解自我是有效课堂教学的基础，也有助于积极的团队教学。"通过了解自我以及早期生活经历和文化背景的影响，我们可以增强对自身行为的控制，并在必要时更容易地调整它。"（Caruso & Fawcett，2006）

团队动态包括在单独开展活动时也能留意到其他人。

了解成人的发展可以提高这种自我认知水平。此外，它也有助于我们了解同事，因为教学团队通常由处于各个年龄阶段的成人组成。

作为团队成员之一，成人发展的每个阶段都会有一些特征和关键问题影响我们的工作。"61岁的我有很多生活经历，"实习教师帕特说，"但在某些方面，我过着闭塞的生活——在过去的25年里，我没怎么去旅行，也没有上过大学。我可以使用一些更广泛的经验。尽管如此，我仍然有一个稳定的自我概念，并且在生活中，我是一个充满责任感和具有创造力的人。我擅长抽象思维，但不善于口头表达。"思考一下你和你的队友在成人发展阶段中的位置：

- 青年时是否寄希望于身份和变得独立？
- 中年时是否承担家庭义务，并试图表现出稳定性和能力？
- 老年时，随着个性化程度提高、梦想有所改变，是整合成就获得完善感，还是感到遗憾、失望？

教师的发展阶段。教师的专业成长模式有一定的发展顺序，凯兹于1977年开创性地提出了教师发展的四个阶段，每个阶段都有特定的发展任务和培训需求。教师个体在每个阶段所花费的时间长度可能差别很大（参见表7.3，确定你和你的实践指导教师所在的位置）。你可以确定进入下一阶段所需帮助的类型。这会怎样影响团队合作的方式？

表7.3　教师发展阶段

阶段	发展任务	培训需求
生存（通常是第1年）	"我能完好地过一天吗？我能日复一日地做这项工作吗？"现实不像理论所说！正在寻求模式。	支持，理解，鼓励，安慰，具体任务和技能指导；需要现场帮助。
巩固（通常是第2—3年）	"我能挺过来！"关注个别孩子；能确定问题情境；能看到模式的变化。	现场相互探究问题；开展广泛的对话；获取有关特定儿童或问题的信息；有机会接触专家和顾问；有机会与他人分享感受。

（续表）

阶段	发展任务	培训需求
革新 （可能是第 3—5 年）	"什么是新技术？有哪些做事的方式？" 将视自己为教师；为创新和新想法做好准备。	会见来自不同项目的同事，参加会议或工作坊；可能已准备好打磨自己的教学。
成熟（5 年以上）	"成长和学习的本质是什么？"有意义地寻找答案。	参加会议；领导工作坊；成为指导教师。

资料来源：Katz（1977）.

冲突。只要两个或更多的人之间有联系，就可能存在合作和冲突。虽然大多数人认为冲突是有问题的，而不是促进更多理解或亲密的工具，但是冲突确实可以被视为一种困境或机会。许多教师（即使是那些轻松处理儿童问题的教师）也喜欢平息与成人的冲突。然而，我们无法避免的是团队教学中的挑战。

当出现对原则或实践的不同意见时，团队必须设法解决他们的分歧。当你阅读以下 5 种常见方法（参见表 7.4）时，请考虑你和团队中的其他教师是如何发生冲突的。

表 7.4　解决团队分歧的 5 种方法

方法	描述
没有废话或命令	我不放弃。我努力做到公平和诚实。我知道什么是最好的。面对问题就是我要做的事情。
解决问题	如果存在冲突和问题，我们都会分享。我们需要一起解决它。这产生了有创意的想法，加强了彼此之间的关系。
折中	我倾听每一个人，也支持他们倾听我。我帮助每个人让步，毕竟有总比没有好。
缓和	无论什么时候，我都喜欢尽可能地保持冷静、平和。大多数教师的担忧都不是那么重要，所以我会把关注点转向其他事情。
忽略	当处理冲突时，我很不安。对于这些情况我无能为力，所以我会避免它。

有的时候，上述的每一种方法都是恰当的。例如，如果教师看到一个孩子在滑梯上推倒了另一个孩子，那么她就必须迅速行动，即使滑梯上的队员可能会因受惩罚或被轻视而感到沮丧，但这种"没有废话或命令"的方法是最好的。如果教师不满意同事打断了自己的圆圈时间，他可以在之后的休息时间或下一次员工会议中使用"解决问题"的方法。当实习教师埃伦告诉内森的母亲让孩子平静的新方法时，她的实践指导教师观察到了这一互动，并在看到家长的不安时采取了"折中"的方式，提供了双方都能倾听并接受对方观点的方法。

交流想法很重要，如何做到这一点是具有挑战性的。做一个好的倾听者，表明你正在集中精力并提出开放性问题。要像对待你教的孩子那样来对待你的同事。实习教师尤吉在冲突中仍能为目标坚持下去。

> 我有时会看到教师们因为一些问题而不能好好相处，所以我（或另一位教师）自愿成为教师之间的桥梁，并力图找到解决方案。我相信所有的人都是不同的，所以有些人不同意是正常的事情。我不认为有人让我心烦意乱是件坏事。当与教师发生冲突时，我首先想到的是我是为了孩子们才会在这里，我应该做出怎样的选择来为孩子们提供更好的环境？这样我就避免了在行动中掺入自己的个人感情。有时要做到这一点很困难，但我设法将个人感情放在一边。

然而，有些人会感到气馁。例如，频繁的互动以及信息和思想的交流是团队合作良好的重要组成部分，但有时这也很困难。苏·库恩经常面对人员替换的问题，她和其中一个教学团队成员之间存在语言障碍。葆拉发现，"有这么多厨师，但我们都在烹饪完全不同的东西！"闲聊是经常出现在工作场所的另一个问题（参见下面的"我的反应"）。

> ### ～我的反应
>
> #### 工作场所的闲聊
>
> 我认为大多数幼儿教师一般都非常忙碌，必须专注于孩子们所做的一切。他们没有很多时间互相交谈——在我工作的地方，我们甚至没有重叠的午餐时间。具有讽刺意味的是，教师们似乎找到了一种方式来谈论很多关于"事情"，而不是关于项目的内容。我对中心的所有闲聊都感到厌倦。如果你和另一位教师之间存在问题，那么你应该和她谈谈，对吗？和另一位教师谈论她有什么意义？什么问题都没有得到解决，这个人只会继续以同样的方式行事，因为没有人跟她交谈。我知道直接沟通对某些人来说并不容易（像我一样），但如果你的目标是为孩子们提供最好的教育，那么，为了实现这个目标，你应该不顾一切、竭尽所能地行事。
>
> ——吉特尔

许多因素有助于积极的冲突解决。每个人都需要学习解决人际关系问题的积极方法。请参阅第三章（表 3.4）中解决冲突的 5 个步骤。同时，明确的角色和责任、频繁的持续沟通以及有组织的讨论框架，将有助于团队提出重要事项。实现这一目标的最佳方式之一是员工会议。

员工会议

员工会议为团队成员提供了在项目之外聚在一起的机会。定期会议虽然经常难以安排，但却为团队成员提供了最好的机会，让他们在做出影响自己和教育孩子的决策时一起交谈、倾听别人并扩展自己的观点。与更大的中心相比，家庭托儿所中的实习教师可以更容易地与自己的指导教师交谈。学龄儿童的课程通常很分散，实习教师可能会发觉自己难以实施得得心应手，而

第七章　团队教学　　　　　　　　　　　　　　　　　　　　　　　　223

指导教师并没有关注到自己的这种困惑。员工会议可以用于多种目的，目标明确会有助于会议更好地运行。

　　课程是员工会议的共同焦点，实习教师明洪指出："教师们经常会一起规划每周的主题，在员工会议上，他们还喜欢进行材料准备并分享自己的想法。我真的很喜欢他们的这一做法，因为它节省了时间，当他们一起从事有关项目的事情时，他们会针对不一致的地方进行协商。"会议也是指向儿童的，在蒂安娜的计划中，每周的员工会议是讨论每个孩子的发展、规划所需的评估以及在家庭会议之前讨论孩子的有效方式。

频繁的相互沟通是团队参与的重要部分。

　　虽然会议议程通常由团队负责人拟定，但所有的成员都可以提出建议。会议的形式各不相同，开会的频率也各不相同。会议议程包括活动计划、对儿童和家庭问题的讨论、管理行为和时间的策略、冲突解决以及更正式的培训（如心肺复苏术、急救或与专家的协商）。教师方塔纳说："我所在的团队沟通和制订计划的更正式的方式是，共享每月日历和每位教师职责的每日清单。"此外，许多早期教育计划试图通过庆祝活动、有趣的活动、联合会议、工作坊或实地考察，甚至是年度聚会的方式来建立团队合作意识，进行员工培训和教育。

  有些课程项目没有定期的员工会议。没有员工会议，将很难实现共同愿景并确保项目的顺利运作。每周举行会议并在全天进行更多的非正式签到和汇报更为可取。半日制项目通常在课程结束后举行会议，学龄期项目可以在孩子到来之前召开会议。在全日制项目和那些工作人员交错的项目中，会议的召开更加难以安排。就一个营业时间为早上7点至下午6点的中心而言，可能会每两个月在晚上举行一次会议，或者可能会轮流开会，以便在上午工作的员工可以参加上午的会议，在下午工作的员工可以利用孩子的午睡时间开会。

>   我们办公室里的教师每周会聚会一次，一次1~1.5小时，他们会在课堂上发邮件和沟通。他们有一个在职日，并且每个季度都有全校员工会议。因此，他们知道其他办公室里的教师在做什么，其他教室里的孩子在做什么。我认为这有助于他们互相支持，不仅是为了孩子，还考虑到了教师的幸福感。
>
> ——简

  了解你所在的实习场地中的员工会议，看看你在实习期间是否可以至少参加一次会议。你会发现观察和参与团队教学的这一重要部分很有意思。

模棱两可：早期教育团队中的实习教师

  实习教师在团队教学中的作用是什么？在理想的情况下，你的实习机构已经准备好迎接你了，期待你的参与并有一个明确的计划安排，而且为你配

第七章 团队教学

备了一位在实习期间带领你的指导教师。你需要学习的东西很多，如课堂环境和时间安排、团队角色和责任、要遵循的规章制度以及要理解的组织文化。人的自尊心很脆弱，教师的评论或表情（即使是善意的）看起来会很挑剔。西尔维特就描述了这种感觉："我担心自己处于一种新的境地，我没有感觉到自己是团队中的一员。我来这里还不到一个月，但我只在这里待一个学期。刚开始我觉得自己并不受欢迎，并且和团队成员缺乏沟通。有时候我觉得自己几乎是一个人。"

焦虑是一种常见的经历，不确定性会使教师的主动性降低。一项研究表明："92%的新手教师不会直接向同事寻求帮助。他们害怕承认自己的课堂上存在不确定的问题。新手教师充其量只是非正式地交换问题，并试图对同事隐瞒自己的弱点。"（Berl，2004）

要成为教学团队中的一员，新手教师必须专注于了解教师和孩子。正如本章前面所提到的（参见表7.2），具有明确和有意义的角色非常重要。关于儿童和计划的观察和记录应扩展到其他的重要职责。奥古斯托说道：

> 教师们会充满信任地帮助实习教师和志愿者开展活动、与孩子们互动（包括处理他们的行为）、准备膳食和小吃等，以使我们感到自在。主管教师很友善地和我一起查看是否有我必须完成的实习任务，或者我是否有任何需要她填写的内容。总而言之，我认为教师们都希望我们是这个大家庭中的一部分。

当知道了教师们和孩子们的名字时，你可以向他们致意并与他们交谈，发掘他们的专长和教育观点。这样，你将更有可能参与到团队教学之中。琼说道：

> 我所在的工作场所中的其他教师让我不管发生什么事情，都先试

着自己处理。如果我遇到麻烦，他们就会帮助我，我认为首先尝试自己处理是一个很好的学习方式。如果发生重大冲突，他们就会介入，这样就会有两位教师。有时他们也会给我打电话，然后我就会变成支持他们的第二位教师。

让自己更快地融入团队的一种方法是接受他人对你工作的反馈。请注意这名学生的教学实践是如何形成的，她的实践指导教师抓住了她做得好的地方：

> 当我开展计划的时候我的指导教师就在桌子旁，他可能会对孩子们说："当格雷丝老师和我分享时，我感觉很好，不是吗？"我表示赞同，并且这让我感觉在孩子们面前，我和他处于同等的地位。

另一点要记住的是，首先，我们通过做具体的事情来学习，然后我们再从概念上学习与之相对应的内容。所以，当你要做某件事情时，可以先询问一些细节，并向身边经验丰富的队友寻求帮助。正如马克指出的那样，有一些策略可以让你更好地融入团队：

> 因为中心每学期都有新的实习教师，所以中心的教师们会尽力地帮助实习教师：一方面，给予实习教师工作卡，这些工作卡能够详细地指导实习教师履行职责；另一方面，邀请实习教师参加员工会议并参与讨论，从而让我们更容易地实现过渡，并感受到自己是团队中的一员。

表7.5提供了融入教学团队的一些想法。

第七章 团队教学

表 7.5 让自己融入：实习教师的团队合作

☛ 让自己融入教学团队需要一些关键策略，这样你才能感受到自己是团队的一部分。

- 重点讨论如何理解情境——描述事件并询问团队成员的想法、对幼儿如何学习的假设、什么做法有效/什么做法无效、对自己的期望，以及这次（或下次）可以做什么的假设。
- 寻找机会向另一位教师提供你对幼儿的观察、你如何理解其含义，或如何帮助幼儿表达想法和感受。
- 在尊重每个团队成员的隐私的同时，尽量在个人层面和专业层面上与每个人建立联系。教学团队由个人组成，了解每个人将帮助你了解每个独特的成员的动态。
- 列出你每周所学的内容并练习相应的技能，以便在你下次去教学场所时提高这些技能。
- 培养自己的好奇心、热情和激情。尝试用这些更积极的感受来平衡你的焦虑。在这一方面尽可能地给孩子们塑造榜样。
- 询问并接受其他教师关于改变你的方法或行为的建议。
- 在其他人介入以及在棘手情况下无法获得帮助时，养成一种悬置判断的习惯。
- 避免只寻找唯一正确的方法。有许多适当的做法。你需要发展自己的风格，但也需要使你的工作与团队的工作保持一致。

最后一点：团队教学可能具有挑战性，但它是早期教育项目中不可或缺的一部分，也是了解自我的良好方法（参见"实地经验"）。为了回应指导教师所布置的讨论团队关系的任务，实习教师尤吉引用了约瑟夫·坎贝尔（Joseph Campbell，2008）的一句话："如果你想要追寻幸福，你就会遇见幸福的人，他们将为你敲开幸福之门。"

实地经验

团队教学

指导教师，吉尔·沃特金斯

我经常被问到为什么我没有致力于基础教育领域。首先，这是因为我非常重视团队教学的经验，这是早期教育环境的典型特征。

作为一名从教近20年的教师，我曾与一些了不起的女性合作，并从中受益匪浅。我很早就被教育要成为像海绵一样的人，并且持续性地向指导教师传递我的智慧。这些高级教师真诚地希望看到我成功，并热切地帮助我掌握更多的方法。我有内部资源可供观察、征求意见和进行效仿。我仍然使用了一些从我的第一位指导教师那里学到的策略。

团队教学方法的一个明显优势是我们每个人都会带有一些略有不同的兴趣和技能。例如：虽然我对读写有着真正的热爱，但科学对我的吸引不大，与我合作的教师可以弥补我的不足；我可能更容易与"慢热型"的孩子打交道，而我合作的教师更擅长与合群的或有创造力的孩子交往。

同样，我们都有缺乏耐心的时候，但我们可以依靠合作教师来与孩子进行协商。最终，这种平衡将最有效地服务于儿童。

然而，现实情况是，上述差异可能会给团队动态带来挑战。我学到的最有用的东西就是要学会沟通，这适用于任何良好关系的维持。在尊重的氛围中，能够彼此坦诚相待当然更好。虽然团队成员之间并不总是一致，但最起码要相互关怀和支持。

实 践 活 动

使用第 205 页中描述的角色集模型，为作为实习教师的自己绘制角色集。列出你对角色集中的每个成员的期望以及他们对你的期望。接下来，浏览每个列表，标记哪些期望是合理的，哪些是不合理的。为了让目标更合理，你可以做出哪些调整？

日 志 作 业

在实习现场讨论团队关系。教师如何一起工作？如何解决冲突？如何建立一个团队？

参考文献

Baumrind, D. (1971). Current patterns of parental authority. *Developmental Psychology Monograph, 4*(1), Pt. 2.

Berl, P. (2004, January/February). Insights into teacher development: Part 1. The emergent teacher. *Child Care Exchange.*

Campbell, J. (2008). *Hero with a thousand faces* (collected works of Joseph Campbell, 3rd ed.). Novato, CA: New World Library.

Caruso, J. J., & Fawcett, M. T. (2006). *Supervision in early childhood education: A developmental perspective.* New York: Teachers College Press.

Gordon, A. M., & Browne, K. W. (1985). *Beginnings and beyond: Foundations in early childhood education.* Albany, NY: Delmar Publishers.

Jorde-Bloom, P. (2005). *Blueprint for action: Achieving center-based change through staff development* (2nd ed.). Lake Forest, IL: New Horizons.

Katz, L. (1977). *Talks with teachers: Reflections on early childhood education.* Washington, DC: National Association for the Education of Young Children.

Whitebook, M. (1989). *Who cares? Child care teachers and the quality of child care in America.* (Final Report, National Child Care Staffing Study.) Oakland, CA: Center for the Child Care Workforce.

Zavitkovsky, D. (1992, January). Docia shares a story about staff relationships. *Child Care Exchange.*

第八章

与家庭合作

> ☑ **学习成果**
>
> 展示对家庭和家校联系的多样性的认识,并对教师如何与家长沟通孩子的发展和学习进行评估。

谁是家庭成员

如今"家庭"的概念被广泛定义,这反映了过去50年的社会变化,当时,由父亲、母亲和两个孩子组成的"核心家庭"是主流模式。今天的家庭单位可能包括父母(可能已婚或未婚,或者可能是养父母)和其他家庭成员(如祖父母、叔叔和阿姨,以及同父异母或同母异父的兄弟姐妹)。家庭可以由两个人组成,也可以是由更多人组成的集体或社区。家庭的这些特征可能与你的父母和祖父母的抚养方式非常不同,或者可能与你的邻居相似。总之,当你进入早期教育领域时,你会接触到各种家庭。一名实习教师在下文的"反思性事件"中讲述了自己的家庭情况。

❧ 反思性事件

在我的家庭中成长

在我出生的时候，我的父母就为我制订了一个教育计划。由于我的母亲没有上过大学，父亲也只完成了职业教育，所以他们想要我接受更好的教育。我的父母告诉我，教育非常重要。在我10岁时，我的父亲离世，母亲在我12岁时再婚。于是，我有了一个新父亲和两个姐姐，从此，我从独生子变成了家里最小的儿子。我的继父非常严格，不允许我把房间弄得乱七八糟。他的规则是"如果我发现东西乱丢乱放，我就会把它扔掉"，所以我很快就学会了清理打扫。今天的我之所以有点像一个有洁癖的怪物，可能就是因为这一点。

在这个家庭中长大是一种体验（不是每个人都有吗？），我认为我的家庭结构和价值观深深地影响了我，并且造就了今天的我。我是家里第一个上大学的人。看到家人对我感到骄傲，激励我继续上学并获得学位，我也希望自己成为同辈表亲的榜样，向他们展示他们也有同样的机会去上大学并取得成功。

当我观察学校里的孩子（包括我自己的孩子）时，我经常把他们的行为与我小时候相比。特别是当我注意到3岁女儿的固执、反叛和坚忍等特点时，我就想知道这一切是来自我，还是我的妻子。如果继续回顾我的童年和青少年期的成长经历，我可能会有点担心我的孩子的成长之路，但是当我想到自己一路是怎么过来的，以及最终做出了正确的决定，我就不那么担心了。

——詹弗朗西斯科

你的思考

1. 我感觉如何？
2. 我该怎么办？
3. 结果可能是什么？

在你的实习教学经历中，你可能已经注意到教师经常提到"家庭"，而不仅仅是"父母"。我们越来越意识到，人的成长不仅有孩子的直系亲属的影响，还有大家庭和社区的影响。在当今世界，有相当多的人已经参与照顾孩子，我们希望他们都能感受到自己置身其中，因为通过这些家庭网络，我们能更多地获得对孩子的认识和理解。

"父母"是一个已经扩展到适用于各种关系的词——它不仅包括拥有父亲或母亲合法身份的人，还包括正在养育自己的亲生子女、领养子女和其他家庭成员或朋友的孩子的人。今天，不同生活方式的复杂性和丰富性使我们继续审视该如何定义我们所教育的孩子的家长和家庭。

美国家庭的多样性

不断变化的社会模式使许多家庭有了独特的需求。经济、移民、医疗技术、离婚率、职业承诺、变化的生活方式、人口和性别问题都是重塑家庭结构的一些影响因素。有些家庭情况对父母和教师来说更具挑战性，早期教育工作者必须准备好应对当今家庭多样性的一些典型情况。具体如下：

- 有发育迟缓和残疾儿童的家庭
- 收养和寄养父母家庭
- 单亲家庭
- 组合家庭
- 父母都在外工作的家庭
- 多种族家庭
- 在自己的母语文化中抚养孩子的家庭，英语不是其主要语言
- 由祖父母抚养孩子的家庭
- 初为父母的家庭
- 同性恋家庭

- 无家可归的家庭
- 未成年父母的家庭

当阅读上面的列表时，你可能会想到自己在实习教学中遇到的一些家庭。有多少家庭属于上述类别中的一个或多个？这些家庭面临哪些困难？教师和学校该以何种方式支持这些家庭？

家长与教师建立强有力的联系有助于培养信任感和增进理解。

重视家庭文化

教育孩子是以文化为基础的，因此，理解家庭文化是建立稳固的家校关系的基本要素。儿童的成长和发展只有在文化背景下才能被理解。每种文化都有自己的价值观和态度，教学人员必须予以认可和尊重，唯有如此，他们才能与家庭分享孩子的优势，进而造福每个孩子。

第八章 与家庭合作

要成功地理解家庭文化，首先，教师必须反思自己的文化、经验和态度。教师必须检查自身是否存在不同于自己文化团体的、妨碍自己与家庭建立联系的偏见。例如，在饮食、睡眠、如厕、纪律和尊重方面的不同观点可能会成为为儿童的最大利益而共同努力的障碍。在特定的文化背景下，当教师和家庭共同朝着可接受的解决方案努力时，这些差异是可以被理解和尊重的。

孩子们在回应和支持家庭的环境中学习效果最好。家庭在认可和理解文化影响的学校环境中感觉更加舒适（参见本章后面的"家庭参与"部分）。当家庭和学校之间有一些相似之处时，儿童就会获益。文化一致性表明，对多样性的敏感（包括理解个人历史、家庭出身和家庭种族文化）有助于家庭之间的融合。然后，我们会看到什么让我们彼此相似，什么让我们彼此不同。

布拉德利和基贝拉（Bradley & Kibera，2007）列举了与不同背景的家庭合作时要考虑的4个重要文化特征（参见表8.1）。每个有关文化特征的问题都有助于你进一步探索自己在课堂上发现的文化。

表8.1 文化特征与多样性

表格中的问题有助于你反思文化对儿童发展和学习的重要影响。

家庭文化维度	反思问题
价值观与信仰	如何定义家庭？成人和儿童扮演什么角色？家庭如何理解孩子的行为困难？家庭对处理问题行为和提供儿童指导的方式是否适宜的看法如何受文化的影响？对家庭来说，最重要的是什么？
历史与社会影响	家庭具有哪些优势和压力？家庭经历了什么障碍？
交流	家庭的主要语言是什么？实现沟通需要什么支持？需求如何表达？如何体验和表达不开心、不满或痛苦？
寻求帮助的态度	家庭如何寻求帮助？向谁寻求帮助？家庭成员如何看待专业人士？专业人士如何看待家庭成员？

资料来源："Closing the Gap: Culture and the Promotion of Inclusion in Child Care" by J. Bradley and P. Kibera, 2007, in D. Koralek (Ed.), *Spotlight on Young Children and Families*. Washington, DC: National Association for the Education of Young Children. 经全美幼教协会许可转载。

理解父母

当家庭和教师一起工作时，我们都在为孩子的最大利益而努力，然而对于"最大利益"是什么以及谁的"最大利益"将占上风等问题，大家的观点往往存在差异。父母和教师聚集在一起，有着不同的观点，有着不同的需求和经历。每个人都有启发对方的观点，本着这种精神，我们研究了与父母合作的两个方面：父母的发展阶段和养育孩子的模式。

父母的发展阶段。你遇到的父母和他们的孩子一样处于不同的发展阶段。初次为人父母的经历和感受与有三个较大孩子的父母或独生子女的父母不同。加林斯基（Galinsky，1987）有关亲子关系的研究发现，当父母和孩子一起成长时，父母的角色会以各种方式发生变化。

在亲子关系的 6 个阶段[1]中的最早阶段，即从怀孕开始，父母就会想象自己将成为什么样的父母，并准备将孩子纳入自己的生活。在最初的两年里，依恋是一个主要问题，他们对抚养孩子的想象和实际的体验是相匹配的。

从儿童的蹒跚学步到青春期，家庭规则逐渐得到澄清，父母的权威风格也得到确立。与此同时，父母通过其传递的价值观、知识和技能向孩子解释自己和世界。

青少年时期是重新协商家庭规则和权威、在父母和孩子之间建立新关系的时期。当孩子长大离家后，父母会重新审视自己的成就感，并重新定义自己与孩子的关系。

这 6 个阶段描述了父母如何随着孩子的成长而改变和成长，以及他们如何改变自己的行为和态度来面对养育孩子的现实。在大家庭中，许多父母同时要经历几个阶段；对于独生子女或最大的孩子，父母的感触可能会更深。正如我们关注儿童的发展需求和阶段一样，我们应该意识到父母也有独特的

---

[1] 加林斯基所提出的亲子关系的 6 个阶段，包括想象阶段、养育阶段、权威阶段、综合阶段、独立阶段和分离阶段。——译者注

第八章　与家庭合作

发展任务。你所认识的父母是否正在经历这些阶段？

养育孩子的模式。第七章的内容在"团队领导力"的主题下讨论了鲍姆林德（1972）关于权威型教养方式的开创性研究。现在我们将回顾这个研究，其与父母的行为方式相关，因为父母对待孩子的方式会影响孩子。教师们发现，当其更多地了解父母的行为方式时，他们与每个家庭的角色定位将变得更加清晰。表 8.2 列出了 3 种教养方式及其对孩子的影响。

表 8.2　父母的教养方式

☞ 这些教养方式对孩子的行为方式有很大的影响。

父母的教养方式	特点	对子女的影响
权威型	温和，反应灵敏，关注孩子的需求；在执行规则方面温和且具有一致性，并且有很多的讨论；有适度的期望和良好的沟通，让孩子做出合理的决定	高自尊，善于表达，自律，对自己满意，能持续地完成任务，乐于合作，乐于助人，被教师和同学喜欢
专制型	重点控制；冷酷，严格，经常体罚，高需求，高期望；为孩子做决定；与孩子沟通程度低	可能会认真、顺从、内敛，但不会特别快乐；可能会内化挫折并感到自责，在青春期有时会叛逆
放纵型	温和但溺爱；低纪律，低预期；接受建议，但漫不经心；通常与孩子沟通良好，但对子女的要求很少	冲动，不听话，叛逆；情绪调节不足，可能会导致权威问题或影响同龄人之间的互谅互让；过分要求和依赖成人

其他的研究也支持了鲍姆林德的研究结果，即虽然气质和文化发挥着重要的作用，但是当父母使用权威型教养方式时，儿童会有更多的积极结果（Galambos et al.，2003）。这项研究如何帮助你与实习教学环境中的家庭建立联系？对于你的童年，这项研究告诉了你什么？

当教师了解父母的教养风格时，他们能更好地帮助其学习更适合且有效的养育孩子的方法。由于育儿会受到文化的影响，因此教师在讨论养育问题时必须始终保持对每个家庭文化价值观的敏感性。

家校联系的重要性

教师如何与父母建立合作关系？有3个适用的基本准则：

- 与每个孩子的家庭建立开放、友好和合作的关系。
- 鼓励家庭以多种方式参与项目。
- 支持孩子与家人的关系，反之亦然。

从第一次接触潜在的家庭开始，幼儿教师就在发展一种关系。

为什么关系很重要

无论是第一次进入照护中心的婴儿，还是准备上幼儿园的学龄前儿童，还是参加课后俱乐部的三年级学生，他（她）都面临着适应陌生环境、不同规定和新关系的挑战。家长也必须做出调整，因为他们正在与家人以外的人共同承担照顾孩子的责任。如果教师可以代表孩子与家庭建立合作关系，那么这些变化可能会更积极，进展可能会更顺利。

"与家庭合作让我更加了解孩子，"实习教师西尔维特说，"我对如何处理这些事情有了更好的见解。"幼儿的生活是由许多经历塑造的，关爱和专注的关系对孩子的成长至关重要。"成人在孩子的一生中很重要……研究只证实了我们从经验中得知的东西：当孩子们被疯狂迷恋他们的人围绕时，他们会茁壮成长。"（Baker & Manfredi-Petitt，2004，p.2）

创建一个关怀共同体

所有的国家卓越标准都认识到了父母——照护者关系的重要性。正如全美幼教协会（Copple & Bredekamp，2009）所认同的那样，建立一个充满关怀的学习共同体是优质早期教育的关键指标。全美家庭儿童保育协会的认证过程就强调了保育人员对待家庭的方式的质量。"开端计划"通过提供家庭支持者、家访以及让家长参与项目的有效性审查，将家庭视为合作伙伴。为各个年龄阶段的儿童创设的环境评价指标（参见第五章）均包括家庭参与。

这个共同体应该包括所有扮演父母角色的人。无论家庭结构如何（参见上一节"谁是家庭成员"），履行在工作场所的义务、希望与生活中的重要他人建立良好关系以及好好养育孩子，都是所有成年家庭成员的共同愿景。我们对儿童具有共同的义务，面对这一挑战，我们必须创建一个彼此关怀的共同体。

共同的目标，不同的观点

乍一看，教师和家长有着类似的目标。他们都希望孩子安全、好好学习、茁壮成长。学校和家庭都是幼儿学习的场所，因此这两个地方的成人有着教育幼儿的共同目标。然而，家长和教师仍然对孩子和计划有着不同的看法。表 8.3 对凯兹（1980）关于"养育和教学的区别"的原创作品进行了改编。

表 8.3　家长和教师：不同的观点

关键维度	家长	教师
与儿童的关系	最佳依恋：情感强烈，甚至有不切实际的乐观	超然关怀：情感上温暖，但更加客观
看待课堂	个体，从自己孩子的角度来看，偏爱	整个集体，从集体的角度来看，公正
理性角色	最佳非理性："为心灵服务""为那个孩子疯狂"	最佳理性：仔细分析，利用研究和知识
自发性	更冲动，反应迅速，随意	更有意图，更理性

资料来源：Katz（1980）.

家长和教师会有不同的观点，毕竟，他们与孩子的关系、在教育环境中的作用以及专业领域确实不同。例如，与婴幼儿一起工作通常包括处理冲突，实习教师可能会发现自己将面临意志较量的挑战。与家长的关系以及在不同观点下找到共同目标的重要性也加剧了这种较量。兄弟姐妹的到来也是这样的情况。

对于与其他孩子生在同一个家庭的孩子而言,有兄弟姐妹是一个先存的条件。对于刚出生 2 年的独生子女来说,弟弟妹妹的到来则是另一种变化,这并不是一个受欢迎的变化。父母再要一个孩子的事实会使第一个孩子感到嫉妒和被排挤。所有的家庭成员都会受到新生儿的影响,疲劳只是父母必须处理的众多因素之一。

对于孩子来说,没有人比自己的家庭成员更了解自己。

教师可以看到幼儿的一些新反应,尤其是一些现实的负面反应。有些幼儿对新生儿的反应比较轻微,但是当其活动时,他们会开始发怒;有些幼儿希望新生儿快速返回医院,就像从图书馆里借来的书一样快。虽然并非所有幼儿都会表现出这些行为,但这些行为都很常见:

- 分离时更加黏父母
- 脾气更加暴躁,挫折容忍度降低
- 会有更"幼稚"的行为
- 不讲究个人卫生,即使已养成习惯,也会退化
- 蔑视父母和看护人,闷闷不乐或退缩

父母和年长的家庭成员往往有不同的观点。马修的母亲正在努力维持生计,作为一名与母亲一起生活的单身妈妈,新生儿是引起一系列冲突的原因。詹娜的祖父因有另一个小家伙而兴奋不已,祖父明确告诉詹娜,他不喜欢她的脾气。在这两种情况下,没有人过多考虑孩子的反应。实习教师可以提供一些实用的、可在家里使用的想法,并在学校里做一些额外的事情来帮助幼

第八章　与家庭合作

儿及其家长。

为了给予家庭支持，在新生儿出生之前，你可以与你的实践指导教师合作，一起鼓励学步儿独立和发展技能。你可以建议家长继续和孩子一起做一些事情，比如：一边喂奶，一边看书；一边在地板上玩拼图，一边摇晃孩子。培养一种"良性优越感"的态度可以帮助孩子克服被取代的感觉。

以儿童为中心，教师要持续地、积极地、有意地注意其技能和活动，要让孩子适度地表达嫉妒或孤独的感觉，并接受他们这些常见的反应。请记住，合作、温和的行为对所有的幼儿都是一个挑战，对于感到压力的新生儿的同胞更是如此。

父母正在以一种亲密的、基本的方式成为一个（或几个）孩子的养育专家，而教师的专长在于他们有许多关于孩子的经验和研究知识。正如实习教师格雷丝所说：

> 与家长合作可以了解有关孩子背景、文化等方面的丰富信息——基本上是孩子出生后所发生的一切。尽管我们对儿童早期发展有所了解，但作为教育工作者，我们必须记住，没有人比家庭成员更了解孩子。如果你能够从家长的立场上思考问题，那么与他们合作就会变得更容易。

家长和教师的角色相辅相成，但又各具特色。如果家长希望你只教他们的孩子，那么这可能是"最佳依恋"观点的表达。你可以通过承认他们的孩子有多重要来帮助他们，但你要保持更加独立而温暖的关怀。例如："你是对的，她确实急需有人帮忙穿鞋子。但是，当我先帮助其他人，而她需要等待的时候，她能够学会在团体中给予和接受，有时包括等待。"

家庭参与

家长和教师都认为，家庭参与子女的教育是有益的（Diffily，2004）。家庭通常由于特定要求或应教师的邀请而开始参与其中。

家庭参与涉及多种形式，如表 8.4 所示。如果家长第一次参加活动或在学校里做志愿者时有积极的体验，那么他们可能会重复这些经历。初次尝试是至关重要的：许多家长在学校环境中的参与是尝试性的，他们担心教师可能会很挑剔，因此教师必须小心谨慎地工作，与家长发展良好的关系，促进家庭参与。

一次负面经历可能会降低家长对保持参与的兴趣，所以教师和实习生必须对如何明确欢迎的态度保持敏感和警惕。家长的情感和态度会削弱他们与教师或中心的联系。对于是否把孩子留在照护中心，家长可能会有矛盾的感觉。此外，因为学校或工作场所的要求，家长与孩子在一起的时间可能会比较短暂或受限，这会引起他们暴躁或产生怨恨情绪。一些家长担心他们会被孩子眼中的教师取代；确实，在儿童照护中心，孩子们似乎更乐于合作，也更开心。在接送孩子时，一个不听话的孩子的家长可能想知道家里发生了什么事。有时候，家庭和学校似乎在争夺对孩子的权威；布雷泽尔顿和斯帕罗（Brazelton & Sparrow，2006）将这称为"守门人"：成人之间保护和照顾孩子的竞争欲望。最后，家长在分享私人信息时常常感到被暴露和不舒服。这种不情愿有着复杂的文化和个人根源。

例如，实习教师拉克尔指出，当被告知孩子的不良行为时，家长往往会自我保护。她自己也很紧张，最后在孩子的接送时间避免和那些家长说话。为了促进更牢固的关系和更深入的家庭参与，拉克尔需要与这些家长展开非正式的对话。在孩子到达时，她可以用积极的方式与孩子及其家长打招呼，并邀请他们到她的桌旁。然后她就可以对活动做出解释，然后问家长和孩子在家里做过什么类似的事情。这种对孩子学习的共同关注能够使教师和家长建立起友谊和共同目标，并使以后谈及孩子在其他方面的困难变得更容易。

第八章　与家庭合作

表 8.4　家庭参与的种类

☞ 从低水平到高水平的参与，教师（斜体表示）通过脚手架支持家庭参与（正体表示）。

```
低·····················································中·····················································高

                                                                担任领导职务
                                                                支持家长领导

                                                        每周参与课堂活动
                                                        准备、观察和支持

                                                建课堂通讯
                                                联合发布时事通讯

                                        在办公室或图书馆里工作
                                        当家长在场时访问

                                帮助学校组织活动
                                发送感谢信，协助家长

                        为课堂活动收集或制作材料
                        召开"援助之手"会议

                参加家庭—教师会议
                仔细计划会议，发送跟进通知

        参与课堂或学校活动
        设计欢迎仪式，发送家庭感谢函

    访问课堂或参与活动
    邀请对方与你一起工作，提供可行的任务

在到达或离开前停留观察
随时与他们交谈
```

　　建立频繁的、持续的互动有助于家长和教师之间更加融洽。打电话、发邮件、做笔记、家访、召开会议，以及在上学或放学时保持日常联系是一些维持关系的方法。由于各种各样的可能性及家庭结构、文化和风格的差异，促进家庭参与是一项复杂和耗时的任务。

一些教师不愿意让家庭参与进来，因为他们常常觉得自己没有做好与家长合作的准备。一些教师认为他们的责任是教育孩子，而不是家长。许多教师对别人旁听自己讲课感到不舒服，并且担心挑剔的家长进入教室后会看出自己的不适。那些尚未为人父母的教师则担心家长们会认为他们没有经验，并让学校解雇他们。另一些教师则不确定如何让家长参与进来，他们将课堂视为自己的领地。

克服这些障碍是至关重要的，因为家长往往犹豫不定，如果感到自己不受欢迎，他们就会退出。教师负责与家庭接触，如果你对与孩子的父母和其他家庭成员打交道感到不舒服，那就得和你的实践指导教师谈一谈。你需要找到与家庭建立轻松融洽关系的方法，如果可以的话，观察或参与一些活动（包括家庭活动）。表8.5描述了关于建立积极家校关系的10项建议。

表8.5 关于建立积极家校关系的10项建议

1. 尊重每个家庭
2. 倾听和学习
3. 对彼此有明确的期望
4. 分担责任和权力
5. 了解每个家庭的文化和价值观
6. 鼓励任何水平的参与
7. 教给家庭成员他们需要知道的东西
8. 保持消息互通：这是双向的
9. 为家庭提供支持
10. 促进家庭之间的互动

为儿童创造具有吸引力的环境这一技巧也适用于家庭。实习教师埃伦注意到了这一点：

第八章　与家庭合作

在我们的教室里，我感觉"开门政策"已经全面实施，家长和教师之间是一种伙伴关系。教师们热情好客，以至于妈妈们感到既受欢迎，又自在，所以她们会花时间待在孩子们整天待着的地方，感受周围的环境。妈妈们也会互相介绍，了解其他宝宝，并经常用名字问候其他宝宝。在一天结束的时候，我觉得这种积极的经历也对我产生了影响。我开始和他们交谈，并补充一些我在他们的孩子身上看到的东西。

合作战略

所有的家庭都关心孩子的教育和幸福。良好的家校关系有利于巩固合作关系，让每一个人受益。实习教师应在指导教师的带领下，遵守项目政策。虽然有许多家校合作的策略，但以下是真正能影响实习教师的策略：

- 尊重家庭的宗教、文化、社会和种族背景。尊重他们表达不同意的权利以及隐私。
- 不加妄断地倾听，接受家长的实际情况。
- 通过向家长告知孩子在一天中的积极行为来增进其对孩子的认知。

请参阅表 8.5 中关于建立积极家校关系的 10 项建议。

与家长分享孩子在课堂上取得的成功，可以增进其对孩子的认知。

人与人之间的交流

上一节讨论了学校和家庭保持联系的许多非正式方式。集会、活动、会议等属于更正式的接触方式，它们能给教师和家长提供更多的互动机会。实习教师与家长的关系千差万别；问问你的实践指导教师你应该如何与家长进行互动。

集会和活动

家长集会可以有许多功能。教学人员可能会设计研讨会主题来教授育儿技巧或介绍家庭扫盲项目。这些集会是在非工作日安排的，并且经常提供儿童看护服务，以便工作的父母有时间参加。有些集会是社交活动，只是为了娱乐，比如在学校举行的一次聚餐，家长们可以与教师和其他家长交流，浏览孩子们花了大量时间布置的教室。家长集会日应该尽量安排在周末，这样家长就可以分担学校和场地的维护责任。在一些学校里，家长负责筹款活动，并设计节日活动、拍卖活动和其他活动来支持学校的预算（参见表8.4）。问问你的实践指导教师，你是否应该参加这些活动。

会议

家庭—教师会议是所有良好家校关系的支柱，也是成功的合作关系的最重要环节之一。家长应该是所有儿童早期教育项目的交流过程的一部分。在某些情况下，为了了解孩子和家庭，在开学后不久就可安排一次会议，讨论诸如健康和家庭问题等重要信息。之后，家庭—教师会议重在交流教师对孩子的观察和评价，旨在建立共同的目标，创建相互信任和尊重的关系。由家庭或教师召集的个人会议则用于分享知识和信息、一起解决冲突和问题、为孩子设定目标（这些目标在家里和学校里都能得到强化）。

作为一名实习生，你可能不需要自己组织家庭—教师会议。如果你被要求参与其中，那么就体验这一重要的教学任务，你将从中受益。你的实践指导教师会和你分享准备的过程，并征求家长的同意。你将直接看到如何分享孩子的信息，以及观察教师如何与家长进行更深入的讨论和对话。

为了确保家庭—教师会议的成功举行，安静的空间、充足的时间、舒适的座位和充分的计划是必要的。表8.6强调了一些确保家庭—教师会议顺利开展的方法。

虽然开展家庭—教师会议具有挑战性，但它能够提供一些关于孩子生活的个人见解。以下内容介绍了一些对家庭—教师会议可能出现的困难情况的处理方法。

出现困难时

当被问及和家长一起工作有什么困难时，这群实习教师大声回答：

"家长们通常都很忙。"

"他们太挑剔了。"

"有时候他们对我们说的话不感兴趣。"

"当你不得不告诉他们孩子的不当行为时，他们会产生防御心理。"

"他们的发展似乎总是落后于孩子的发展。"

"有些人不接受教师的观点。"

"他们在我们面前感觉不自在。"

"教师和家长的语言存在差异。"

"他们希望你只教他们的孩子。"

"他们溺爱孩子。"

"家长们互相八卦或抱怨，却不告诉教师。"

"教师和家长的文化根源不同。"

"我们每天没有足够的时间和每个人单独交谈。"

表 8.6　富有成效的家庭—教师会议的 3 个步骤

会议开始前

1. 明确目标：这是进度报告吗？这是由家长，还是由教师召集的会议？是否有任何一方提出了担忧？
2. 创建一个简短的议程。在会议中列出一些要点。问问家长的意见。
3. 收集当前的数据，包括体现孩子的进步、兴趣和能力的例子。
4. 得到家长的许可。如果实习教师、同事或主管和你一起参加会议，一定要让家长对其他人在场感到自在。
5. 确保有一个舒适的会议室。确保你为会议安排了足够的时间。

会议期间

1. 热情地问候家长，感谢他们的到来。告诉他们一些关于孩子的特别的和积极的事情："凯蒂今天做了一回真正的朋友。有一个孩子今天忘记带零食了，凯蒂主动提出和朋友分享自己的零食。我们都认为她想得很周到。"
2. 认识到家庭在孩子教育中的重要作用。"凯蒂告诉我每个周五晚上都是你们的读书之夜。这听起来像是一项有趣的家庭活动，这也是提高凯蒂阅读能力的好方法。"当父母喜欢阅读的时候，孩子们就会意识到阅读的重要性，并且会觉得阅读很有趣。
3. 注意文化上的细微差别。让家长帮助你了解你可能不知道的文化问题。"为了帮助其他学生了解弗洛拉所带的午餐，我们还能怎样合作？"
4. 听听家长的想法。用一些开放式问题来回应，比如："关于这个你还能告诉我什么？""你觉得怎么样？"尽量不要告诉家长你的想法，让他们帮助你理解他们在说什么。
5. 围绕共同关心的问题展开讨论。与家长保持联系，重点关注孩子的需求。"我知道，当家里还有两个年幼的孩子时，你很难一直照顾凯蒂，你说这会让你感到内疚。你觉得如果每周为凯蒂安排一次'特殊时间'会有帮助吗？"
6. 对于需要解决的问题，一起制订计划。"我们将继续帮助凯蒂提高写作能力。如果你继续在家里陪她一起学习，在她拼写单词时坐在她旁边，这也会有帮助。你也可以让她给自己关心的人写便条，比如她的祖父母或朋友。给她留些便条，问一个她需要书面回答的问题。试着鼓励她写作，不要让它成为一种消极的体验。"
7. 确定后续谈话的日期。就你们在两周后互相检查凯蒂在拼写方面的进步达成一致。

会议结束后

1. 写一个简短的会议记录。包括建议的策略、家庭的关切、商定的解决方案以及后续谈话的日期。
2. 告知其他教职工。告诉他们会议的情况，以及他们对凯蒂及其家人的责任。

资料来源：Gordon/Browne, *Beginnings and Beyond: Foundations in Early Childhood Education*, 9e. Wadsworth, a part of Cengage Learning, Inc.

当家长退出、表示反对，或者有我们不知道或不理解的担忧时，问题就出现了。正如实习教师丹尼丝所说：

第八章 与家庭合作

与孩子的父母一起工作时，重要的是要记住这个人来自哪里——不仅是在日常生活中（比如在工作中不顺的一天），还要从文化、个性和家庭生活的角度来考虑。这需要时间和耐心，有时也很困难。

我们将从两个方面来讨论这些困难：项目与儿童之间的问题、家庭与项目之间的冲突。

项目与儿童之间的问题

处理儿童的行为很有挑战性（参见第三章）！

即使是处理典型的行为，教室里的情况也可能会给教师和家长带来问题。实习教师阿尼写道："本周，由于一个孩子被咬了一口，我的教室里出现了严重的情况。"

我们的一个孩子咬了另一个孩子，在"受害者"背上留下了一个大大的印记。当我将这一情况报告给被咬孩子的母亲时，气氛非常紧张。她当然很难过，但她让我保证她的孩子再也不会被咬了。我告诉她，尽管我可以做很多事情来阻止这种情况的发生，但是我不能做出那样的承诺。第二天，被咬孩子的父母都来找主班教师谈话。孩子的父亲要求将咬人者排除在项目之外。他们甚至去找了主管教师！

当父母听到孩子发生冲突的消息时，他们希望冲突能够得到合乎道德的处理，并且尊重孩子的自我价值。

实习教师做出了适当的回应，但家长

仍然很难过，所以他们把自己的担忧告诉了其他权威人士。意识到家长在处理孩子的问题时需要有一系列清晰的处理办法是很重要的。在第三次听到同样的回应后，家长开始明白咬人并不会导致孩子被开除。项目围绕咬人事件开展了一个家庭工作坊，并且对两个孩子进行了追踪。"过了几个星期，被咬孩子的父母看起来仍然很沮丧，他们没有和教师说太多的话，"阿尼继续说，"但是他们的孩子没有再被咬；我们对待家长的态度和事件发生前一样友好，慢慢地问题就解决了。"

家长们可能会陷入这样一种情境，即当不了解事情的来龙去脉时，他们很容易形成消极的看法。托比所在的实地场所中有一个孩子打了其他孩子，还拽了对方的头发。教师对此进行了干预，站在两个孩子中间，用强硬的语气告诉那个孩子不要再这样做了。一位来接孩子的父亲对教师的行为感到震惊，并在停车场里告诉其他家长教师在批评孩子。接下来，当三名家长来找托比时，她该怎么办呢？

出于道德原因，托比需要尊重每个人的尊严，并通过不谈论孩子的问题来保守职业秘密。同时，她可以向那些关心孩子的家长解释，每个孩子都以独特的方式发展和学习社会技能。家庭用语与教室用语不同，儿童需要明确的非语言沟通。阿尼也可以向孩子们展示她随身携带的图画卡片，这些卡片可以帮助孩子们理解并开始用非暴力的方式表达自己的期望。

对我们大多数人来说，传达抱怨或坏消息是最困难的沟通任务之一。家长对教师如何告诉他们孩子的情况很敏感。"如果一名专业人士说'从我的专业角度来看'，家长听到的是'这就是我要你做的，我有权利这么说'"（Tomko，2010）。当你传递令人难以接受的信息时，试着仔细考虑你想说什么，不要让谈话以紧张或公开的方式进行。实习教师法德瓦在和孩子打招呼之前告诉孩子的叔叔："冈瑟今天在小组活动中出现了一些问题。我知道你们俩要回家了，但你们是想现在抽出几分钟的时间，还是想今晚打电话谈呢？"这个消息很清楚、很完整，确实让迪奥利的叔叔确定了谈话的时间和地点。

第八章　与家庭合作

他决定走到外面，听法德瓦讲述冈瑟如何不停地玩弄杰茜卡的辫子，并且不得不被转移到另一个地方。教师冷静和诚实的描述帮助两个成人讨论了这个情况。

专业咨询是最棘手的问题之一。刚接触实习环境或担任助理职位的实习教师不太可能胜任这一职责。然而，必须指出，这是一个特别微妙的情况，如下列情况：

> 丹妮拉让教师感到困惑。从去年春天她来幼儿园的那天起，她就充满了好奇和兴奋。9月份的时候，她还非常活泼；但现在，她在课堂上垂头丧气，经常对圆圈时间感到焦虑。第一个在班上跳舞的孩子现在连讲故事时都皱着眉头，不愿在押韵歌曲中说出自己的台词。看到丹妮拉的这些消极行为，教师每天都在想解决办法，但情况仍在恶化。

丹妮拉的行为反差可能会被误认为是一个任性的孩子需要更严格的纪律。一个心烦意乱的家长可能会认定问题出在对孩子提出太多要求的教师身上。一个忧心忡忡的教师可能会把紧张的父母误认为是粗心大意、对孩子期望不高的人。最终，丹妮拉的家长和教师在一起谈论了他们共同关心的问题。实习教师萨姆被问到他的观察结果；丹妮拉的父母和叔叔都承认丹妮拉在短短的几个月内发生了巨大的变化。

教师建议家长带丹妮拉去看儿科医生，但丹妮拉的母亲说她2周前刚带孩子去过。家长勉强同意由学校的语言专家对丹妮拉进行观察，他们建议对丹妮拉进行视力和听力测试，然后发现丹妮拉存在中度视力问题：她无法看清教师要求初学者在图画书中"阅读"的字样，并且在教室后面看图表也是模糊不清。她佩戴了眼镜后，再次充满激情，而且参与并领导小组成员阅读了他们将要演出的节日歌曲列表。

教师给家长提建议并不容易，而且通常家长还没有准备好在第一次听到建议后就采取行动。然而，这是教师的专业责任，如果看到引起自己注意的、可能的、孩子发展或学习方面的问题，那么教师就要告知家长自己的观察结果。正如处理冲突一样，这也需要一种系统的解决问题的方法（参见第七章）。此外，教师拥有具体的逸事记录和证据是非常重要的，而不是仅对自己所听到的内容做出判断。家长可能会感到不安；教师应该试着接受这些感受和家长所说的话，而不是采取自卫的态度。通常，当一位教师面对一个孩子时，斯通（Stone，2001）写道：

> 他是如此的烦恼，如此的为环境所困，以至于他无法在教室里和别人待在一起。如果在经过一番巨大的努力以及与他的家长协商后，这个孩子仍无法取得进步，教师也许就会建议，他不仅需要特殊的帮助，还要在不同的环境下得到安置。希望孩子和家长能及时地寻求到帮助。对每个人来说，这都是一段艰难而悲伤的时光。然而，对班上所有孩子的健康和安全的关注必须放在首位。

家庭与项目之间的冲突

家长有时会对项目持反对意见，对自己与教师的分歧感到不舒服，或者不遵守项目的政策和程序。"不管一名教师有多好，不管她与家长的关系有多密切，总会有她误解家长或者家长误解她的时候。"（Diffily，2004）文化差异和政策分歧是两个共同的冲突领域。

文化差异在幼儿教育中经常存在。文化包括民族、种族认同、经济水平、家庭结构、语言以及宗教和政治信仰。由于这种复杂性，教师和家长之间很可能存在差异。我们不可能描述每名家长或教师的所有文化价值和习惯。然而，教师需要了解自身文化，了解其他文化，了解其所在项目中特定家庭的生活习惯、传统和信仰。

第八章 与家庭合作

> 实习教师平：吉娜快3岁了，我不知道该怎么办。每天她父亲来接她时，她就会陷入权力斗争。吉娜的行为是很不礼貌的，但她的父亲却什么也不做。看起来他让她为所欲为，却不接受我的任何建议或帮助。
>
> 家长吉尔：我讨厌吉娜的老师。每次我去接吉娜的时候，她都在我和吉娜身边徘徊，但这种情况并不常见，因为我只是每隔一周去接孩子。我希望她能退后一步，给我们一些空间；最终吉娜会对到处跑感到厌倦，然后我就可以把她接走，离开那里。

家庭结构和不同的文化期望使教师和家长都因这种冲突而感觉不舒服。如果实习教师平进一步思考自己的成长过程，她可能就会发现抚养孩子、和孩子互动可以有很多方法。了解更多关于共同监护权的挑战也有助于教师平了解吉娜的父亲。

学校文化的差异也会导致家长和教师之间的冲突。当一位家长决定留下来参加小组活动时，戈登发现自己与她发生了冲突：

> 妈妈进来指导她的孩子，试图帮助她找到"正确的答案"。这真的改变了活动动态，让我偏离了方向。她开始问我到底在做什么——在她的影响下，活动目的变成了识别音阶上的音符字母的名称。然后，她转向一个由5个孩子组成的小组，并用自己的小白板向其中一个孩子指出了他的"错误"。我若无其事地向她解释说，他们不需要把所有（或任何）音符都正确地识别出来，只需要熟悉音符的样子，而且知道这些音符就像字母表里的字母一样有自己的名字就可以了。她安静了下来，我想知道我告诉她这件事是否合适。当我询问我的实践指导教师时，她告诉我，让这位妈妈知道我的目的是什么、不想做什么是可以的，但她也告诉我，这位孩子的妈妈有3个孩子在上小学。哦，原来她有点应试教育的倾向。

早期教育工作者也应该记住，他们的学校文化不是所有家长都知道、理解，甚至认同的。这可能会导致一些棘手的情况。

与家长打交道是成为一名早期教育专业人员的一个复杂而重要的部分。无论你是在家庭托儿所工作，提供中心护理，还是在其他地方与学龄儿童一起工作，你都是在教育孩子和家长。在下文的"实地经验"中，一位家长合作幼儿园的主管教师提供了关于建立成功的家校关系的建议。

实地经验

与家长一起工作：越多越好

珍妮·林德伯格

主管教师，加利福尼亚州伯林盖姆市联合卫理公会幼儿园

孩子和家长。我们学校是与家长合作的学校。这意味着家长既参与课堂活动，也参与学校运作。因为家长经常在现场，所以我们很容易了解他们。如果你只在家长接送孩子的时候见到他们，那么建立一段感情无疑会更困难。所以，额外的努力还是值得的。为了项目的成功实施，你能做的最重要的一件事就是在孩子的家庭背景下和他们一起工作。

沟通。非正式的、面对面的交流可能是最好的交流方式，但时间有限。当家长接送孩子时，你可能非常繁忙，但你要尽量利用这个时间与家长进行沟通——说几句关于这一天孩子在学校内发生的事情，或者仅仅是温暖的眼神交流和在房间另一头的挥手致意都是很有价值的交流方式。

书面交流也很重要。我们每个月都会发布全校通讯，每位教师每个月都会撰写班级简报。电子邮件使交流更加容易。每个人都能够获得信息，而且电子邮件允许教师与个别家长进行私人交流。当然，有时候打电话也是必要和值得重视的。记住，无论是积极的事情，还是消极的事情，都要与家长进行交流。你不希望家长一看到你的来电就尴尬不安吧！

召开家长会议是一个确保每名家长都能留出时间和你谈论自己孩子的良好方式。提前计划是很重要的。要确保你的时间都安排得很好。最重要的是要和家长建立起合作的氛围——你们一起工作是为了让孩子更好。

家长需要信任你，不仅要信任你对他们孩子的照顾，还要信任地告诉你他们可能不想让别人知道的、关于他们家庭的信息。如果家长向你吐露了秘密，要谨记，这些信息是保密的。你要注意自己如何以及为什么与其他教师分享这些信息。

态度。你对孩子的尊重——对每个孩子独特品质的尊重和欣赏——和你对家长的尊重是一样的。有时要对家长做到这一点很难，因为成人通常不会像孩子那样敞开心扉。有些人天生是慢热型的人。你要有耐心，要保持开放，不能有防御和戒备的态度。假设他们喜欢你。你的态度就是你拥有的最有价值的工具。

训练自己撇开人类过于喜欢判断别人的倾向。毕竟，我们不知道每个人的生活是怎样的。我们可以试着从想象的角度来看待事情，但我们永远无法真正知道事情的真相。我明白了，不管表面看上去如何，没有人的生活是一帆风顺的。试着真正欣赏你在每个人身上看到的美好，它将会让你受益。

处理问题。如果你和家长之间存在问题，或者家长和你之间存在问题，首先检查你自己的态度，然后试着从他们的角度看问题。人们需要被倾听，尤其是当他们难过的时候，所以一定要看着他们的眼睛，仔细倾听他们的感受和话语。当你倾听时，想想那个人积极的一面。认可他们的感受，并在回应之前仔细考虑。你可能会惊讶于这样的对话所带来的具有创造性的解决方案和不断增进的理解。很少有唯一一种正确的行事方式——我们不需要对家长有严格的期望。

感激。对所有成员的才能和贡献的彼此欣赏是使共同体强大的原因。每个人都有重要的贡献。你需要注意它。一旦了解了你所在项目中的家长，你就会为他们所提供的一切感到高兴。

道德困境

你为什么不帮她交朋友呢？

情境：4 岁的梅利莎对她的家人说，其他孩子不和她一起玩，当她告诉实习教师杰里时，杰里说，如果他们真的不想带她玩，就不必和她一起玩。第二天，梅利莎的妈妈在带孩子去学校时，找到了主班教师梅，并且向她抱怨了杰里对这件事情的处理。"你为什么不帮她交朋友呢？"她说，"你怎么能让梅利莎就这样被排除在外？"

在那天课程结束时，梅告诉了杰里这段对话。他感觉很糟糕，觉得家长这样做有点"打小报告"的意味，并且因家长没有先来找他而感到被轻视。毕竟，他和主班教师一起参加了上次的家长会，而且他在会上建议梅利莎发展更多的社交技能。

《道德行为准则》参考：

第 2 节：对家庭的道德责任

I-2.2 发展相互信任的关系，与我们服务的家庭建立合作关系。

I-2.8 帮助家长增进他们对孩子的了解，因为教师通过与家长的沟通能增进他们对每个孩子的了解，并支持家长继续发展他们为人父母的技能。

解决方案：当梅和杰里谈话时，杰里解释了梅利莎的家长所不知道的情况，那天，杰里曾试图和梅利莎一起玩耍。她已经 2 次中断了游戏，并且没有回应他把想法说出来的提议。最后，杰里确实说过，如果梅利莎不接受他们已经在玩的游戏，其他人就不必勉强同意梅利莎的加入。杰里问主班教师梅："我现在该如何回应梅利莎的父母呢？"梅建议他们两人一起和梅利莎的父母交谈，这样每个人都会知道细节，并努力保持直接和开放的沟通。杰里一开始感到不舒服，梅利莎的父母也一样，在谈话中，梅支持杰里的努力和尝试，并针对梅利莎需要更多的"引导"来融入游戏提供了意见。杰里建议梅利莎的父母定期与孩子一起玩游戏，

第八章 与家庭合作

他们表示同意，而且会在月底报告结果。所有人都同意帮助梅利莎实践解决冲突的方法。这种具有建设性的做法有助于维持良好的家庭—学校合作关系。

政策分歧是家庭与项目之间冲突的另一个方面。表8.7展示了一本手册的引言，它概述了该中心对待家庭的理念和方法。该手册还列出了关于如何处理到达和离开、服饰、健康和安全、账单和投诉等事务的指南。对于家长而言，掌握这些信息是很重要的；但假定家长对这本手册的熟知程度与教师一样，是不太现实的。

当阅读"我的反应"时，思考一下你所在的中心的政策是什么，以及你可能如何处理这种情况。

表8.7 家庭手册：我们对你的承诺

☞ 家庭手册是关于中心政策和程序的有用指南，实习教师应该熟知它的内容。

我们的政策及措施旨在：
- 创造一个让每个人在任何时候都感到受欢迎和被尊重的地方。
- 让教室反映和赞美每个孩子的家庭生活。
- 尊重儿童及其家庭的文化、种族和语言多样性。
- 理解、尊重和支持每个家庭的价值观和目标。
- 以积极的方式与家长沟通，并以坦诚的态度交流。
- 帮助家长理解和欣赏发展适宜性课程的价值。
- 鼓励家长参与课堂教学。
- 邀请家长参与制定具有文化敏感性的政策和课程。
- 帮助加强孩子和家长之间的联系。
- 为家庭提供社区资源和（或）专业服务。

❧ 我的反应

梅根的毯子

在一周多的时间里，我们儿童保育中心里的教师们很难让2岁多的梅根小睡一会儿。通常，梅根很喜欢找一本书看，然后爬上小床很快就能入睡。但这一切突然发生了变化，教师们所做的努力似乎没有使梅根发生任何改变。教师们告诉梅根，她只是"休息"，而不是睡觉，但这招并不管用。教师们告诉她，她可以在休息时把书带在身边，但这也没用。其中一名教师坐在梅根的小床旁，想通过抚摸她的背来帮助她放松入睡，也没有奏效。

当梅根的父亲来接她时，主班教师向他反映了梅根午睡困难的情况。第二天，他询问是否可以帮梅根带一条她最喜欢的毯子到学校，以便她在午睡时间使用。他担心学校不让家长从家里带特别的东西。教师告诉他可以，于是他回到车里拿来了梅根的毯子。梅根把毯子放在她的小房间里，然后就跑出去玩了。梅根在午睡时间又可以睡得很好了。

——安迪

实 践 活 动

你所在的中心是如何表现出对家庭友好的？让你的实践指导教师列出一些鼓励家庭参与项目的方式。把你的想法加入这个清单，并把它们带到你的大学课堂。

日 志 作 业

你对与家庭合作的感觉是什么？你最喜欢与什么样的家长相处，为什么？你与哪些家庭合作有困难，为什么？学习什么内容能让你感觉更舒适、更有效率？

参考文献

Baker, A. C., & Manfredi-Petitt, L. A. (2004). *Relationships: The heart of quality care*. Washington, DC: National Association for the Education of Young Children.

Baumrind, D. (1972). Current patterns of parental authority. *Developmental Psychology Monograph, 4*(1), Pt. 2.

Bradley, J., & Kibera, P. (2007). Closing the gap: Culture and the promotion of inclusion in child care. In D. Koralek (Ed.), *Spotlight on young children and families*. Washington, DC: National Association for the Education of Young Children.

Brazelton, T. B., & Sparrow, J. D. (2006). *Touchpoints: Three to six* (2nd ed.). Cambridge, MA: Perseus Books Group.

Copple, C., & Bredekamp, S. (Eds.). (2009). *Developmentally appropriate practice* (3rd ed.). Washington, DC: NAEYC.

Diffily, D. (2004). *Teachers and families working together*. Upper Saddle River, NJ: Allyn & Bacon/Pearson.

Galambos, N. L., Barker, E. T., & Almeida, D. M. (2003). Parents do matter: Trajectories of change in externalizing and internalizing problems in early adolescence. *Child Development, 74*, 578-594.

Galinsky, E. (1987). *Six stages of parenthood*. Cambridge, MA: Perseus Books.

Katz, L. G. (1980). Mothering and teaching: Some significant distinctions. In L. G. Katz (Ed.), *Current topics in early childhood education* (Vol. 3). Norwood, NJ: Ablex.

Stone, J. G. (2001). *Building classroom community: The early childhood teacher's role*. Washington, DC: National Association for the Education of Young Children.

Tomko, C. T. (2010). *When a professional says. ...*

第九章

多元化的活力

☑ **学习成果**

展示对多元化的多个方面，以及在集体护理和教育环境中与具有不同文化、语言和能力的儿童和成人协作互动所需的技能的理解。

对多元化的反思

拥有学士学位和教学证书的中年白人女性不再是当下典型的幼儿教师。虽然女性仍然承担了幼儿教育中的大部分工作，但她们的种族和民族、年龄和教育水平发生了巨大的变化。你所教的孩子也是如此。教室就像一碗色彩缤纷的沙拉，每个人都有一种奇妙的多元化味道，混合在一起时会创造出一些独特的东西。

当今的背景

21世纪的教师需要在早期教育环境中与幼儿、家庭和同事一起进行跨文化工作。无论在哪种文化中长大，你都需要适应具有不同文化背景的人。人口普查报告（美国人口调查局，2010）表明，2000—2010年，所有的5类种族群体的人口都有所增加，其中西班牙裔、亚裔和太平洋岛裔群体的人口增幅最大。此外，近 1/3 的美国人拥有两个或更多的种族身份。美国发生的其他变化也为人口带来了更大的多元化，包括父母是同性恋、对残疾儿童的包容，以及世界宗教走进了课堂并丰富了课程的多元化。

　　本章将重点介绍多元化的多个方面，以提高教师与不同文化背景下的儿童和家庭一起工作时的能力。我们的目的是将关注重点从文化多元化转移到人类多元化。要想做到这一点，我们需要采用开阔的视野来对待差异，并将我们对儿童和家庭所传达出的人类广泛经验的了解纳入其中。

与儿童一样，教师们在教育背景、年龄、性别、文化/种族和能力方面也各不相同。

　　反思多元化意味着进行第二次角色转换，这次我们将采用教师的身份。教师通常被认为是教育方面的专家，但是在当今的教育环境中，教师必须成为学习者，这一概念在整本书中都有所强调。我们必须重新定义学习的本质，并学会说"我不知道"。我们的信息源自儿童及其家人、同事、媒体和互联网。我们需要对所有信息进行偏见和刻板印象的筛选。

　　本章的目的是探索多元化的多个方面——人种/族裔、性别、语言、能力、宗教/精神性、年龄、社会阶层和气质——并将其作为影响儿童行为和身份的因素。作为一名教师，当你与孩子一起学习时，你将在学习中有所收获。了解面对家庭时你会遇到的问题，是创建具有响应性和包容性环境的重要因素。

文化

人类发展的蓝图是培养个人的文化。冈萨雷斯-米纳（Gonzalez-Mena，2007）建议将文化视为一种框架，它受到种族、性别、能力、社会阶层、地位、收入、性取向、宗教和年龄的影响。就像孩子的成长和发展一样，文化必须被看成一个整体的综合系统，而不是分散和孤立的部分。每个部分的变化将影响系统的其余部分（Banks，2005）。图9.1说明了各部分的相互作用会影响我们的自我认知。下文将分别讨论这些元素。

语言
母语
英语学习者

气质
灵活
恐惧/谨慎
易怒

年龄
孩子的年龄
成人的年龄

宗教/精神性
身份
传统
节日

性别
性别歧视
性取向

能力
残疾
天赋异禀

人种/族裔
混血儿
移民

社会阶层
地位
收入

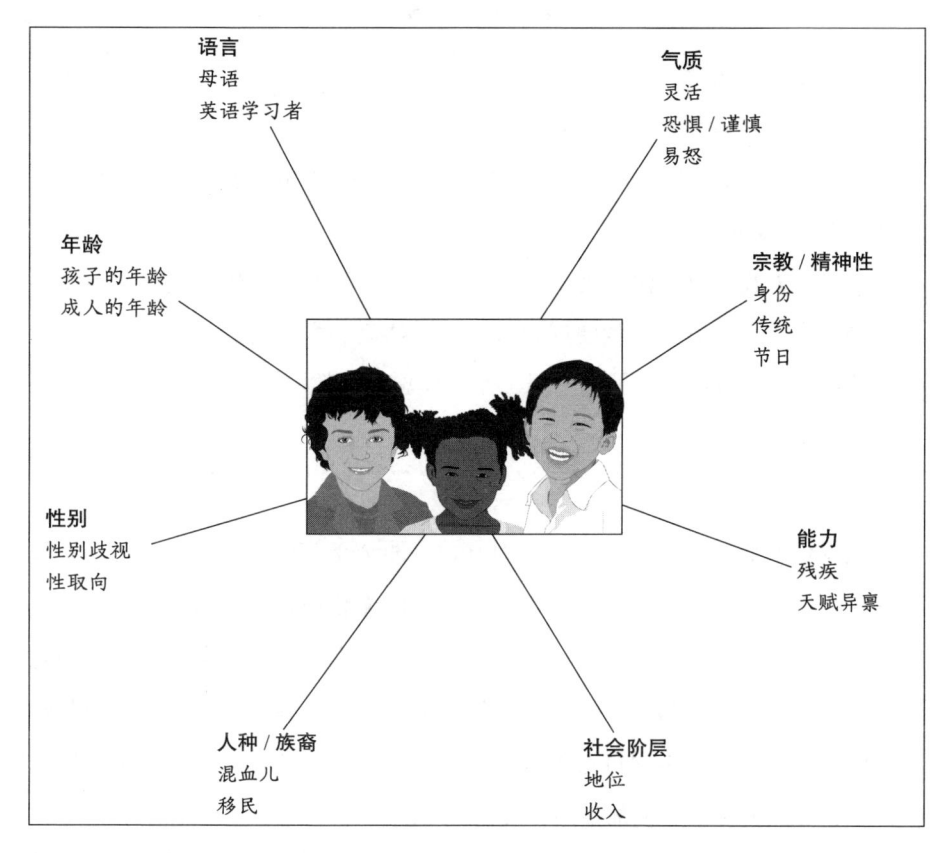

图 9.1　必须尊重多元化

注：人类多元化的组成部分相互作用并影响儿童的幸福、行为、态度和成长。

文化是我们从出生开始就学习的一套规则，它告诉我们如何与家庭或社区的行为规范相一致。关于文化及其对发展的影响（Lynch & Hanson，2004；Phillips，1995）描述了文化规则如何影响我们的行为。例如，我们在表达问候时是否会鞠躬或握手，或者我们会喂孩子什么食物。这些规则有时很明确（"吃饭时不要把肘部放在桌子上"），并且很常见（男士帮助女士开门）。

> ### 我的反应
>
> #### 第一印象
>
> 我对学校的第一印象是它蕴含了不同的文化，我对此非常喜欢！工作人员都很善良。我注意到几乎所有的教师都是拉丁裔或高加索人，但主管教师是非裔美国人。我想："我要如何适应？"我会是那里唯一的非裔/菲律宾裔教师，孩子们会害怕我吗？
>
> 但后来我对自己说，由于我对孩子的热爱和勤奋工作，我将成为学校的一个美丽的补充。我要成为最好的观察者、学习者和教师！我现在期待自己与学校里的孩子们一起工作并体验新的教学技巧！
>
> ——拉克尔

根据你所成长的家庭，你的行为方式可能会受多种文化的影响。日本母亲和非裔美国人父亲组成的家庭带来了各自的文化规则。如果他们在伦敦或洛杉矶抚养孩子，那么可能会增加第三套文化规则。文化通常共享相同的规则，但表现出不同的做法。例如，人们可能会讲同一种语言，但却有着截然不同的育儿观点。上海父母可能会以不同于湖南父母的方式抚养孩子，尽管他们都是中国人，孩子也都是用普通话教育的。

文化规范约束和管理着我们的行为，但是每个人遵守规则的程度并不一致。有些人沉浸在自己的文化中，而其他人则参与程度较低。这可以解释，为什么你的朋友是意大利人，但他可能对如何制作好吃的意大利面酱一无所知。

文化由集体塑造，并且代代相传。我们都在文化背景下发展，并展现出符合文化群体的行为。你是否还记得哪些文化体验对你的家庭很重要？在章末的"我的反应"专题中，一名实习教师总结了文化如何提高她的教学能力。

多元化的多个方面

作为人类，我们深受自己所经历的文化的影响，我们的态度和行为也反映了我们被教授的价值观。作为教育工作者，我们致力于教育每个孩子并帮助所有的孩子学会共同生活。

作为一名仍在发展的专业人士，你应该知道只有在家庭背景下才能最好地理解儿童，并且你应该承诺遵守《道德行为准则》以尊重每个家庭的尊严和价值观。教师与儿童和家庭的关系受到以下文化因素的影响。

人种/族裔

本书中提到的人种和族裔是指拥有共同的祖先、历史、传统、行为特征、文化和认同感的人群。美国2010年人口普查区分了5类种族——白人、黑人/非裔美国人、美洲印第安人/阿拉斯加原住民、亚裔、夏威夷原住民/其他太平洋岛民——由管理和预算办公室确定分类，并允许自选类别（自1790年以来首次），而且包括西班牙裔/拉丁裔、多种族/混合种族裔等。这一类别反映了在美国通常被认可的种族的社会定义，并不是在生物学或遗传上对种族进行区分。有社会科学家称种族是由基因遗传决定的（Banks，2005），而有些人则持不同的观点（Phillips，1995）。

无论如何，在过去的10年里，美国的民族/种族多元化发生了巨大的变化。2000—2010年，西班牙裔/拉丁裔人口增长了43%，亚裔人口增长了43%，太平洋岛民增长了35%，黑人/非裔美国人增长了12%，而白人增长了近6%。声称为混血的人增长了32%（美国人口调查局，2010）。与100年前的欧洲移民模式不同，大多数新移民来自亚洲、南美洲和中美洲。

美国的这些人口变化会对教师产生一些影响。为了更好地了解家庭的文化价值观，教师需要学习更多的文化。种族偏见仍然存在，并且影响有色人种家庭和儿童。我们知道：儿童早在2岁时就会注意到身体上的差异；到4岁时，他们可能会对自己的种族身份有所了解；而到小学阶段，他们会开始评估不同文化群体的价值观（Trawick-Smith，2009）。教师需要确保所有的儿童接受平等和无偏见的教育。在本章的后面（以及第六章），你将了解到一些反偏见的方法，它们会教你如何消除偏见。

性别

男性和女性的行为会受到文化的影响，每种文化都有自己的性别刻板印象（Trawick-Smith，2009）。当孩子们进入幼儿园时，他们会开始获得并理解自己的性别特征；在小学初期，因为他们的性别差异，孩子们会感受到某些期望行为和态度。我们经常会听到孩子们说"你不能打球——你是女孩"或"男孩不需要做饭"。消除性别刻板印象不是简单地用书籍展示男孩可以做饭，或帮助女孩在操场上占有一席之地。你还必须考察孩子所在家庭的性别角色模式和文化价值观是否支持你的行为。

许多教育机构仍然反映出在选择书籍、文学作品、玩具，展示照片和图片，以及接受严格的角色定义方面的性别刻板印象。教师可以通过更公平的学习活动扩充儿童的经验，帮助其消除性别刻板印象。团体游戏、活动和项目可以通过鼓励混合性别游戏，以及男孩和女孩之间的积极互动来打破性别障碍。与带有性别刻板印象的家庭合作是一项更为复杂的任务；向你的实践指导教师咨询你所在的项目如何解决性别偏见问题。

对于同性恋父母的孩子，很重要的是营造尊重他（她）的家庭结构和性取向的氛围。克莱（Clay，2004）描述了同性恋父母关注的4个方面。他们希望：①同性恋恐惧症人群感到情感安全；②学校环境具有多元化，他们的

第九章 多元化的活力

孩子不会被认为是"独特的";③学校的工作人员有与同性恋者交流的经验并感到自在;④孩子能够融入整个社区,而不是被视为"局外人"。同性恋父母认为,对他们而言,收养问题比性取向更为重要。只有与家庭建立开放、真诚和信任的关系,教师才能了解家长最需要从学校体验中获得什么。

语言

保留母语是家庭文化和身份的重要方面。在学校环境中尊重孩子的母语可以增强其对家庭独特传统的自豪感。

多语言环境可能会面临沟通挑战。有些家庭可能会说流利的英语和母语,而有些家庭可能对英语了解很少或根本不懂。许多人能够接受主流语言,但说话时信心不足,甚至无法读写。跨越语言障碍和搭建沟通桥梁,将有助于家庭减少孤立感并建立平等和尊重的关系。你可以通过翻译人员与家长进行口头和书面的沟通,告诉家长你希望他们参与孩子的教育。

保留孩子的母语非常重要。

对于第一语言不是英语的儿童，情况可能很复杂。对于儿童在英语和母语方面的听说能力，不同的家长可能有不同的要求。找出你所在中心的孩子所使用的母语，并学习一些关键的单词和短语（参见"将多元化付诸行动"部分）。这样你可以让孩子们充满安全感，他们会感到被理解并乐于看到你对他们已经了解的知识的欣赏。

对于语言和文化多元化，全美幼教协会（2009）指出，为了实现儿童的最佳发展，"教育者必须接受儿童母语的合法性"，并进一步建议早期教育项目招募接受非英语培训的教师。

能力

有特殊需要的儿童有不同类型的体格、肤色和身形。有两种有特殊需要的儿童：有某种残疾的儿童和有天赋的儿童。艾伦和考德利（Allen & Cowdery，2011）认为，如果儿童的心理、社会性、情感、身体和社会发展领域的生长与发育表现出延迟、异常或受到严重影响，那么他们将被视为残疾儿童。有天赋的儿童是在一个或多个发展领域具有卓越能力的儿童。

由于联邦立法规定残疾儿童享有平等的受教育机会，因此招收残疾儿童的项目急剧增加（P.L. 94-142 和 P.L. 99-457）。从婴儿期到 21 岁，残疾人士都应尽可能地待在普通教室和限制最少的环境中，并享有个别化教育计划（IEP）。在许多情况下，如果孩子的年龄小于 3 岁，那么家庭将享有个别化家庭服务计划（IFSP）；如果孩子的年龄在 3 岁或以上，那么家庭将享有个别化教育计划。这两项计划是法律规定的，旨在帮助家庭和专家共同确定优先事项、资源和关注点，并成为提供适当的干预服务和教学策略的指南，如下例所示。

为了在普通班级里充分照顾有特殊需要的儿童，教师必须了解儿童患有的疾病，并与其家人和专家一起实施个别化教育计划。例如，一年级学生康拉德已经被确诊为注意力缺陷障碍（Attention Deficit Disorder，ADD），并且有中度注意缺陷多动障碍——注意力缺陷的亚型——主要表现为注意力不集中（NRC/ADHD，2009）。他不能集中注意力且很容易分心，因此教师很难让他在一大群人中或在室内自由游戏时保持注意力。实习教师贾内尔在繁忙的学龄中心受到了挑战，在那里孩子们会自己走来走去。在家庭作业角时，康拉德的表现最好，因为在那里他的运动会受到限制。个别化教育计划建议贾内尔在与康拉德交流时，通过清晰简单的解释给出指示，并通过给出下一步的行动计划留出过渡时间。当他开始做作业时，她要确保坐在他旁边，然后在他离开时帮助他把东西收拾好。她可以让他选择活动项目，比如布置小吃桌或帮助她喂养户外的动物，在那里他会获得成功。因此，她可以认识到他的成就，因为在下午的常规活动中，他会面临很多的挑战（集体教学活动、户外自主选择游戏）。

作为一名早期教育工作者，你会遇到并教导各种残疾儿童。表9.1列出了你可能会遇到的一些情况。希望你已经学完了"如何面对有特殊需要的孩子"的课程，并为你在幼儿园里的教学做好准备。作为一名教师，你最关心的应该是制定适宜班级儿童发展差异的课程。在第六章中，表6.6是根据有特殊需要的儿童调整艺术项目的示例。

表9.1　教师可能遇到的特殊需要

☞ 这些缺陷的程度可能从轻微到严重，并且每个儿童都有很大的差异。

过敏：瘙痒、荨麻疹、湿疹、眼睛流泪和肿胀、鼻塞/流鼻涕、口呼吸、打喷嚏、恶心、便秘、发烧、出汗过多、头痛、食欲不振、疲劳。

哮喘：呼吸困难、大口喘气、咳嗽喘息。

行为/社交/情绪问题：具有破坏性、冲动、不安、脾气暴躁、缺乏注意力、不合作或退缩消沉、孤独且避免眼神接触、害怕。

身体成长异常：体重不足，运动、语言和社交延迟，退缩，不微笑，持续性呼吸道感染，抗拒安慰，食欲不振。

胎儿酒精综合征：头部和脑容量小、出生体重低、面部异常、精神发育迟滞、身体比例不协调、运动技能差、发育迟缓、缺乏社交技巧。

听力障碍：表达能力差和语法差、听力有障碍、不遵循指示、社交能力差、平衡能力差。

（续表）

> **艾滋病**：对病毒的抵抗力差、感冒、感染、慢性疲劳、发育迟缓、频繁感染、肾脏和（或）心脏问题。
> **智力障碍**：发育延迟，认知功能显著低于年龄水平，无法遵循简单的惯例，注意力不集中，沟通技能有限，缺乏适合年龄的自助技能、运动技能和解决问题的能力，很少有新的想法。
> **运动问题**：表现出笨拙，局促，平衡性不佳，攀爬、跳跃困难，无法弹跳，容易疲劳，容易发生事故，难以拾取小物体和平衡积木，难以转动和操纵物体。
> **对立违抗性障碍**：持续消极、不听话、充满敌意、愤怒、好争论、顽固、怀有恶意。
> **语言问题**：将一种声音替换为另一种声音，声音可能单调、鼻音重、太轻/大声。运动协调能力差、注意力不集中、缺乏倾听技巧、注意力持续时间短、语言发展迟钝、难以对物品进行分类和记忆个人信息（地址、电话号码）、存在语音技能缺陷、不理解读物、存在拼写问题、词汇量有限、表达想法困难、不会发起对话或想法、同伴互动不良。
> **特定学习障碍**：获取、处理和保留信息有问题，阅读、写作、拼写和数学方面有困难，运动技能延迟，往往在学龄前不明显。
> **视力障碍**：经常揉搓、闭合或遮住眼睛，头向前倾斜，头晕，头痛，恶心，被小物体绊倒，认知、运动、社交和语言延迟，近视/远视，阅读和计数困难，可能无法区分颜色。

资料来源：*Children with Special Needs in Early Childhood Settings* by Carol L. Paasche, Lola Gorrill, and Bev Strom. (2003). Thomson/Delmar Learning: Clifton Park, NY.

与有特殊需要的儿童一起工作有两个需要考量的关键因素。第一个关键因素与语言相关——把儿童放在第一位。当你说或写有关残疾儿童的内容时，你应该先提到孩子，然后再提特定的疾病。例如：你可以说"铁托，一个患有唐氏综合征的孩子，在我的班里"，而不是说"铁托是唐氏综合征儿童"；你可以说"一个孩子是失明的"，而不是说"一个盲童"。这种表述上的差异可能很微小，但对提高孩子的自尊至关重要。"把儿童放在第一位"可以帮助你记住，孩子是由丰富的形容词，而不是由他们的能力来定义的。

第二个关键因素是记住"相似多于不同"这句话。有特殊需要的孩子与正常发育的孩子的相似点比不同点更多。你需要了解有特殊需要的儿童与其他儿童的相似之处，而不仅仅是他们的特定缺陷。在章末的"实地经验"中，指导教师伊莱恩·弗朗西斯科将会描述这一因素。

与有特殊需要孩子的家庭一起工作具有挑战性。你最初的角色可能是通过观察和评估来确定关注的领域（参见第四章）。你也可能是实施该计划的教师团队的一部分，并保持课堂实践和治疗建议之间的联系。

宗教/精神性

与其他文化价值观一样，教师必须尊重儿童及其家庭的宗教信仰和习俗。移民使当今社区和教室里的宗教表现日益多样化。

萨克斯顿（Saxton, 2004）指出，有些人可能是在一个信仰团体中，而不是在种族或族裔群体中感受到认同感。我们知道孩子是有灵性的生物，会随时与教师谈论上帝、兄弟的受戒礼[1]或祖母的头巾[2]。实习教师经常想知道如何回应孩子的评论和问题。例如，当约瑟夫说"如果你不去教堂，你就不能去天堂"时，实习教师西尔维娅应该如何回应。她的回答应该考虑两个方面的因素：首先，她要注意到她所在的学校有关于政教分离的政策，所以她不能谈论教会的教义；其次，她要尊重孩子，所以她可以通过向他提出一些问题来表达对他所分享的内容的兴趣，例如，他在那里做了什么，以及他和谁一起去的。

节日活动经常会显现出宗教差异，因为节日和庆祝活动对于宗教团体来说很重要。如果在课堂上庆祝这些活动，那么问题是家庭宗教信仰不同或者根本不庆祝节日的孩子是否要被排除在外。如下面的"道德困境"，你在实习时该如何处理？

> **道德困境**
>
> 我们为什么、该怎样庆祝节日？
>
> **情境：** 雷切尔是一名犹太妇女，她在教堂地下室里的无教派幼儿园

---

[1] 为满13岁的犹太男孩举办的成人礼。——译者注

[2] 穆斯林的头巾。——译者注

实习。快 12 月了，教职工们开始计划有关圣诞节的活动，他们打算按照学校的传统，在教室里装饰圣诞树，并且邀请孩子们的父亲或祖父扮成圣诞老人。对此，雷切尔有所顾虑。别人会注意到她不是基督徒吗？她应该指出这一点吗？学校里的其他非基督徒是否会因为这些计划而感到被孤立或被冒犯？

《道德行为准则》参考：

核心价值观：我们承诺尊重每个人（儿童、家庭成员和同事）的尊严、价值观和独特性，并尊重儿童、家庭成员和同事的多元化。

第 3 节：对同事的道德责任

P-3A.4　我们不因性别、种族、国籍、宗教信仰或其他隶属关系、年龄、婚姻状况/家庭结构、残疾或性取向而做出歧视同事的行为。

解决方案：雷切尔与她的高校指导教师进行了沟通，然后她将问题和《道德行为准则》反映给了主管教师，主管教师将这个问题纳入了下周员工会议的议程。学校的工作人员感到很吃惊，他们之前从来没有考虑过这个问题。每个人都感到棘手，不知道该怎么办。主管教师建议大家利用这个月来探索人们每年在这个时候的庆祝方式。所有的教师都同意并集体讨论了这门课程的可能性。雷切尔提议在光明节[1]前后开展活动，两个穆斯林家庭将谈论伊斯兰新年，一名英国家庭志愿者将与自己孩子的教师一起讨论节礼日[2]。此外，有三名家长询问雷切尔能否去看看孩子的教室，因为他们的孩子不喜欢在课堂上发言，但他们希望自己家庭文化中的节日能得到庆祝。

---

[1] 犹太人纪念的节日。——译者注

[2] 圣诞节过后的第一天（12 月 26 日），英国将其定为节日。——译者注

年龄

围绕年龄歧视的问题主要与老年人有关。媒体经常将老年人定义为身体和精神上低劣、无用和不受欢迎的人（Wolpert，2005）。这种对人口老龄化的描绘是不恰当的，尤其是在许多老年人长期享受着充实而有用的生活时。老年人确实面临着固定收入和健康状况下降的问题，但这不应妨碍更公平地描述他们的优势和活动水平。许多老年人在退休后找到了新的职业，并广泛地参与了社区志愿者工作。

社会不公正是老年人受到歧视的真正原因，包括贫困和歧视政策，如强制规定退休年龄。使用轮椅、拐杖或助行器的老年人也受到了与残疾人同样的偏见。老年人是儿童的榜样，他们展现了人类所有的潜力，并乐于与所有年龄段的人分享阅历。

社会阶层

家庭的社会经济地位取决于教育水平、收入、居住地和主要工资收入者的职业（Trawick-Smith，2009）。富有的家庭和贫穷的家庭带着不同的观点、需求和资源来到学校。对于贫困儿童来说，健康和营养问题值得关注。与特权家庭合作则会引发不同的问题。例如，这些家庭中的孩子可能正在发展一种优越感和权利感，或对物质的东西有强烈的关注。

德曼-斯帕克斯、拉姆齐和奥尔森·爱德华兹（Derman-Sparks，Ramsey，& Olsen Edwards，2006）提出了一些教师可以用来解决阶级差别和不平等问题的方法：

- 经常观察儿童如何认知自己；使用自画像来开启对话。
- 通过注意儿童喜欢或不喜欢哪些活动来了解他们的自我认知。
- 倾听孩子们在玩耍时的谈话，以确定他们对自己或他人的种族和民族的感受；密切关注任何有优越感或权利感的孩子。

- 注意社交或人种/族裔差异是否会影响儿童对朋友的选择。
- 明确课堂的整体基调，以确定儿童是否敏感、善解人意、有包容性、消极或有攻击性。

通过这些策略，你将了解到儿童如何看待自己和他人。教师明智地使用课程、材料和活动将有助于儿童了解自己的特性，并欣赏个体间的差异。

气质

孩子的气质从出生时就可以通过其注意力范围、总体情绪、活动水平及日常生活习惯（如进食、睡眠和消化）加以观察。托马斯和切斯（Thomas & Chess, 1977）的经典研究确定了气质的 9 个特征，并指出大多数孩子的气质可大体分为 3 类：易养型、迟缓型和困难型。现今，它们通常被称为：

- 易教养型孩子（约占所有孩子的 40%）适应能力强、乐观、开朗，在饮食、睡眠和如厕方面很容易接受训练；对挫折有轻微的反应。
- 行动缓慢型孩子（约占所有孩子的 15%）看起来很害羞，虽然对新情况感到不舒服，但如果允许他们观察，他们会慢慢地适应；按自己的节奏去缓解负面情绪。
- 难教养型孩子（约占所有孩子的 10%）与易教养型孩子相反：睡眠和饮食习惯不规律，对新情况很难适应；往往情绪不愉快，容易发脾气；适应力弱。

当了解你所教孩子的各种反应时，你将深入地理解他们的行为，并找到适合其性格的教学策略。

将多元化付诸行动

为了帮助孩子培养稳定的自我意识，教师需要融合学生带入课堂的多种身份。将多元化付诸行动不仅要做到，还要做好（参见表 9.2）。

表 9.2　回应多元化的 10 项策略

1. 意识到它始于你
2. 意识到不是只有一种最好或最正确的方式
3. 从"要么……要么……"转变到"不仅……而且……"的视角
4. 营造一种接纳的氛围
5. 认识到自己和他人的偏见
6. 能处理由多元化造成的问题
7. 营造具有包容性的课堂氛围和教学计划
8. 扩展教学策略
9. 促进教学团队中的公平
10. 邀请家长参与整个过程

锻炼能力

我们中的许多人在种族、性别和阶层的偏见中长大。我们可能被能力不同的人孤立，或者因语言或宗教习俗而感受到偏见。我们中的许多人在成长中会听到对其年龄和气质的刻板印象，而且通常都是负面的陈述。

深入内心。为了解决多元化引起的问题，实习教师应从内心开始自查。当你发展一种教学风格时，需要先了解自己的内心和习惯。与此同时，教学风格要坚持不断地发展；随着你持续地获得经验，你将形成自己独特的个人路径和专业方法。通过检查自己的态度建立坚实的基础，只有这样你才能继续前进。你可以将自己的经验添加到新知识中，并应用你正在学习的知识。首先问自己表 9.3 中的问题。

表 9.3　发现自己的信念

☞　把多元化付诸行动，从你自己开始吧。

> 1. 你的民族或文化认同是什么？你的民族身份意味着什么？
> 2. 你的祖先是什么肤色和种族？
> 3. 你曾经有过与众不同的体验吗？如果有，你第一次的经历是什么？
> 4. 关于你的种族、阶层、性别或性别认同，你是否曾有过无能为力的感觉？如果有，是什么样的感觉？
> 5. 群体身份中的哪些价值观、历史或传统是你的力量源泉？

此外，自我意识始于对自我背景和根源的探索。移民的起源地、时间和原因，家庭使用的语言，甚至家庭最初定居的地点都会影响一个人的文化认同。这导致了对自己文化遗传中的价值观、行为、信仰和习俗的审视。正如实习教师埃琳所说：

> 当我给孩子们读童谣时，我想到了自己的英语和丹麦语背景。用切肉刀切断三只盲老鼠的尾巴！多么可怕的残忍做法——我的亲戚们是怎么想的？他们过着什么样的生活，以至于小老鼠有如此大的威胁？当我对一个婴儿唱歌时，我开始问自己："这些歌词可以吗？到底什么是'Knick-knack'和'Paddy-whack'[1]？这是对爱尔兰人的猛烈抨击吗？这和'扔给小狗一根骨头'有什么联系？"

此外，请记住你为自己的计划做出了很多的贡献。指导教师维尼西亚提供了这个例子：

> 查伦与我认识的任何人都不同，她具有菲律宾和中国文化背景。她很快就与其他员工和孩子们建立了良好的关系。这也许是因为孩子

---

[1] 这些都是儿歌《小鼓槌，咚咚咚》(*Knick Knack Paddy Whack*)中的歌词。——译者注

们和工作人员们也有不同的文化背景。作为委内瑞拉人和经验丰富的教师，我对一些事情有固定的想法。我与查伦的关系能够帮助我学会后退，更加密切地观察她与孩子们的交谈、与孩子们一起玩耍，以及如何解决任何可能发生的消极行为。我学到了新的方法！

获得知识。实习教师的教学能力与文化能力密切相关。通过对文化进行探索，你将发现文化对个人的影响。你可以寻找有关他人的文化信息；有大量与早期教育领域相关的、具有多元化和差异性的可用材料（参见本章末尾的"参考文献"部分）。不是只有一种正确的做事方式。你出生的世界只是现实世界的一种样式：不要把事情视为"必须按照我的方式"，而要考虑增加另一种方式来拓展你的思维。林奇和汉森（Lynch & Hanson，2004）概述了4种学习其他文化的有效方法：

- 通过学习和阅读相关书籍来学习其他文化
- 与其他文化中的可以作为文化介绍人的人交谈和工作
- 参与另一种文化的日常生活
- 学习其他文化的语言

应用学到的东西。跨文化交流具有挑战性。我们会根据自己的文化来解释行为的含义。我们每个人都有一套熟悉的肢体语言、面部表情和语调，能够向我们传达各种信息。然而，这些在其他文化中可能会有不同的意义。

> 我曾经坐在一扇窗户前，看着街对面一个表现得非常奇怪的男人。他正在做奇特的手势和面部表情。他嘴里说出的话是我不懂的语言。我觉得他疯了，并开始感到害怕。最后，我站了起来，并看到了完整的画面。事实是，男人的脚后面跟着一条狗。我突然明白了，啊

哈，他正在训练一条狗（Gonzalez-Mena，2007，p. 35）。

应用我们学到的东西可能很困难；从其他文化的角度学习行为的意义，将有助于化解偏见并扩展我们对世界的看法。例如，非语言交流非常重要，我们可以与牙牙学语的婴儿一起观察和采取行动。你所在中心的移民家庭怎么样？在许多文化中，一些被接受和理解的非言语行为有打嗝（表示食物很好吃）、不进行眼神交流（表示尊重长者）和鞠躬（表示问候他人）。你怎样才能更熟练地学习孩子的非语言方式并与他们建立联系？实习教师莫妮卡描述了如何应用你学到的东西：

> 我多么希望能用其他语言交流！我发现，当与英语学习者"交谈"时，我会试图突破交流障碍，并使用大量的手势和完整的句子。在某种程度上，这是有效的；我让孩子们点头了，他们明白了。今天，我获得了一个很棒的体验，在我走向大学课堂时，一个只会说柬埔寨语的小男孩跑到栅栏旁对我挥手，微笑地做手势，并用英语说再见。我已经和他待在一起4个星期了，我会对他微笑、做手势、和他的父母交谈，并且让他参与其他人的活动。他跑过操场，对我挥手和说话，我感到很兴奋。我希望我能有一张与我脑海中永远存在的画面相匹配的照片！

使用你学到的知识可以帮助你提高文化能力。但请注意，文化只是个人身份的一个方面。当你学习跨文化交流的新方法时，请务必谨慎。承认并尊重差异，而不是将其最小化，仍有很长的路要走。

学习实现。与许多教师不同，如今日托中心的儿童可能是直接学习多元化。因此，重要的是，他们的教师必须看到多种形式的多元化文化，并发展跨文化能力。表9.4给实习教师提供了一些方式。

第九章 多元化的活力

表 9.4 实现（Reach/*Alconzar*[1]）

☞ 遵循创建对话、反思和行动的过程，以解决我们在多元化工作中面临的众多挑战。

R	反应（React/*Reaccionar*）：识别你对情况的初步感受和想法。
E	检查（Examine/*Examinar*）：反思你的反应。发现可能影响你的反应的想法。是否会有某些偏见影响你的感受和想法？
A	询问（Ask/*Preguntar*）：通过多个视角进行观察。寻找其他观点来扩展和加深自己的理解。
C	考虑（Consider/*Considerar*）：制定多种策略。深入了解情况，探索那些有助于以文化和语言尊重他人的解决问题方式，以及最有可能取得积极成果的方法。
H	处理（Handle/*Manejar*）：以尊重和理解来看待情况。实施你选择的策略，注意他人的反应，并在需要时对你的方法进行调整。

资料来源：*Reaching for Answers: Forum on Diversity in Early Childhood Education*, by BANDTEC (Bay Area Network for Diversity Training: Building Equity and Social Justice for Children and Families), 2006, San Mateo, CA: San Mateo County Office of Education. 经过许可使用。

意识到偏见

将多元化付诸行动的第二步是，承认自己和他人的偏见，并采取适当的行动。这是反偏见课程的一个重要方面（在第六章中有所描述），这对于成为一名称职的教育者也至关重要。反偏见工作的目标是具有包容性。教师这样做是为了让孩子们形成同情心，并能积极地面对不公正。如果我们开始看到多元化的含义，我们就需要审视一下自己的偏见。然后，我们就可以看到他人的偏见，倾听传统上被压制的声音，并将我们学到的东西融入教学（Carter，Curtis，& Jones，2002）。

个人偏见。有时我们会感到惊讶。教育工作会带给我们面对面的新体验和感受。凯特写道：

> 作为一名大学实验学校的新教师，我感到很紧张，但也对在这里教书感到很兴奋。这所学校招收了有特殊需要的孩子，这对我来说

---

[1] Alconzar 是西班牙语的"实现"。表中斜杠后的斜体均为西班牙语。——译者注

是新的工作经历,我期待着能够在一个具有包容性的地方工作。有一天,乔纳森,教室里最小的一个孩子,蹒跚着走进盥洗室;6岁的唐,患有唐氏综合征,走到他身后,把他推倒了。我跑向了唐,让她帮我扶起乔纳森并拿一块纸巾给乔纳森。"他们不应该让这些孩子来这里!"我强压着怒火并颤抖着。后来我甚至都不好意思写下那些话。我怎么会有这种偏见?

随着学习过程的深入,我们逐渐看到了偏见如何在我们无意识的情况下影响着我们的生活。当我们识别自己的感觉时,我们就可以努力寻找自己的声音。

他人的偏见。我们很容易看到他人的偏见,而很难看到自己的偏见。善于利用你的观察技巧:首先,你可以从不同的角度看待自己;其次,你可以寻找消除你可能遇到的偏见的方法。例如,希门尼斯(Jimenez, 2002)回顾了自己在教师支持小组中获得的经验:

理解多元化意味着了解每个孩子的多元化。

> 我被一些参与者吓坏了。后来,我发现他们也有同感。在这群人中,当墨西哥裔的罗莎问路易丝问题时,我会想:"罗莎真是个捣蛋鬼。"现在,当我回想起来时,我意识到,如果她是白人,我就不会把她称为麻烦制造者(p.36)。

随着时间的推移,融合更广泛视角的过程可以帮助教育者更加真实地了解自己是谁,并让自己成长。在成长过程中发现你内心深处的自卑或优越感,可以帮助你建立一种知识渊博、自信的感觉。希门尼斯(2002)再一次指出,

第九章 多元化的活力

"把人们拒之门外，只会让你无法摆脱层层的偏见和误解。"（p. 36）

作为一名实习教师，在课程中和孩子们互动是你的首要任务。确定应对偏见行为的方法将对你的努力有所帮助。表9.5 列出了在遇到偏见时，你应该问自己的问题。

表 9.5 当你遇到偏见时：感受—思考—回应

☞ 练习使用"感受—思考—回应"来应对涉及偏见的事件。

1. 发生了什么？
   a. 涉及偏见的问题有哪些？
   b. 在这种情况下，你有什么偏见？
   c. 这让你感觉如何？
   d. 你的信仰与其他成人或所涉儿童家庭的信仰之间是否存在冲突？
2. 为什么会这样？
   a. 为什么有偏见的人会有这样的想法？
   b. 哪些社会形象和信息正在影响他们？
3. 有什么影响？
   a. 对直接参与的人有什么影响？
   b. 对无意中听到的人有什么影响？
4. 如何改变已经发生的事情？
   a. 我们希望达到什么目标？
   b. 如果你的信仰与其他成人或所涉儿童家庭的信仰之间存在冲突，你将如何尊重这些信仰？
   c. 哪些发展问题会影响你的回应？
   d. 如何确定每个人的感受和身份？
   e. 什么问题适于调查且能够鼓励批判性思考，而不会让人感到尴尬或羞耻？

资料来源：*Start Seeing Diversity: The Basic Guide to an Anti-Bias Classroom*, by Ellen Wolpert for the committee for Boston Public Housing. Copyright © 2005 by Ellen Wolpert For the Committee for Boston Public Housing. Reprinted by permission of Redleaf Press, St. Paul, MN.

请注意实习教师叶琳娜如何处理她遇到的典型情况，她在日志中写道：

最糟糕的时刻之一是面对一个有听力障碍和语言障碍的孩子。在午餐时间，一名教师对他说："叫'老师'。"当他说不出来的时候，餐桌边的其他孩子开始说:"叫'老师',叫'老师'。"我在等这名教师告诉孩子们停下来,然后向他们做出解释。但没有任何事情发生,这个男孩在当天剩下的时间里再也没有讲话。

- 发生了什么:偏见是教师假设暴露孩子是可以的。你永远不应该让孩子感到难堪,这让我想起当我不能像其他人一样走路或跑步时,人们是如何嘲笑我的。
- 为什么会这样:那名教师可能从未担任过这个职位。她没有看过有听力障碍的人在被嘲笑时有任何异常或敏感。
- 有什么影响:孩子受到了嘲笑的影响,开始自闭,不愿意说话。无意中听到的孩子表现得很糟糕,开始戏弄和欺负自己的同学,没有任何同理心。
- 如何改变已经发生的事情:我希望孩子能够得到保护,并且免受嘲笑的伤害,虽然这可能是不现实的。我希望孩子们能够理解他们的戏弄是如何伤害别人的——我如何与学龄前儿童一起认识到一点?"这伤害了你的感情吗?"——然后还有什么?"当你取笑别人无能为力的事情时,这是不对的"——还有什么?也许我需要单独询问每个孩子。告诉他们停止戏弄别的同学,然后问所有的孩子:"你感觉怎么样?"

做出行动。我们在社会中发现的偏见,其实在早期学校生活中就有所反映。当项目中出现这些不平等时,选择解决它们的实习教师正在采取积极的立场以促进包容。如下面的"反思性事件"所证明的那样,这并不总是令人感到愉快和放松。然而,通过了解多元化社会的复杂性,你能更接近于为所有的儿童提供公平的教育体验。正如塔特姆(Tatum,2003)所述:

我们都有一个自己能够影响的范围。我们每个人都需要找到自

第九章 多元化的活力

己的勇气来源，以便鼓起勇气讲话。有许多问题需要解决，我们无法无限期地避免这些问题……我意识到有意义的对话可以激励有效的行动。改变是可能的（p.xii）。

反思性事件

戈登和吃南瓜的人

在中心里，我在万圣节前后有一个有趣的经历。我组织了一项活动，其中包括诵读彼得·派珀的童谣和剪影活动。在诵读经典童谣时，我意识到我需要做些改变。童谣的开头还是"彼得，彼得，吃南瓜的人"，但我修改了后面的部分。

修改前	修改后
"Had a wife and couldn't keep her"（"娶了妻子，养不活她"）	"Had a wife but couldn't see her"（"有一个妻子，但看不到她"）
"Put her in a pumpkin shell and"（"把她放在南瓜壳里"）	"Looked into a pumpkin shell and"（"他看着南瓜壳"）
"There he kept her very well"（"他很好地照顾了她"）	"There he saw her very well"（"他可以很清楚地看到她"）

我为自己既保持了童谣的节奏，又摆脱了性别歧视的语言而自豪。我以为，我已经注意到了每个部分，但并没有。活动视频中的彼得和妻子都打扮成了"朝觐者"的样子。我没有考虑到这一点，有几位家长在向学校领导的投诉中表达了他们的意见。他们告诉我，与父母商量后学校决定不允许使用任何"朝觐者"的词汇。我对我的失礼感到震惊。我应该认识到彼得是一个朝觐者，而不是一个缺乏时尚感的吃南瓜的人。

——戈登

你的思考：

1. 我感觉如何？
2. 我该怎么办？
3. 结果可能是什么？

创造一种包容的氛围

实习教师可以采取一些具体行动，以便在工作环境中创造一种包容的氛围。本书中已经介绍过几个侧重于教学方面的因素，例如环境（第五章）、课程（第六章）、教学策略（第三章）、你所在的机构或团队（第七章）和家庭（第八章）。我们可以将这些想法运用到工作中；同时，以多元化为焦点突出了多元化文化和反偏见的观点。

准备多元化环境。作为一名实习教师，你应该知道教学的一个关键部分是为儿童营造一个适宜的环境（参见第五章）。我们该如何提供多元化环境？首先，考虑参与项目的孩子，并确保每个孩子的文化都有所体现。其次，考虑每个人的多元化并将其带入课堂。最后，检查刻板印象。适合孩子成长的环境需要具有多元化的特点。

当然，没有人是完美的，重要的是要对你在学习环境中使用的内容保持警惕（请参阅"反思性事件"）。一定要看整体环境，例如，通过户外游戏来学习对所有的儿童都很重要，你可能需要根据个别孩子的情况进行调整，以照顾有特殊需要的儿童。自闭症儿童可能需要在花园周围的边界或特定的区域内进行挖掘和种植，而盲人可能需要在内部配有活动传呼机的场地中参与活动。

将多元化融入课程。一旦组织好空间和材料，教师就可以开始准备课程了（参见第六章）。表9.6给出了例子。此外，请记住，孩子们对他们所看到的差异（语言、头发质地、午餐盒）的好奇心和疑问可以激发他们对课程的兴趣。

表 9.6 将多元文化目标转变为多元化课程

☞ 多元文化教育的目标可以帮助你制定多元化课程。

目标	课程实例
教导孩子们尊重他人的文化和价值观以及自己的文化和价值观	与孩子们一起烹饪他们文化中的一道菜,并将其作为小吃
帮助所有的孩子在多元文化、多种族的社会中顺利地活动	在索引卡上制作涂有肤色颜料的人物形象,并用平头钉固定
培养受种族主义影响最大的儿童(如有色儿童)积极的自我概念	使用角色娃娃,讲述某人因头发质地或风格而被取笑的故事
帮助所有的孩子以积极的方式体验自己作为拥有不同文化背景的人的差异和作为人类的相似之处	在介绍关于"英雄"的故事时,向孩子们传达自我保护的概念,并使每个人都能够使用和分享强大而安全的自我保护
鼓励孩子们看到不同文化中的人在一起工作,并使社区的独特部分变成一个整体	制作序列卡以说明社区中的食品供应链。然后参观相关场所或邀请相关人员展示和讲述他们作为食品供应链的一部分做了哪些工作

资料来源:York(2002).

当迪亚斯的祖父在秋季意外去世时,实习教师美穗不知道该怎么办。实践指导教师卡伦让她研究如何与孩子们谈论死亡,并与迪亚斯的母亲玛丽亚谈论其家庭教育计划。在第二个月,玛丽亚与孩子们谈论了亡灵节[1],而且迪亚斯带来了他们家中祭坛的照片。孩子们很着迷,并且想为自己逝去的亲人(包括宠物)制作祭坛。她们还召开了一个

当每个家庭都与全班同学分享他们的兴趣和文化时,实习教师也有亲身体验的机会。

---

[1] 墨西哥的一种传统节日。——译者注

分享会，并为家长们准备了小材料包，美穗学会了如何制作糖头骨和烹饪佛手瓜（一种墨西哥壁球），而卡伦则与孩子们一起为祭坛准备了一个"特别的地方"。每个步骤都被记录了下来，最终的活动是"共享纪念活动"，其中有几名家长和教师为她们逝去的亲人准备了鲜花、照片和回忆。这个例子是最好的综合课程，它从个人需求开始，融入了多元文化，让许多家庭参与其中，并激起了所有人的兴趣，而且对每个人都有一定的意义。

制定多元化教学策略。多元化教学策略是卓越教师每天与孩子们相处的策略。卓越教师会通过仔细观察、引导、帮助和干预来发展关系和处理儿童行为问题（参见第三章）。实习教师常常在与幼儿进行日常互动时感到不知所措，而且没有太多的对策。幸运的是，你不需要掌握一套全新的技能；更准确地说，你只需要在某些方面做出努力。

"我可以和你们一起玩吗？"尼塔问在游戏屋里玩的洛德丝和萨拉。"不，这里已经满了。"洛德丝答道。"是啊，我们不需要别人。"萨拉补充道，然后她们都转过身背对着她。实习教师菲奥娜之前就在尼塔身上看到过这种情况，并担心她因语言技能而被排除在外。事实上，菲奥娜注意到所有的英语学习者都与"强势的儿童"没有太多的接触，这一情况在操场上比在室内活动时更加明显。

菲奥娜能做什么？她明智地处理了这个问题，在英语课堂上，不懂英语或不会说英语的孩子可能会发现自己很难适应，并且可能会被他人无视或边缘化。相同的情况可能发生在任何不具备主流语言、文化、性别、宗教或团队能力的儿童身上。有些策略可能有所帮助（Derman-Sparks et al., 2010）：

- 帮助儿童根据个人能力和兴趣、家庭历史和文化，而不是自卑感或优越感来认知自己的真实身份。如果尼塔可以被排除在外，那么三个女孩都会有被人排斥或排斥他人的经历，并且可能会认为这是合理的、惯常的游戏规则。对此，菲奥娜采取了语言介入，说："看起来你的商店里需要一些顾客，洛德丝。尼塔和我有一些钱，你们今天有什么东西可以让我们买吗？"这样，不需要过多的语言，尼塔就成了游戏中的一个强大的角色，而洛德丝和萨拉则获得了包容的体验。

- 了解、尊重和重视人与人之间在身体和社会属性上的多元化。通过追踪观察尼塔对哪些活动感兴趣，菲奥娜可以帮助她学习一些词语，进而帮助她更好地参与活动，并了解自己如何做出贡献。菲奥娜通过添加尼塔（而不是其他人）熟悉的几种工具和服装改变了环境。后来，她邀请尼塔和她一起游戏，当洛德丝和萨拉作为新人加入的时候，尼塔可以向她们展示如何游戏。

- 培养关怀他人、与他人合作和平等互动的能力。通过观察整个教室的社交氛围，菲奥娜发现白人孩子似乎有一种权利意识，强调孩子们之间的相互超越。在圆圈时间，她与孩子们讨论了"你喜欢与家人和朋友一起做什么活动"，这能够传达某种关怀（例如"我帮妈妈洗车"），然后她组织了一个游戏，让孩子们从帽子中抽选名字以组成搭档并一起表演这些活动。洛德丝和尼塔是"帮爸爸给宝宝洗澡"的搭档，当尼塔给洛德丝洗澡时，每个人都笑了。

当你在现场与孩子们一起工作和玩耍时，你会发现观察和互动（参见第一章）将帮助你制定多元化教学策略，就像下面的"我的反应"一样。

> **我的反应**
>
> **我和树**
>
> 星期四那天,我感到很开心,因为说粤语的小男孩开始和我有说有笑。真是太令人感动了!中心刚刚聘请了一名说粤语的助教,我曾请她教我一些词语。在午餐时,我们吃了西蓝花,男孩说"Shu",我知道这个词是"树"。我假装钻到了"树"底下,餐桌上的每个人都认为这很有趣。大家都开始说"tree-shu[1]",我们玩得很开心!
>
> ——蒂安娜

促进团队公平。 如第一章所述,实习项目中的实习安排差异很大,特别是实习教师在教学团队中可能扮演的角色。你们中的许多人都是新手,所以你们的主要联系人可能是实践指导教师,而不是整个团队。你们中的一些人可能已经在工作场所工作了。在这种情况下,你可以在团队中扮演更重要的角色。无论如何,尽你所能地在教学团队中建立一种共同体意识(参见第七章)。这可以提高沟通和信任的水平,有助于建立关于多元化的对话。

与家庭合作。 与家庭合作处理多元化问题的要点之一就是,让他们相信自己的文化价值观和规范得到了尊重(参见第八章)。让家庭以多种方式参与课程,这可以帮助你将一系列活动和做事方式融入中心的生活。一位实习教师说:"我的实践指导教师和我总会和父母们交谈,了解他们的家庭生活中发生了什么。我有时会借助于他们的食物进行沟通,因为他们在午餐时会给孩子送我没见过的食物。所以在一日活动结束时,我会问他们'你送的食物是什么?它来自你的文化,还是只是你喜欢吃的东西?'。这确实能开启话题,我已经了解了很多关于家庭的信息,包括他们来自哪里,以及他们会在家里做什么。"

---

[1] "树"的英文单词和汉语拼音。——译者注

第九章 多元化的活力

你不需要事先知道每个孩子的一切，包括他（她）的文化。然而，你需要学习如何找出对每个孩子保持敏感和有回应的须知内容。

我们每个人都是人类精神的独特表现；以多元化为基石的教学能够让每个孩子都能表达这种精神，同时能够让每个人都融入社区（参见"实地经验"）。

实地经验

每一种能力的机会

伊莱恩·弗朗西斯科

特殊需要儿童导师 / 指导教师

在儿童自由选择游戏时，我观察到约翰直接走到沙箱前，抓起一把沙子，扔在地板上。与此同时，埃丽卡拿起扫帚和簸箕，跟着掉在地上的沙子，随意地扫着。这两个孩子已经做了同样的活动超过 1 个月了。令我感到震惊的是，被诊断患有自闭症的约翰和患有严重语言障碍的埃丽卡正在进行近乎合作的游戏。不久前，这两名学生对任何类型的游戏互动都不感兴趣。

虽然我是一名工作了 10 年的幼儿教师，但是在刚开始教授特殊儿童时，我认为需要在教学过程中采用不同的方法。我知道特殊教育环境应该是一种"限制性"环境，我决定必须对我一直坚信的动手操作、儿童发起和发现学习等策略进行限制。我开始把教室里的很多玩具放在架子上，而且开始为学生们设计有明确目标的游戏活动，而没有考虑他们本可以独立做出的选择。这实际上剥夺了孩子们按照自己的节奏自发参与的机会，因为我实际上"决定"了他们能做什么和不能做什么。

我的课堂看起来像一个高度结构化、定义明确的环境，而且鼓励由教师发起的活动，对此我常常有些内疚，但是我总是提醒自己，我的班级要包含有特殊需要的儿童，因此它应该与普通班级不同。尽管我存在疑虑，但是与我一起度过了整个学期的早期特殊教育实习教师们却观察到我确实在特殊教育中实施了"最佳实践"。他们提到了我与父母建立了有效的联系，达成了个体的目标，能够与个别化教育计划团队有效合作，并实施了基于活动的干预措施。但不幸的是，其中大部分都是教师主导的活动。

在我教授特殊教育儿童的第三年，我在不知不觉中成了一名专注的"干预主义者"，并开始强调我所教授的学生的缺陷，而不是将每个人视为"整个的"孩子。通过这种新的思维模式，我有了一个真正的限制性环境。我专注于成人和儿童之间的项目工作，而不是推动旨在促进语言和社会认知的、自发的儿童游戏。

然后我被邀请申请早期教育指导教师课程。申请流程的一部分是自我评估和课堂环境评估，之后评估人员将访问我的课堂。当评估人员使用评估工具来评估我的课堂时，我很幸运能够得到他们诚实的反馈。我在许多方面都通过了评估，但评估结果对我来说仍是一个警钟。我没有提供足够的玩具，教室内的材料不能反映学生群体的多元化，我组织的户外游戏活动未能为学生提供足够的选择。甚至沙箱也不是儿童日常游戏的一部分！

简而言之，为了成为一名合格的特殊教育教师，我忽略了自己童年的"根"。我忘记了促进自发性儿童游戏对每个孩子的发育至关重要。在专注于有计划的成人与儿童的互动时，我逐渐形成了一种孤立游戏的想法，这种游戏的选择非常有限，以至于儿童特殊需要的"多元化"超过了他们作为儿童的"普遍性"。在给他们机会之前，我错误地判断了他们的能力。

现在，当我观察到约翰和埃丽卡在沙箱区玩耍时，我被一个信念鼓舞，那就是总有一天他们会推进他们的游戏，因为我始终如一地给他们提供了多种机会，允许他们一整天与材料以及与同龄人互动。令我感到欣慰的是，我再次把自发性游戏视作幼儿课堂的基本元素；没有它，学习就会变成成人的处方，而不是孩子的个人发现。他们可以做得更多，我可以做得更好，我们都可以一起成长。

实 践 活 动

检查课程中的玩具和游戏区域：是否存在任何形式的偏见？你会取消哪些活动（为什么）以及你想要添加哪些活动？

日 志 作 业

你对自己的身份（文化、人种/族裔、性别、语言、能力、宗教/精神性、年龄、社会阶层、气质）有何了解？由于你的背景，你有什么被排除在外的经历？

参 考 文 献

Allen, K. E., & Cowdery, G. E. (2011). *The exceptional child: Inclusion in early childhood education* (7th ed.). Belmont, CA: Wadsworth Publishing.

BANDTEC (Bay Area Network for Diversity Training: Building Equity and Social Justice for Children and Families. (2006). *Reaching for Answers: Forum on Diversity in Early Childhood Education*. San Mateo, CA: San Mateo County Office of Education.

Banks, J. A. (2005). *Cultural diversity and education: Foundations, curriculum, and teaching* (5th ed.). Boston: Allyn & Bacon.

Carter, M., Curtis, D., & Jones, E. (2002). *Training teachers: A harvest of theory and practice* (2nd ed.). St. Paul, MN: Redleaf Press.

Clay, J. W. (2004, November). Creating safe, just places to learn for children of lesbian and gay parents: The NAEYC code of ethics in action. *Young Children, 59*(6), 34-38.

Derman-Sparks, L., & Olsen Edwards, L. (2010). *Anti-bias education for children and ourselves.* Washington, DC: National Association for the Education of Young Children.

Derman-Sparks, L., Ramsey, P. G., & Olsen Edwards, J. (2006). *What if all the kids are white?* New York: Teachers College Press.

Gonzalez-Mena, J. (2007). *Diversity in early care and education: Honoring differences* (5th ed.). Boston: McGraw-Hill.

Jimenez, L. I. (2002). Finding a voice. In C. Alvarado et al. (Eds.), *In our own way: How anti-bias work shapes our lives.* St. Paul, MN: Redleaf Press.

Lynch. E. W., & Hanson, M. J. (2004). *Developing cross-cultural competence: A guide for working with young children and their families* (3rd ed.). Baltimore: Paul H. Brookes.

National Association for the Education of Young Children. (2009). *Where we stand: On responding to linguistic and cultural diversity.*

National Association for the Education of Young Children. (2011). Code of Ethical Conduct and Statement of Commitment. Washington, DC: NAEYC.

NRC/ADHD. (2009). Welcome to the National Resource Center on ADHD.

Phillips, C. (1995). Culture: A process that empowers. In P. Mangione (Ed.), *Infant/toddler caregiving: A guide to culturally sensitive care.* Sacramento, CA: California Department of Education Press.

Saxton, R. (2004). A place for faith. In A. M. Gordon & K. W. Browne (Eds.), *Beginnings and beyond: Foundations in early childhood education* (6th ed.). Clifton Park, NY: Thomson Delmar Learning.

Tatum, B. D. (2003). *Why are all the Black kids sitting together in the cafeteria? and other conversations about race* (rev. ed.). New York: Basic Books.

Thomas, A., & Chess, S. (1977). *Temperament and development.* New York: Brunner/Mazel.

Trawick-Smith, J. (2009). *Early childhood development: A multi-cultural perspective* (5th ed.). Upper Saddle River, NJ: Merrill/Pearson.

U.S. Census Bureau. (2009). *Foreign born population.*

U.S. Census Bureau. (2010). *2010 Census Bureau Data.*

York, S. (2002). *Big as life: The everyday inclusive curriculum* (vol. 2). St. Paul, MN: Redleaf Press.

Wolpert, E. (2005). *Start Seeing Diversity: The Basic Guide to an Anti-Bias Classroom.* St. Paul, MN: Redleaf Press.